京洛人が何世代も隠し通した文化

北野・西陣・最後の秘境フロンティア

伝承の闇

鳥井 光広

第1章　はじめに

私がこの北野・西陣風土記の編纂を決意したきっかけは、平成19（2007年）にまで遡ります。一昔前の北野・西陣は、観光ブームに沸く今の状況しかご存じない方には想像もつかないことと思いますが、観光産業に対してはたいへん冷ややかでした。おそらく、地元に対する深い愛情や高い誇りゆえに「ヨソさん」に対して強い警戒心を持つ人が多かったのでしょう。それもあって、北野・西陣地域の名所・史跡や歴史をテーマとした専門書は皆無と言ってよいほどだったのです。

そのような厳しい状況の中、私は北野・西陣地域の情報を求めて、就業後や休日などの〝すき間時間〟に資料館や図書館に通いました。また、時には、地域の「生き字引」と言われる人々にお話を伺いに行き、地道に調査を続けたのです。そうこうしているうちに、気が付けば15年余りが経過し、こうして一冊の本にまとめることができました。膨大な時間を費やし、様々な苦労はありましたが、時代の闇に消されつつあった貴重な情報をすくい上げることができたと自負しております。

本書が北野・西陣地域はもちろんのこと、京都の文化や歴史に関心をお持ちの皆様の知識や理解を深める一助となるならば、筆者にとってこの上のない喜びです。

鳥井光広

第2章　年表

年代	月日	出来事
約3万年前		京都盆地に人類の在住が始まる
大宝2（702）		山背国の郡が葛野・愛宕・乙訓・紀伊・宇治・久世・綴喜・相楽の8郡に分割
延暦12（793）		官人の藤原小黒麻呂と秦葛野麻呂が、桓武天皇の命を受けて遷都のための土地視察として、宇太村を訪問
延暦13（794）	3月1日	桓武天皇、葛野に幸して新京を巡覧
		平野神社、大将軍八神社が創建
		乳牛院に摂津国味原の牧から乳牛7頭が導入
	11月	山背国を山城国と改め、新京を平安京と号する
大同2（807）		北野に右近の馬場が開設
延喜4（904）	12月29日	佐衛門督藤原朝臣を遣いとして雷公を北野に祀る
延喜5（905）		安楽寺天満宮（一ノ保社）が設立
延長8（930）	7月24日	清涼殿落雷事件。大納言正三位藤原清貫と右中弁従四位下希世などが死亡
天暦元（947）		北野天満宮が創建
天徳5（961）	11月20日	村上天皇、避難先の冷泉院から新造内裏へ還幸
康保元（964）		平安宮の一本御所跡で清書した222巻を大蔵省の野御倉に遷納
天元4（981）	2月20日	円融天皇が平野神社に行幸。以降、平野神社への行幸多数
永観2（984）	4月22日	花山天皇が平野神社に行幸

永延元（987）	8月5日	北野天満宮、一条天皇より「北野天満宮自在天神」の号を贈られる。それまで私祭であった北野祭が勅祭に
正暦5（994）	6月29日	疫病を船岡山に祀り、はじめて紫野御霊会を修せられる
長徳2（996）	11月6日	北野天満宮で火災
長保元（999）	6月14日	内裏が焼亡。一条天皇が一条院（現：名和児童公園西）に遷御
長保2（1000）	11月	一条天皇が新造内裏に遷御
長保3（1001）	5月9日	今宮神社が創建
寛仁4（1020）		平野神社、源氏の氏社となる
保元2（1157）	10月18日	後白河天皇が新造内裏に遷御。里内裏の慣例が終了
平治元（1159）	12月9日	後白河天皇と上西門院が内裏の一本御所に幽閉
安元3（1177）	4月28日	安元の大火（太郎焼亡）。新造の大内裏、都の三分の一が焼失
治承3（1179）		清盛が後白河上皇と上西門院を一本御書所に幽閉
治承4（1180）	7月	平氏が氏社を平野神社から日吉神社に変更
元仁元（1224）		藤原（藤原）公経による北山殿が建造
安貞元（1227）	4月	大火により再建中の内裏が炎上。以降、再建されず
	12月26日	大報恩寺（千本釈迦堂）が建立
文暦元（1234）	2月14日	北野天満宮社殿・朝日堂などが火災により焼失
元弘3（1333）	5月	内野に赤松則村、足利尊氏軍が布陣し、六波羅軍と二条大宮で合戦。六波羅軍が敗北し、消滅
建武3（1336）	6月	内野の合戦にて、名和長年が戦死
暦応4（1341）		等持院が衣笠山南麓に建立
永徳2（1382）	5月1日	近江猿楽の名手である犬王（道阿弥）が北野天満宮で猿楽と後日能を興行
至徳2（1386）		義満、長子義持の誕生祈願のために北野天満宮に産殿を設置、安産祈祷を行わせる
明徳2（1391）		北野天満宮で足利義満が一万句興行を開催
	12月	明徳の乱
明徳3（1392）	12月	義満、僧侶1000人を内野に集め、万部経会を興行
応永4（1397）		義満、北山第造営

応永5（1398）		この頃、北山第の舎利殿（金閣寺舎利殿）完成
応永8（1401）	10月	この頃、右近の馬場に北野万部経会の読経の場として経王堂（北野経王堂）が新設
応永15（1408）	3月	後小松天皇による北山殿行幸
応永19（1412）	3月17日	北野経王堂で一切経の書写が開始
	8月18日	一切経の書写完了供養。一切経を納める輪蔵も造営か
応永23（1416）	1月	建設中の北山大塔に落雷、塔は焼失
応永26（1419）		西京神人が麹造りの独占権を獲得
		義満の北山第、舎利殿の金閣のみを残して大半を解体・移築され、鹿苑寺となる
応永29（1422）	3月29日	北野天満宮神前で田楽が行われ、増阿弥が奉仕。足利義持が見物
応永30（1423）	2月22日	足利義持、北野天満宮に参籠。田楽を新座の増阿弥が勤める
	6月29日	足利義持、北野天満宮に参籠。参籠所で新座の田楽が興行
	8月27日	足利義持、北野天満宮に参籠。同社で舞楽が興行
応永31（1424）	8月29日	義持参籠中の北野天満宮で田楽が興行
応永33（1426）		坂本の馬借（中世・近世の運送業者）が、北野社松梅院禅能の坊舎の破壊を企てる事件が発覚
正長元（1428）	8月28日	西京神人が北野天満宮に閉籠して幕府に嗷訴
永享3（1431）		足利義教が北野天満宮で千句興行を開催
永享10（1438）		永享の乱
嘉吉3（1443）	9月18日	洛中の土倉・酒屋に酒麹造が認められたことを受け、西京神人が北野天満宮に閉籠
文安元（1444）	4月13日	文安の麹騒動。管領である畠山持国の鎮圧軍により、北野天満宮社殿と北野一帯が炎上
応仁元（1467）		応仁・文明の乱が始まる
	5月26日	上京の戦い
	6月22日	鹿苑寺にて舎利殿、石不動堂、護摩堂などを除く多数の伽藍が破却
文安元（1469）	3月16日	芝薬師堂の戦い
文明3（1471）	8月26日	南朝皇胤、西軍諸将の要請を受けて入洛。北野天満宮松梅院に入り「新主」として処遇
文明6（1474）	7月26日	北野・千本の戦い。西軍によって北野千本の民家が焼き払われる
文明8（1476）		室町第炎上。足利義尚、日野富子、後土御門天皇が宝鏡寺付近の小川殿に移る

文明9（1477）		応仁・文明の乱終結
文明11（1479）	10月5日	義政、北野天満宮の経堂を修理し万部経会を再興
長享元（1487）		「西陣」の地名が初出
延徳2（1490）	3月16日	土一揆が徳政を要求して北野天満宮などに立てこもり放火し、同社が炎上
明応5（1496）	2月22日	足利義澄、応仁の乱で焼失した今宮神社の殿舎を造営し寄進
永正12（1515）		千本釈迦堂（大報恩寺）の住持職を継承する養命坊春広が万部経会を勧進で興行。以来養命坊が経王堂と万部経会の管轄権を掌握
大永7（1527）	2月7日	足利義晴方の軍勢が西京に布陣
天文2（1533）		法華宗徒の一揆が内野界隈を打ち回る
天文5（1536）	7月23日	天文法華の乱勃発。妙蓮寺の大乗坊日漢が戦死、諸堂が焼失
	7月27日	延暦寺僧兵と同調する近江・六角氏の軍勢により上京一帯が焼失
		洛中の法華宗寺院が堺に移転
天文6（1537）	10月3日	細川春元、北野経王堂が解体・略奪されている現状を阻止するために、西京地下人に奉書を下す
天文11（1542）		妙蓮寺、堺から帰洛して大宮西小路（元妙蓮寺町に再建）
天文14（1545）	8月7日	西京神人、麹業の独占権を幕府に申請し幕府から承認
天文18（1549）		上京の町組「立売組」が初見。続いて一条組・中筋組・川ヨリ西組が初見
天文19（1550）		西陣織の帯製造の井関が創業
天文22（1553）	7月	足利十三代将軍義輝が「北野右近馬場城」に入城し軍を整え出陣したが三好長慶、松永久秀の連合軍に敗れ丹波へ逃げる
永禄4（1561）		西京神人、麹業の独占権を幕府に申請し幕府から承認
永禄12（1569）	4月	信長による名物狩り。新在家の豪商・池上如慶の蕪無（花入）などを強制的に買い上げ
元亀2（1571）		井関（紋屋）・和久田（絹屋）・小島・中西（織屋）・階取（錦屋）・久松の6家が御寮織物司に任命
	7月	盂蘭盆会の風流踊が上京の町組で開催
元亀2（1572）		信長、西京神人の麹業の独占権を没収
元亀3（1573）	4月	上京焼き討ち

天正14（1586）	2月21日	秀吉、内野に聚楽第の建設を開始
	9月	千利休、聚楽第城下に屋敷を設ける
	9月4日	黒田官兵衛、一条猪熊（現：如水町）に邸宅を賜る
天正15（1587）	9月13日	聚楽第が概ね完成し、秀吉が移住
	9月28日	北野大茶会茶席の建設開始
	10月1日	北野大茶湯が開催
天正16（1588）	4月14～18日	後陽成天皇の聚楽第行幸
天正18（1590）	2月28日	千利休、聚楽第内で切腹を命じられる
	4月1～5日	北野天満宮で日吉大夫の勧進能（猿楽）が開催
	7月16日	秀吉に滅ぼされた北条氏政・氏照の首が一条戻橋に晒される
	11月7日	秀吉、聚楽第にて朝鮮通信使の黄允吉・副使の金誠一と接見
天正19（1591）		秀吉、聚楽町や禁裏六丁町などを千本一条方面に移転し、聚楽第周辺に武家屋敷街を建設
	1月	御土居の建設が開始
	閏1月8日	インド副王使節が天正遣欧少年使節を伴い聚楽第を訪問
	2月28日	千利休、聚楽第の屋敷内で切腹
	5月	御土居が完成
	12月	秀吉、関白職と聚楽第を秀次に譲渡
天正20・文禄元（1592）	1月26～28日	後陽成天皇が聚楽第に2度目の行幸。豊臣秀次が招待
文禄2（1593）		秀吉、今宮神社の御旅所を再興、神輿を寄進
	8月9日	秀次、聚楽第北の丸御殿を増築
文禄4（1595）	7月28日	秀吉の命により聚楽第が破却
文禄5・慶長元（1596）	2月5日	26聖人の殉教。なお、処刑されたキリシタンは、長崎に移送される前に一条戻橋で耳を削がれる
慶長4（1599）	3月20～23日	聚楽第跡で渋谷大夫の勧進能が開催
	10月1～4日	聚楽第本丸跡で観世大夫が勧進能を開催
慶長8（1603）	3月21日	家康、伏見から上洛して二条城に入城

	4月	出雲の阿国が北野天満宮にて女歌舞伎踊りを披露
慶長9（1604）		油小路通一条付近に天主堂（慶長天主堂）が建立
慶長10（1605）	2月31日	大報恩寺住職兼覚蔵坊である舜算により北野経王堂が修理。旧式により万部経会が興行 四千貫文貸付制度に則り西陣組に385貫725文が貸し付け
慶長11（1606）	8月25日	秀頼により北野経王堂が再造。落慶供養として万部経会が興行
慶長12（1607）		徳川秀頼、北野天満宮の本殿や三光門（中門）などを造営
慶長17（1612）		慶長天主堂が破却
慶長19（1614）	1月17日	大久保忠隣、入京して北野辺のキリスト教寺院を焼き払う
寛永3（1626）		狩野探幽の二条城二の丸御殿の襖絵が完成 東福門院、二条城入御の際に今宮神社の御旅所に能舞台を寄進
寛永11（1634）	6月	小堀遠州奉行の二条城茶室が竣工
	7月	家光が大軍を率いて二条城に入城。市民に銀子5000貫を配る。以来229年間、将軍の二条城は中絶
慶安3（1650）		徳川和子、今宮神社の「接木の拝殿」を寄進
慶安4（1651）		北野社中で源氏物語の講演が開催
寛文2（1662）		伊藤仁斎の古義堂が開設
寛文4（1664）		京都代官屋敷が現在の西ノ京小堀町付近に設立
寛文8（1668）		京都町奉行が設置
寛文10（1669）		北野経王堂が大報恩寺修築に際して解体。瓦甍など用材は大報恩寺の改築に使用され、六観音・地蔵が同寺本堂、須弥壇（しゅみだん：仏像を安置する段）が智積院に移設。経王堂の跡地には小堂（経王堂本堂）が設置
寛文13（1672）	5月8日	関白鷹司房輔の屋敷から出火した大火災が発生。内裏を含む上京一帯が被災
天和3（1683）	3月	北野学堂が設立
貞享～元禄（1684～1688）		この頃、初代露の五郎兵衛が北野天満宮境内などで人気を博す
元禄2（1689）	8月4日	北野学堂で御祭連歌が開催
元禄16（1703）	11月22日	北野学堂内に北野文庫が設置

宝永5（1708）		立本寺が現在地に移転。伽藍など再建
享保元（1715）	9月	七本松北側畠にて鳥羽実相寺の勧進相撲が興行
享保10（1725）		これ以降、北野天満宮境内における歌舞伎の定芝居が許可
享保13（1728）	11月25日	北野七本松で水木菊之丞・水木辰之介一座の歌舞伎芝居の興行
享保15（1730）	6月20日	西陣大火（西陣焼け）
		北野学堂が全焼
享保19（1734）		下村彦右衛門、今出川大宮に大丸上之店（北店）を開店
元文4（1739）	11月21日	北野学堂にて学堂再興会始連歌百韻が執行
寛保元（1741）		大丸上之店が今出川浄福寺に新築移転
延享元（1744）		西陣の機業仲間、桐生織物における高機使用と田舎織物のこれまで以上の京都登せ荷を幕府に請願
延享2（1745）		高機七組仲間（1764年以降は「八組仲間」）が結成
宝暦10（1760）		浄瑠璃大芝居が50日間にわたり下の森で催される
寛政7（1795）		女院御所が今宮神社の牡丹鉾吹散を寄付
享和元（1801）	1月	新建町に遊里免許が付与
文政13・天保元（1830）	7月2日	文政の京都地震
天保14（1893）	9月	宇喜多（浮田）一蕙の「北野大茶湯図」が北野天満宮に奉納
安政6（1859）	11月30日	京都西陣織職人による打ちこわし
安政7（1860）	6月	北野上七軒の出店として内野五番町が公認
文久3（1863）	3月4日	徳川家茂の上洛。二条城に入城
元治元（1864）	7月19日	禁門の変（蛤御門の変）。どんどん焼け
慶応元（1865）	12月13日	見廻組の組士、組屋敷である中立売御屋敷に移動
慶応2（1866）	2月28日	京都文武場が中立売通松屋町に開設
	4月	島津久光により薩摩藩調練場が衣笠山麓に開設
慶応3（1867）	3月24日	京都見廻組と歩兵隊が衝突。見廻組与頭の宿泊先に小銃が撃ち込まれ、両者が北野天満宮の鳥居を挟んで対峙

慶応4・明治元（1868）	10月14日	慶喜、二条城に諸藩代表を集めて「大政奉還」を発表
	2月3日	明治天皇、二条城太政官代に行幸。討幕のための「徳川慶喜親征」を発布
明治3（1870）		出水地域の主税町に京都監獄所が移転
	12月7日	京都府中学校が所司代屋敷跡に開設
明治4（1871）		北野天満宮が官幣中社に列せられ「北野神社」に改名
	5月	平野神社が官幣大社に列せられ平野社から「平野神社」に改名
	6月26日	二条城の二の丸御殿内に京都府庁が設置
明治5（1872）		織染諸法の伝習と機械購入のために、西陣の織工（佐倉常七・井上伊兵衛・吉田忠七）がフランスのリヨンに派遣
		北野学堂が廃止
	10月24日	北野学堂の北野文庫が取り壊し
明治6（1873）		二条城、陸軍省の所管となる
		四世伊達弥助がウィーン万国博覧会に派遣
		フランスからジャガード・バッタンが持ち帰られる
明治8（1875）		北野祭が私祭として再興し、瑞饋祭が中絶
明治10（1877）		西陣の織工・荒木小平が木製のジャカード機の製造に成功
明治13（1880）		西陣の機業家・佐々木清七が西陣で初めて洋式機械を使用
明治17（1884）	7月28日	二条城、皇室の別邸「二条離宮」となる
明治21（1888）		西陣織物会社が設立
明治22（1889）		大北山村、北野村、小北山村、大将軍村、等持院村、松原村の6村が合併して「葛野郡衣笠村」が生まれる
明治24（1891）		西陣織物市場が廃止
明治25（1892）		西陣でネクタイが製造開始
明治33（1900）	9月24日	京都電気鉄道会社により中立売線の府庁前～堀川下立売～堀川中立売が開通
	5月7日	北野線（堀川線）の堀川中立売～下ノ森間が開通。北野車庫が開業
明治33（1901）		牧野省三が千本座を買収

明治36（1903）		二井商会による京都初の乗合自動車が営業開始（堀川中立売～京都間・堀川中立売～祇園間）
明治40（1907）		大丸上之店を閉店し、松原店に合併
明治43（1910）		京都相撲、日英博覧会に参加
	7月	二条城撮影所が開設
明治44（1911）		国華座が「第二八千代館」と改称して映画館に
明治45・大正元（1912）		菊池契月・菊地芳文父子が衣笠園の小山鳥居前の地に転居
	1月	法華堂撮影所が開設
	5月10日	北野線の全線開業が完了
	9月	法華堂撮影所、日活関西撮影所に名称変更
		牧野省三の千本座が電気映画館を合併して日活映画の常設館に
大正2（1913）		平安道場（武徳殿）が北野天満宮境内内に設立
大正4（1915）		この頃、志賀直哉が衣笠園に移住
大正7（1918）	3月	日活関西撮影所が大将軍一条町に開設（通称：大将軍撮影所）
大正8（1919）		北野自動車（資）による市内バス営業が開始
大正10（1921）		牧野省三、等持院境内に牧野映画製作所と等持院撮影所を設立
昭和2（1927）		田中卯三郎らによる民間バス事業開始（北桑田郡周山村山～一条通七本松西入）
昭和4（1929）	12月	丸物百貨店西陣分店が開店
昭和6（1931）		丹神マートが開店
昭和14（1939）	4月5日	二条離宮を京都市に移管し「史跡元離宮二条城」と改称
昭和15（1940）	7月7日	七・七禁令発令。贅沢品の製造・加工・販売が禁止される。西陣機業に大打撃
昭和17（1942）		京都電燈会社の陸上輸送業務が京福電気鉄道に譲渡される（京都電燈会社は解散）
昭和18（1943）		西陣の高級品生産が全面的に停止
昭和20（1945）	6月26日	西陣空襲
	9～10月頃	七本松付近に闇市が出現
昭和21（1946）	2月8日	北野発京都駅行の満員の市電が堀川中立売で堀川に顛落（死者15人、重軽傷14人）
昭和23（1948）	10月13日	西陣で生糸のヤミが摘される
		「北野天満神社」から「北野天満宮」に改称

昭和25（1950）	9月	衣笠球場が開場
		建物疎開跡地に堀川団地の建設開始
昭和53（1978）	7月2日	金閣寺放火事件が勃発
平成11（1999）	9月30日	京都市電が全線廃止
平成23（2011）		北野公設市場が閉店
	2月	平安道場が解体

第3章　北野・西陣とは

1　地理的範囲

北野地域は、京都市北区平野地区の東南、紙屋川、六軒町通、寺之内通に囲まれた、現在の北野天満宮を含む一角を指します。

これに対し、西陣の地理的範囲は時代によって変遷しています。たとえば、江戸中期の貞享年間（1684～1688年）に出版された京都の地誌・観光案内書『京羽二重（きょうはぶたえ）』では、西陣の範囲は一条より北、大宮より西の付近と定義されているのに対し、享保2（1717）年の『京都御役所向大概覚書』では、東は堀川通、西は北野七本松、北は大徳寺今宮旅所、南は中立

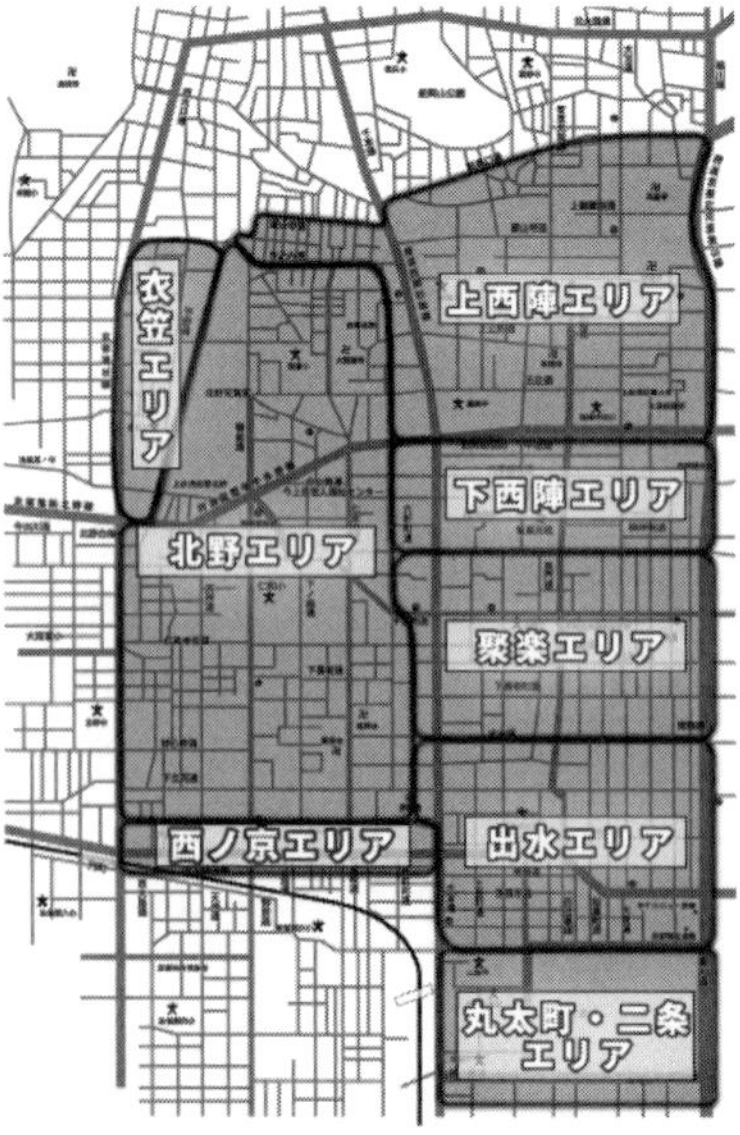

北野・西陣の地域区分図①

売通に及ぶ１６８町（約１６６ｈａ）の区域が西陣と説明されています。さらに時代が下り、宝暦年間（１７５１～64）に編纂された京都の地誌『山城名跡巡行志』では、東は堀川、西は朱雀通（千本通）、一条以北の地域と定義されました。また、昭和15（１９４０）年刊行の『西陣郷土読本』では、第一次世界大戦後の発展を受けて、北は北大路を超えて紫竹、鷹峯方面に、西は衣笠山のふもとにまでおよび、東西約３０００ｋｍ、南北４０００ｋｍを超える地域となったと説明されています。

現在では、鞍馬口通、一条通、東堀川通、六軒町通に囲まれた、上京区～北区の一部にわたる地域の名称として使われることが多く、さらに上西陣、下西陣、聚楽、出水、丸太町・二条のエリアに細分化することが可能（下図①参照）。下図②には、本書に登場する重要な地名を示しました。

北野・西陣の地域区分図②

2 西陣・北野の名称の由来

北野の名称の由来は、8世紀にまで遡ると伝えられます。平安遷都に先立ち、桓武天皇の命を受けた官人の藤原小黒丸と秦葛野麻呂父子は、土地の視察のために山背国葛野郡宇太村（現：宇多野）を訪問。その際に、御室川から船岡山の裾野までは宮庭の北にあたることから、北野と呼ばれるようになりました。なお、平安時代に、内野、平野、上野、紫野、蓮台野、〆野、そして北野は「洛北七野」と称されました。このうち、北野を含めて5か所が現在も地名として残っています。

一方、西陣の名称は、応仁・文明の乱をきっかけに誕生。この乱において、東軍の大将・細川勝元が花の御所がある京の東側に陣を構えたのに対し、西軍の大将・山名宗全は自らの邸宅（現在の堀川上立売下ル藤木町）を中心に陣を敷きます。西陣の名称はこれに由来するとされており、早くも乱勃発10年後の文明19（1487）年には、京都相国寺鹿苑院の蔭涼軒主の記した公用日記『蔭涼軒日録』にて、地名として使用されています。

第4章　西陣・北野の歴史概説

1 遷都以前の西陣・北野

① 歴史概説

旧石器時代

人類が日本列島に移り住んだのは、今から約3万8000年前とされています。当時の人類は、石を打ち砕いて作った打製石器を用いて移動生活を営んでいました。

京都盆地でも、約3万年前から人類の在住が始まります。北野地域からも旧石器時代の有舌尖頭器（槍の先端などに使われた、舌状の基部を持つ尖頭器）が出土しており、この地に一定数の人が移り住んだと考えられます。

縄文時代

約1万2000年前から、土器を伴う新しい文化が日本列島に芽生えました。縄文時代の初まりです。この時代の人々は、狩猟や漁猟、採取などを営みながら、集落で共同生活を送っていました。

京都盆地では、数多くの縄文時代の遺跡が見つかっています。二条城北遺跡（後述）もその一つで、この地に集落が存在し、人々が共同生活を営んでいたことが明らかになりました。

弥生時代

紀元前4世紀頃に入ると、中国大陸や朝鮮半島から渡来した人々によって、稲作や金属器が九州北部に伝えられました。こうした生まれた文化は、縄文時代とは異なる特徴を備えた土器（弥生土器）を伴うことから、弥生文化と呼ばれます。

弥生文化は、１００年ほどの間に近畿地方にまで広がり、京都にも到達しました。後述するように、北野・西陣地域の遺跡からも弥生時代の遺物や遺構が出土しています。

古墳時代

大陸との交渉が盛んになると、多くの渡来人が日本に移り住むようになりました。京都もその例外ではありません。『日本書紀』に、欽明26年5月に頭霧唎耶陛（ずむりやへ）ら高麗人が、山背国（京都）に配されたと記されているように、渡来人の多くは畿内やその周辺に在住、朝廷の行政などに携わるとともに、大陸の文明・文化をもたらしました。6世紀に伝えられた漢字や仏教などはその一つです。

北野・西陣にも渡来人は多く移り住んでおり、5世紀中頃には秦氏が新羅から渡来しました。秦氏は進んだ技術と、豊かな経済力を備えた一族で、推古天皇から与えられた葛野郡（現：太秦）を本拠地として、畿内にその勢力を伸ばしました。特に機織技術に優れた一族でしたが、治水にも大きく貢献しており、桂川に葛野大堰を築き上げることで、嵯峨野一帯を開墾しています。

なお、『日本書紀』によると、これに先立つ雄略天皇の時代に、秦氏の族長であった秦酒公（はたのさけのきみ）は、租税として作られた絹や縑（かとり：固く織った薄い絹布）を朝廷にうずたかく盛って献上しました。この時に秦氏は、〝禹豆麻佐（うずまさ）〟の姓を与えられており、これが太秦の地名の由来となったと伝えられています。

② 北野・西陣地区の古代遺跡

・二条城北遺跡
縄文～弥生時代の遺跡で、弥生時代の柱穴・炉・溝が確認されています。
・大将軍遺跡
弥生時代の遺跡で、溝や土器が出土しています。
・西ノ京遺跡
旧石器～縄文時代の石器、縄文土器に加え、弥生時代の土器・石鏃（やじり）、古墳時代の土器、溝・土坑などが出土しています。また、２０１９（平成31・令和元）～２０２０（令和２）年の調査により、平安時代の土師器・陶器、室町時代の輸入陶磁器、江戸時代の染付などが見つかりました。
・西ノ京春日町遺跡
弥生時代～古墳時代の遺跡で、溝、土器・磨製石器が出土しています。

す。

・山ノ内遺跡

弥生時代の遺跡で、市内最大級の方形周溝墓が確認されており、拠点的な集落であったと考えられています。

・北野廃寺跡

飛鳥時代に建立された、京都盆地最古の寺院跡です。奈良時代まで存続し、平安時代初期にはほぼ同じ位置に、桓武天皇御願による寺院である常住寺（野寺）が建立されました。遺物としては、旧石器時代の有舌尖頭器、飛鳥時代～奈良時代の瓦をはじめ、須恵器、土師器、陶器、また遺構としては弥生時代～飛鳥時代の竪穴住居跡、飛鳥時代～奈良時代の南北溝や窯跡、室町時代の建物、溝、土壙などが出土しています。中でも、飛鳥時代の軒丸瓦は、京都盆地の遺跡の中では唯一の出土事例で、高句麗系と百済系の２種類が含まれています。

なお、『日本書紀』には、7世紀初頭に秦氏本宗家を率いた豪族の秦河勝（はたのかわかつ）が推古11（603）年に聖徳太子から仏像を拝受して「蜂岡寺」を建立したこと、また、推古31（623）年7月に新羅国によって仏像一具と金塔、舎利などがもたらされ、このうち仏像は「葛野秦寺」に安置されたことが記されており、これらの寺院はすべて北野廃寺を指すのではないかと指摘されています。河勝は聖徳太子と深い親交があり、それを示唆する遺物が北野廃寺跡から出土していること、また、蜂岡寺の後身と伝えられる広隆寺の由来について記した『広隆寺縁起』には、蜂岡寺の所在地が記載されており、それが北野廃寺の所在地と一致することなどがその根拠です。

さらに、寛平２（890）年の『広隆寺資財校替実録帳』に記録されている「金色弥勒菩薩像壱躯居高尺八寸所謂太子本願御形」は、現在の広隆寺の本尊である弥勒菩薩半跏思惟像を指すと同時に、先述の河勝が聖徳太子から贈られた仏像を指すものではないかと考えられています。もし、北野廃寺が広隆寺の前身である蜂岡寺であるならば、現在国宝に指定されている仏像が、かつてこの北野の地に置かれていたことになるのです。

一方で、「野寺」と墨書した土器が出土していることから、北野廃寺を初期平安京の官寺である常住寺（野寺）とする説も存在。北野廃寺の正面の西大路通が、平安京の「野寺小路」にあたることも、有力な証拠と見なされています。

・北野遺跡

北野廃寺の発掘調査の過程で発見された、弥生時代〜室町時代までの複合集落遺跡で、弥生時代〜飛鳥時代の竪穴住居跡が多数発見されています。

主要な存立時期は6世紀後半〜7世紀前半ですが、旧石器時代の有舌尖頭器や、鎌倉〜室町時代の掘立柱建物、柵、井戸、土壙、溝も確認されています。

・鳳瑞遺跡

古墳時代の土壙（どこう：大地に穴を掘って築いた墓）や奈良時代に築かれた溝が確認されています。近年の調査で飛鳥時代の建物跡や柵列、土壙も発見されました。

・聚楽遺跡

古墳時代の遺跡で、竪穴住居跡や土壙が発見されています。

現在も、発掘調査は進行中。これからまた新たな発見があり、古代の北野・西陣の様子がさらに詳細にわかるかもしれません。

コラム：古代の信仰と北野天満宮

「京都の天神さんの祭神は？」と尋ねると、ほぼ100％の人が「菅原道真！」と即答すると思います。より正確には、「天満大自在天神」ということになるでしょうか。これは道真を神格化した呼称で、延喜2（902）年に彼が大宰府の天拝山に登って天に無罪を訴える祭文を読み上げた際、天帝より与えられたと伝えられる名前です。これ以外にも「大威徳天神」「日本太政威徳天」などの神号が存在します。

しかし、実は北野には道真を祀る以前から、皇祖神につながる天神地祇（てんじんじぎ：天の神と地の神）や、農耕生活に関わる神である雷公（雷神）に対する信仰が存在していました。実際、北野天満宮の摂末社となっている地主社と火之御子社は、それぞれ天神地祇と火雷神を祭神としていますが、天満宮の創建以前からこの地に存在していたとされています。

様々な記録からも、天神地祇や火雷神が古くから信仰されていたことをうかがい知ることができます。たとえば、『続日本後期』には、承和3（836）年2月朔日、遣唐使のために天神地祇（てんじんじぎ）を北野に祀ったと記録。一方、『西宮記』には、延喜4（904）年12月29日に、佐衛門督藤原朝臣を遣いとして雷公を北野に祀ったこと、さらに年穀のために、北野では毎秋雷公が祀られていたことが記録されています。こうした天神地祇や火雷の信仰に、清涼殿落雷事件をきっかけに菅原道真の怨霊信仰が結びつけられ、さらに儒家の神、詩文の神、芸文（学問と文芸）の神、書道の神、和歌の神などのイメージが加えられて、現在にまで続く天神信仰が生み出されていったと言えるでしょう。そして、こうした信仰は、太宰府の安楽寺

（現：大宰府天満宮）や京都の北野天満宮を中心に全国に普及し、道真や彼の子息ゆかりの地に天満宮が創設されました。すでに11～12世紀頃には天神社が諸国に分布しており、その中には祭神を日本神話の天津神から道真に変えたものも存在しています。

ちなみに、学問の神としての信仰は平安時代から存在。漢詩文集『本朝文粋』所収の慶滋保胤作『賽菅丞相廟願文』（寛和２［９８６］年7月20日成立）において、道真は「文道之祖詩境之主」と称されています。そのほか、道真自身が無実の罪で左遷された経歴を有することから、冤罪に泣く者の守護者や、約束の実行を加護する神、一方で柘榴天神や、水鏡天神のように憤怒の神としても信仰されてきました。このほか、相撲の神としての信仰も存在します（相撲の神については、「野見宿祢社」の項を参照）。

後述するように、北野天満宮は平安時代以降、身分を問わず多くの人の信仰を集め、洛中のみならず、日本各地に様々な伝承が生まれました。それは、こうした多様な姿を持つ天神像に由来していたと言えるでしょう。

2　平安京と北野・西陣

①「北野」の誕生

天応元（７８１）年に即位した桓武天皇は、自らの権力基盤を確立するために、寺院勢力の強大な奈良から水陸の便の良い山城に都を移すことを考えました。その結果、まず長岡京、そして延暦13（７９４）年に平安京に都が移されました。なお、遷都にあたっては、延暦12（７９３）年に官人の藤原小黒丸と秦葛野麻呂父子による土地の視察が実施（3章2節「西陣・北野の名称の由来」参照）。さらに同年の3月1日には、桓武天皇が葛野に行幸し新京を巡覧しました。

平安時代に編纂された『延喜式』によると、平安京の規模は、東西1508丈（約4・5㎞）、南北1753丈（約5・2㎞）、北は船岡山の南側から南は九条通、東は鴨川、西は西京極付近にまで及んでいました。そして、北部中央に平安宮（大内裏）が置かれ、南北に走る朱雀大路によって「右京」と「左京」に二分されていました。なお、朱雀大路は現在の千本通にほぼ該当。当時の道幅は28丈（約84ｍ）とひじょうに幅広く、平安京の南端の正門である朱雀門と、平安京の正門である羅城門をつないでいました。

都としての体裁が整えられていく一方で、北野は大宮人の遊猟地として用いられるようになります。平安時代に編纂された歴史書『日本三大実録』によると、天皇や親王が遊猟のため北野を訪れており、鹿の放牧が行われています。その一方で、一般庶民の狩猟は固く禁止されました。同様の記述は、菅原道真編纂の歴史書『類聚國史』（るいじゅこくし：寛平4［892］年完成）や、慶滋保胤（よししげのやすたね）が著した随筆『池亭記』（ちていき：天徳3［959］年成立）、そのほか『日本紀略』にも見られます。ちなみに『池亭記』によると、9世紀後半の北野は、鴨川と並んで「天子の時を迎へたまふ場、遊幸（天皇が行楽として旅行や外出すること）の地」であり、庶民が土地を耕したいと欲しても、役人に禁止されるうえ、娯楽に興じたいと思っても、夏に小鮎を捕る岸がなく、秋に小鷹を捕る原野もありませんでした。なお、この時代の北野に該当する範囲は、今よりもずっと広く、

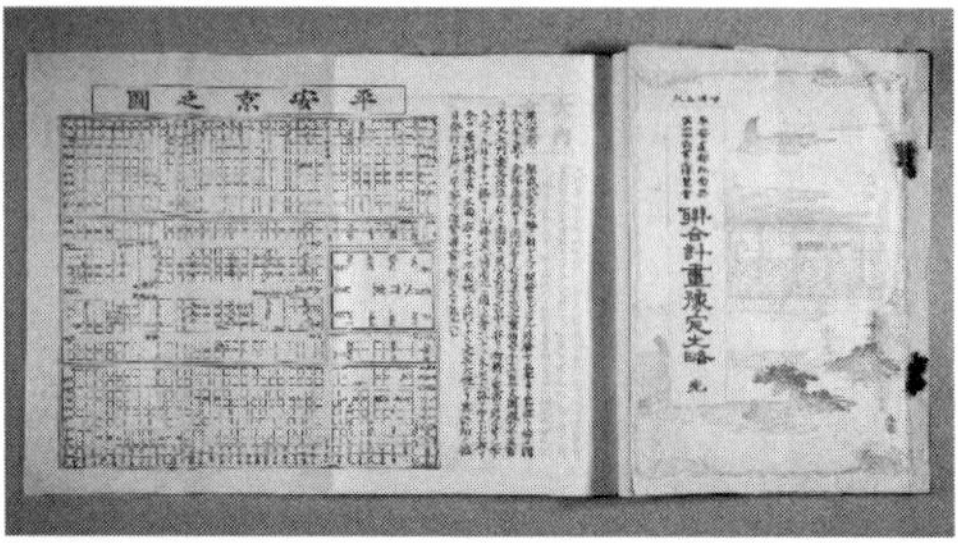

平安遷都記念第四回勧業大博覧会聯合計画予定大略完　平安京の図

嵯峨や大堰川の付近も含まれていたと考えられます。

　また、柏野の南部、現在の北野天満宮の東北には「乳牛院」が設けられていました。乳牛院とは、典薬寮（宮中の医薬や医療などを担当する機関）に属し、乳牛の飼育や牛乳の生産、皇室への供御を司る機関です。当時の資料によると、ここには厩舎があり、14頭の牛が飼育され、大三升一合五勺の生乳が毎日生産されていました。その乳牛院に乳牛を供給する牧として、摂津国味原（現：大阪市四天王寺付近）に牧（牧場）が置かれおり、延暦13（794）年には、7頭の牛がここから北野の乳牛院に導入され、毎日約6リットルの生乳が生産されていました。当時、牛乳は一種の医薬品として皇族や貴族に飲用されており、その様子は公卿の日記（『小右記』『春記』）にも登場します。北野の乳牛院で生産された牛乳も、貴人によって飲用されたと考えられます。

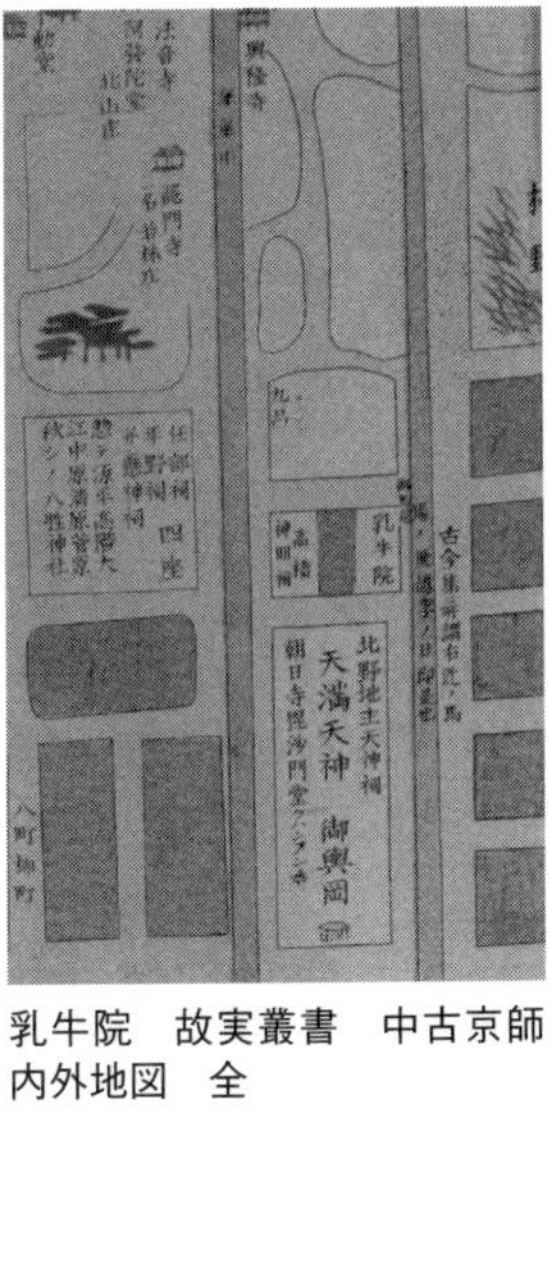

乳牛院　故実叢書　中古京師内外地図　全

　一方、乳牛院の近隣には、桜の名所にして能楽の題材にも使われている右近衛府所管の「右近の馬場」が大同2（807）年に設置。ここでは、毎年5月に右近衛府の舎人による新手番（あらてつがい：賭弓や騎射の勝負の練習）や真手番（まてつがい：騎射の練習）が行われました。この行事は都人にたいへん人気があり、見物客も大勢訪れました。

② 右京の衰退と北野の変貌

平安時代中期～後期に入ると、都として栄えた左京に対し、右京は川の氾濫や洪水の頻発などにより、衰退していきました。先述の『池亭記』によると、10世紀の右京は人家が稀で幽墟に近くなっており、人は去っても来ることがなく、家屋は崩壊しても新たに建造されることがないという状況に陥ります。

その一方で、北野には10世紀後半頃から人が多く住むようになります。『池亭記』では「(北野に住む人々は)日照りが起これば、喉が渇いても水がない。この右京・左京に人の住まない土地はないのだろうか」と皮肉交じりに指摘されていますが、都の外にも人が住み始めることで、市街地の形が大きく変化していったのです。

③ 産業の芽生え

伝統産業の集積地として名高い京都ですが、平安時代には、京都を代表する重要な産業が芽生えました。その中には、北野・西陣に大きく関わるものもあります。

・織物産業（西陣織）

京都では、渡来系氏族の秦氏がもたらした絹織の技術を土台に、5世紀頃からすでに織物の生産が始められていました。平安時代に入ると織部司（おりべのつかさ：紡績と染色を司る役所）という役所が設けられ、絹織の技術を持つ職人たちに綾や錦を生産させるようになります。こうした織工たちは猪熊通・大宮通・下長者通・中立売通に囲まれた一角に集住しており、彼らの居住区は織部町と称されました。現在の上京区黒門通上長者町付近にあたります。

しかし、律令体制が衰退していくにつれ、官営の織物工房も衰えていきます。そこで、織工たちは、朝廷の支配・管理を離れて、織部町の東に位置する大舎人町（現：上京区猪熊通下長者町付近。猪熊通、大宮通、下長者町通、中立売通に囲まれた一角）に移住。ここで宋から伝えられた綾織の技を独自に学んで、貴族を対象に高品質の唐綾を生産しました。

江戸時代の俳諧作法書・撰集である『毛吹草』には、西陣の名物として唐織が採り上げられています。また「京の着倒れ」という言葉が生まれたのも、江戸時代とされていますが、これは平安時代の職人たちの努力を母体にして生み出されたものと言えるでしょう（江戸時代の西陣については、本章6節参照）。

・製紙業

平安京においては、大同年間（806～810）頃に現在の花園木辻南町付近に製紙を司る「紙屋院」が設置。その近くを流れる宇多川が「紙屋河」と称されました。

しかし、その後、紙屋院は現在の平野宮本町付近に移転。それに伴い、同機関の近くを流れる西堀川が、宇多川に代わって「紙屋川」と呼ばれるようになります。紙の製造を担った工人（造紙手）たちは、この川のほとりの「宿紙村」（現：西ノ京仲保町付近）に居住し、北野天満宮付近と丸太町円町付近の川沿いに「紙座」を組織しました。10世紀末までは官営での製紙が続けられましたが、諸司厨町（各地から徴発された衛士や舎人ら課役民のための宿舎やその所在地。官衙ごとに設けられていた）が崩壊した後は、民営で行われるようになります。

なお、当時の記録によると、平安中期の紙屋院の工房には、最大4人の造紙手が所属。穀皮や斐皮（雁皮）を原料として、年間約2万枚に及ぶ紙屋紙が生産され、一年の終わりに内蔵寮に納められました。また、生産された紙は、宣旨や綸旨などの公文書や写経、そのほか宮廷での使用などにあてられました。平安時代の貴族も紙屋紙をよく用いており、紫式部は日記で「いと美しき紙屋の紙」と、その質の良さを絶賛しました。そのほか、『蜻蛉日記』『枕草子』にも紙屋紙の使用についての記述が見られます。

なお、遅くとも12世紀の白河上皇による院政の時代には、古紙を漉き返して作る宿紙（すくし）が紙屋紙と称されるようになります。色が薄く鼠色で、むらがあるところから「薄墨紙」「水雲紙」とも呼ばれ、当初は宮廷の御物忌の際にのみ用いられていましたが、鎌倉時代には天皇の命令を下達するときの公文書としても用いられるようになりました。

ちなみに、江戸時代の文献に登場する「御綸旨紙」「禁裡様御免紙」は、平安時代に紙屋紙の〝子孫〟ともいえる紙です。ただし、いずれも西洞院五条付近で造られた宿紙で、チリ紙のように日常遣いされたと考えられます。

●造酒

古代律令制下においては、宮内省所属の官司（官庁）である「造酒司（みきのつかさ・さけのつかさ）」が、宮内で使用する酒や醴（あまざけ）、酢などの醸造を担いました。

平安京では、9世紀から酒造業が発達し、現在の京都アスニー（現：中京区聚楽周松下町）付近に広さ一丁（約120m）四方の造酒司と、酒や醸造用の米などを保管していた高床式倉庫が設けられ、土中に埋め込み据え付けられた大瓶で、酒の醸造が行われました。造酒司で醸造された酒は、天皇や中宮などに供されるほか、諸節会（節日や重要な公事などの日に、天皇臨席のもと朝廷で開催される宴会）や神事などに用いられたとされています。室町時代の皇族・伏見宮貞成の日記（『看聞日記』）にも、ここで造られた「一夜酒」（甘酒）が贈られたとの記述が見られます。

なお、平安時代の法令集である『延喜式』には、白酒や黒酒（白酒にクサギの根の黒焼などを加えた酒）など十数種類にも及ぶ酒の造り方が詳しく記されています。この時代に高度な醸造技術がすでに存在していたこと、また酒造が宮廷にとってひじょうに重要な意味を有していたことがわかります。

また、造酒司とは別に、「内酒殿（うちのさけどの）」と称する役所が平安京の東方に設置。こちらは内裏に納める酒の醸造を担いました。

④ 平安時代の信仰

平安時代には、京都を代表する重要な寺社が建造され、天皇や皇族、貴族をはじめ、多くの人の信仰を集めました。下に挙げたものは、その代表例です。

●北野天満宮（現：上京区馬喰町）

現在は学問の神として、受験生を中心に人気の北野天満宮は、天暦元（947）年に設立されました。設立の直接的な目的は、大宰府に左遷されて亡くなった菅原道真の霊を鎮めるためですが、この地には古来より天神地祇や火雷神に対する信仰が存在していました。ここに菅原道真の怨霊信仰や儒家の神、詩文の神としての信仰が結びついて、北野天満宮に対する信仰が形成されたと考えられます（1節コラム：「古代の信仰と北野天満宮」参照）。また、平安時代末期から明治期までは、比叡山延暦寺の管轄下に置かれ、天台宗の門跡（皇室または摂関家が住職を受け継いできた寺院のこと）の一つである曼殊院の門主が別当職（管理責任者）を代々務めました。

天徳3（959）年には、藤原師輔（道真への讒言を行った藤原時平の甥）によって大規模な社殿の新増改築が実施。その後、『日本紀略』によると、天延元（973）年にはじめての火災に見舞われますが、長門国に課税して再建されました。以来、古代～中世にかけて数回火災に見舞われますが、その度に再建・修復されています。

寛和2（986）年8月に天皇御願の臨時祭が開催され、その翌年8月には一条天皇の奉幣によって「北野天満宮自在天神」の号を贈られ、北野祭が勅祭として催されるようになりました。なお、現在は神事と北野御霊会のみが実施されていますが（※御霊会は2020年に復興）、平安時代後期の北野祭はたいへん盛大なもので、数ヶ月間かけて斎行。神輿の巡幸や、相撲・神楽などの様々な芸能の奉納が行われました。また、10世紀半ばには、神輿長や駕輿丁が神輿をかく「三年一請会」という祭礼が、北野祭の前に神輿を点検する儀式として催されていました。

都を守護する神社として篤

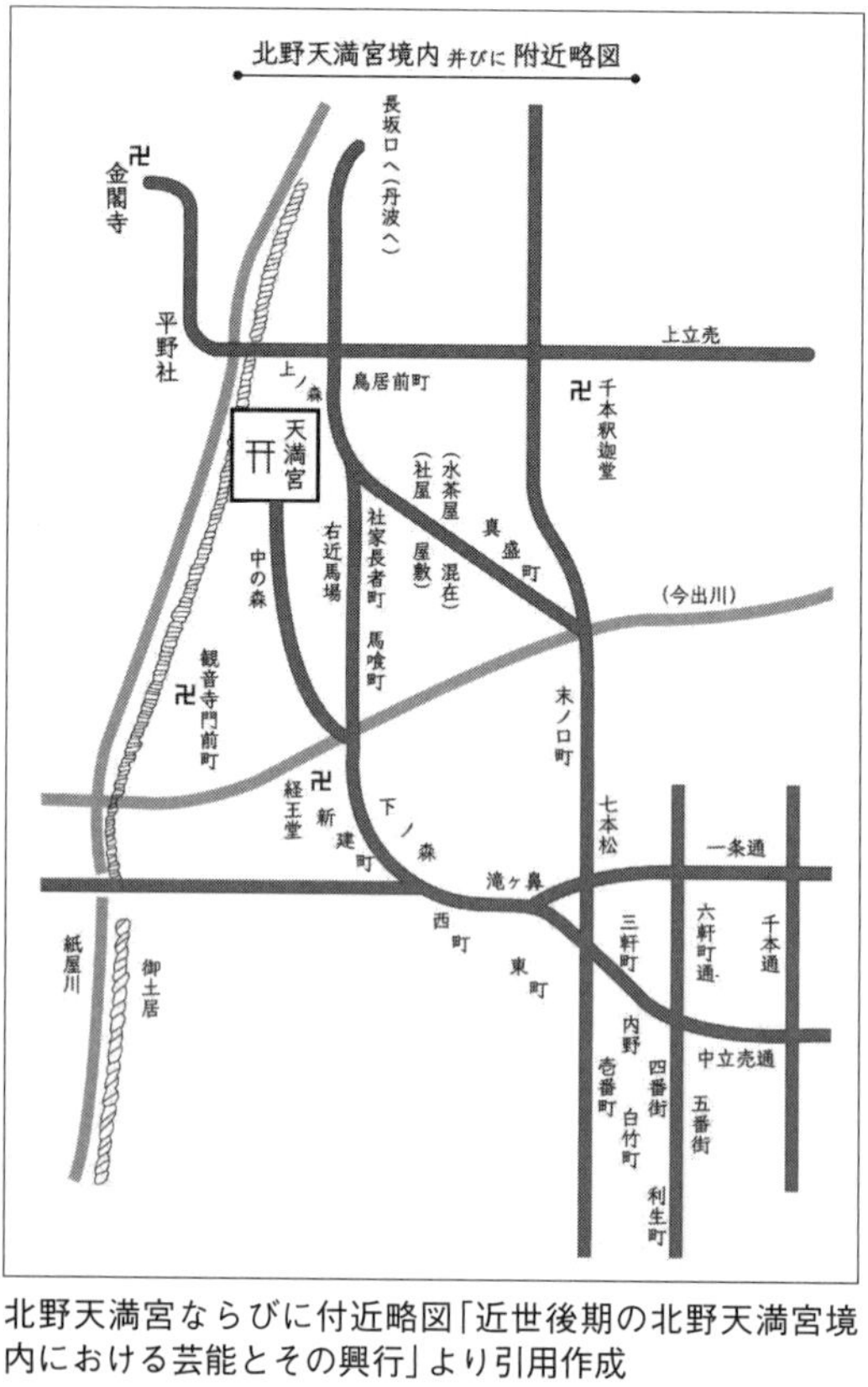

北野天満宮ならびに付近略図「近世後期の北野天満宮境内における芸能とその興行」より引用作成

い信仰を集めるとともに、朝廷の特別な崇敬を受けた二十二社の一社として、祈雨や祈念穀、そのほか自然災害などの際には朝廷より奉幣（社に幣帛を奉ること）を受けました。また、寛弘元（１００４）年9月に一条天皇が同社に行幸して以来、代々の天皇や藤原氏ら貴族による行幸・参詣が行われています。また、永久２（１１１４）年には能登守の藤原基頼が同国羽咋郡の荘園である菅原保（すがわらのほ）を常燈料所として寄進したのを皮切りに、土地の寄進も盛んに行われました。

中世～近世においては芸能の中心地としても大いに栄え、猿楽や歌舞伎や辻内能、浄瑠璃などが催さました（本章3節・5節・6節参照）。なお、本殿や中門（三光門）などは、豊臣秀吉の遺命により慶長12（１６０７）年に秀頼が造営したものです。そのほか、現存はしませんが、応永８（１４０１）年頃には現在の一の鳥居の南に経王堂が現在の今出川通に突き出すように設けられ、万部経会や一切経会（後述）などが催されました（※一の鳥居前の今出川通は、昭和13［１９３８］年に拡張）。

官幣中社　銅板北野神社境内全図　北野天満宮所蔵

明治政府の神仏分離政策を受けて、慶應４（１８６８）年に別当職曼殊院の寺務政所が廃止。松梅院・徳勝院・妙蔵院の祠官三家（北野天満宮の社僧を務めた天台宗寺院の三家のこと）が還俗し、同社内の仏教関係の図像や堂舎が破壊・売却されました。さらに明治４（１８７１）年に近代社格制度の下で、官幣中社に列せられ「北野神社」に改名、太平洋戦争後、国家神道から脱した後に「北野天満宮」となりました。昭和３（１９２８）年の千二十五年半萬燈祭の際に、現在の宝物殿が建てられています。

梅の名所としても名高く、江戸時代には塔頭「成就坊」に「花の庭」が作庭されました。また、令和５（２

023）年には、境内のご神木である「影向松（ようごうのまつ）」の後継となる松が江戸時代以来はじめて仁和寺から贈られています。

●大将軍八神社（現：上京区一条通御前西入）

平安京造営の際に、この地域が都の西北（鬼門）にあたることから、桓武天皇の勅願によって方位守護の神・八将神の一神である大将軍を、大和国春日から勧請して建立されました。なお、都の鎮護のために、平安京には四方に大将軍社が設けられており、この神社はそのうちの一社です（あとの三方は、岡崎神社・東三条大将軍神社、今宮神社摂社疫神社・西賀茂大将軍神社、藤森神社）。

現存する最古の記録では、治承2（1178）年11月12日に、高倉天皇の中宮である建礼門院の安産祈願のため、奉幣使が参詣した四十一社の一つとして挙げられています。

また、今様（平安中期に起こった新様式の流行歌謡）において、大将軍八神社は霊験あらたかな神として、祇園社、日吉社、賀茂社と同列に歌われています。

大将軍図　海北友泉筆

●平野神社（現：北区平野宮本町）

桜の名所としても名高い平野神社は、平安京造営の際に、大和国（奈良県）から祭神として今木皇大神（いまきすめおおかみ）・久度大神（くどのおおかみ）・古開大神（ふるあきのおおかみ）・比咩（比売）大神（ひめのおおかみ）を勧請して設立されました。

桓武天皇の生母である高野新笠（にいがさ）の祖神（神として祀る祖先）である今木皇大神が祀られていることから、皇室の篤い崇敬を受け、天元4（981）年の円融天皇の行幸以来、歴代天皇による行幸が数多く行われました。寛和元（985）年には、花山天皇が後胤繁栄（こういんはんえい）を祈るため同社に行幸し、臨時の勅祭を実施、これが桜花祭（4月10日開催）の起源となっていると伝えられています。また、北野天満宮同様、二十二社の一つとして奉幣の対象となっており、例祭である平野祭には、皇太子が参向して奉幣することが定められていました。こうした皇室からの篤い信仰は時代が下っても変わらず、幕末には攘夷と国安の祈念、また維新後の東京遷都の際には東幸無事の祈祷が朝廷の命令で実施されています。

皇室以外からも篤い信仰を寄せられており、今木皇大神は日本武尊、久度大神は仲哀天皇と結び付けられ、源氏と平氏それぞれの氏神となります（注：寿永2［1183］年7月に、平氏は氏社を平野神社から日吉社に変更）。また、古開神は仁徳天皇として高階氏、比咩大神は天照大神と結び付けられ、大江氏の氏神となりました。そのため、かつては4月と11月の上の申日に催されていた例祭である平野祭には、大江氏らの氏人が見参することとなっていました（※現在の平野祭は4月2日の年1回のみ）。

近代以前は「平野社」と称されていましたが、明治4（1871）年に近代社格制度により官幣大社に列せられ「平野神社」に改名。なお、国指定の重要文化財となっている本殿は、寛永年間の建造（北殿：寛永2年［1625］年、南殿：寛永9［1632］年）。府の文化財指定を受け、釘を用いない「接木の拝殿」として名高い拝殿は、後水尾天皇の中宮にして徳川秀忠の娘である東福門院によって慶安3（1650）年に寄進されました。拝殿内部に飾られた「三十六歌仙絵」は公卿である近衛基前の書、海北友徳の画によるものです。また、南門は社の記録によると慶安4（1651）年に御所の旧門を下賜されたもので、大鳥居の位置から、昭和18（1943）年に現在の場所に移設されました。

応仁・文明の乱や文政京都地震などで損害を受けたほか、寛政2（1790）年には御旅所が焼失。最近では平成30（2018）年には台風21号のため、拝殿が倒壊したほか、参道にある昭和3（1928）年奉納の大鳥居が傾き、また本殿の檜皮屋根が損傷を受けるなどの被害を受けました。拝殿は令和3［2021］年11月、大鳥居は令和4［2022］年12月に復旧し、現在に至ります。

ちなみに、平野神社の桜は平安時代に植樹されたもので、当時の貴族も花見を楽しんでいました。江戸時代には、一般庶民も夜桜を楽しむことが可能になり、文政年間には、思想家である頼山陽も母を伴って2回花見に訪れたとされています。なお、毎年4月10日に開催される桜花祭は、永観2（984）年4月22日に花山天皇が平野神社に行幸し、臨時の勅祭を行ったことに由来すると伝えられています。

●今宮神社（現：北区紫野今宮町）

船岡山付近には、平安京遷都以前から疫神を祀った社が設けられていました。遷都後の正暦5（994）年に疫病が流行した際にも、2基の神輿が造営されて船岡山に安置され、疫病鎮めの祈願が行われました。これが「紫野御霊会」のはじまりで、今宮祭の起源とされています。なお、この時に、洛中の人々はこぞって神輿に供して船岡山に登り、囃子に合わせて歌い踊り、病魔をよせた人形を難波江に流しました。こちらは、後のやすらい祭（後述）につながったと伝えられてきます。

さらにその7年後、再び疫病が流行したため、朝廷は再度御霊会を開催。そして、疫神を船岡山から現在の今宮神社の地に移し、新たに神殿・玉垣・神輿を造らせて大己貴命（おおなむちのみこと）・事代主命（ことしろぬしのみこと）・奇稲田姫命（くしなだひめのみこと）の三神を祀り「今宮社」と命名しました。これが今宮神社の始まりとされています。

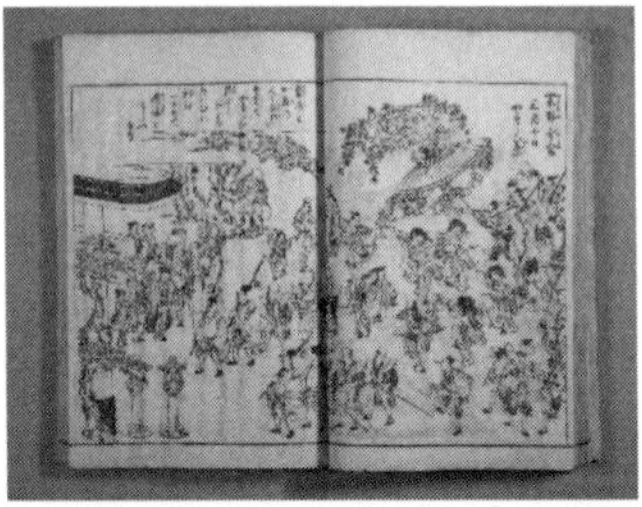

都名所図絵　今宮　やすらい祭

北野天満宮や平野神社同様、皇室から篤い崇敬を寄せられており、寛弘元（１００４）年には一条天皇が同社に行幸。以来、歴代天皇による行幸が多く行われました。歴代将軍からも様々な保護を与えられており、室町時代には第11代将軍・足利義澄（義高）が応仁の乱で焼失した殿舎を造営して寄進。また、16世紀末には秀吉が今宮神社の御旅所（神社の祭りにおいて、神または神輿が巡行途中で休憩・宿泊する場所）を再興し、神輿を寄進しました。そのほか、２代将軍秀忠の娘にして後水尾天皇の皇后である徳川和子（東福門院）は寛永３（１６２６）年には御旅所に能舞台、慶安３（１６５０）年には「接木の拝殿」として知られる拝殿を寄進しています（※寛政８［１７８８］年に御旅所が焼失したため、現在の能舞台は寛政７［１７９５］年に再建）。

もちろん、民間からの信仰もひじょうに篤く、江戸時代の文献によると、同社の氏子区域は、東は堀川通の西ないし小川通、西は七本松通、南は二条城付近、北は千束村（現：北区鷹峯千束町）の広範に及んでい

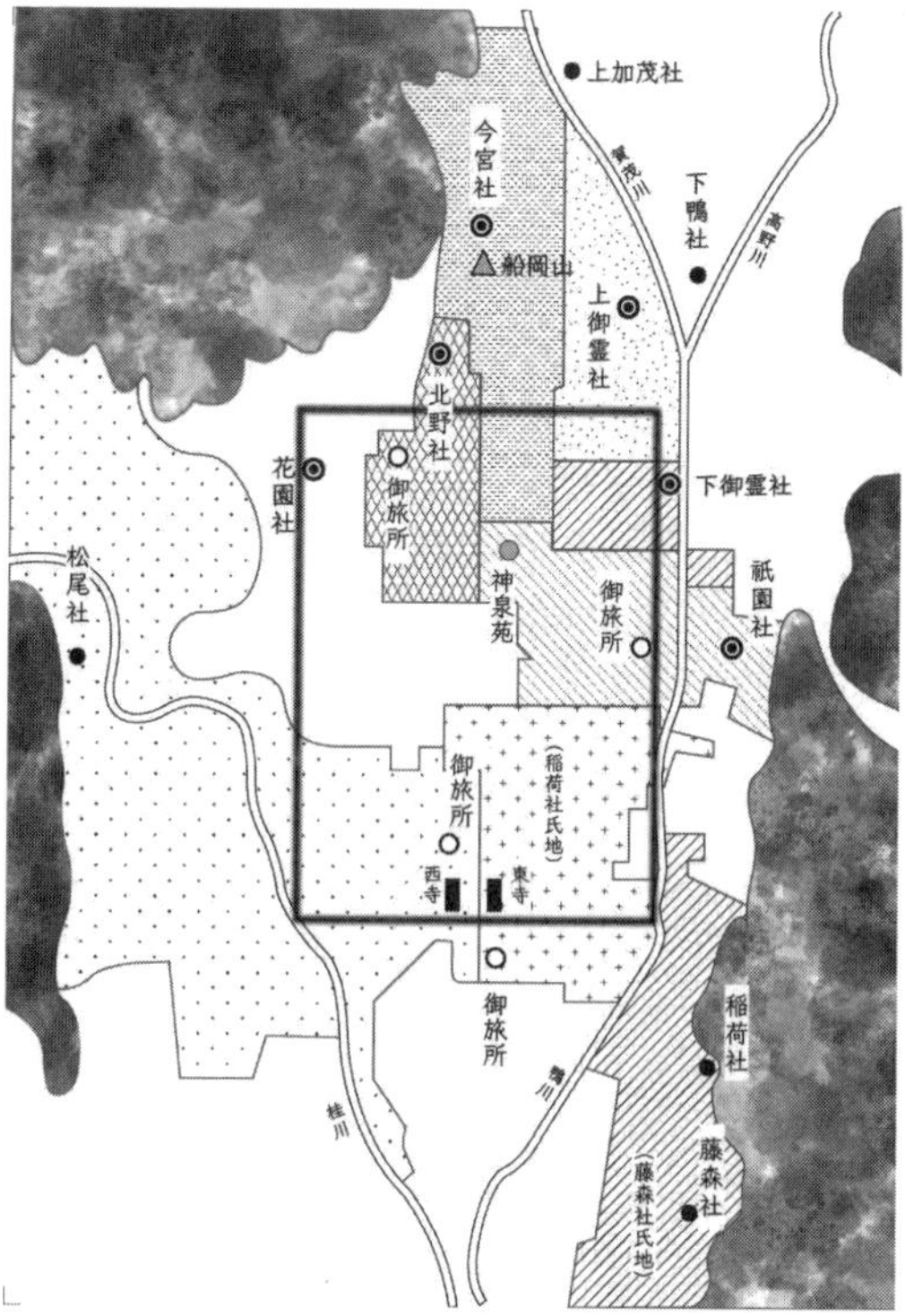

京都の主要な神社の氏子地域と御旅所　京都の氏子圏概念図　「京都の歴史１　P136」を引用作成

ました（下図参照）。なお、この区域は室町時代に定まったものと考えられます。

先述の紫野御霊会に由来する今宮祭は、長保3（1001）年の御霊会にちなんで、南北朝時代以降から毎年5月に開催。応仁・文明の乱により一時中止を余儀なくされたものの、他の祭礼よりも早くに復興を遂げ、延徳元（1489）年には神輿の巡幸が再開しています。江戸時代の元禄期に再度低迷期を迎えたものの、五代将軍綱吉の生母である桂昌院の庇護を受けて社殿が再建され、再び盛大な祭りが開催されました。

また、今宮祭同様、紫野御霊会に由来するやすらい祭は、4月の第2日曜日に開催。幸鉾（さいのほこ）や花笠（風流傘）、大鬼に扮した人物などが太鼓や鉦を打ちながら練り歩き踊ります。久寿（1154）元年平安時代末期には服装が華美になりすぎたため勅命によって禁止されており、同じく京都三大奇祭の一つである広隆寺の牛祭とともに「見るも阿呆、見ぬも阿呆」と称されるユニークな祭りです。

●引接寺（千本ゑんま堂）（現：上京区閻魔前町）

「千本ゑんま堂」の名前で知られる真言宗寺院・引接寺（いんじょうじ）は、船岡山の西麓、かつて蓮台野と称された地の入り口に建立されています。ここは化野、鳥辺野と並ぶ京都の三大葬送地の一つであり、「あの世」と「この世」の境界と考えられていました。ここに9世紀、公卿にして文人である小野篁が閻魔法王の像を自作して祀ったのが引接寺の起源とされています。

その後、寛仁年間（1017～1021）年に、比叡山の高僧・恵心僧都（えしんそうず）の門下である定覚（じょうかく）上人がこの地を「諸人化導引接仏道」の道場とするために、篁が建立した祠をもとに寺院を開山し、「光明山歓喜院引接寺」と命名。その後衰退しましたが、13世紀後半に明善によって再び盛んとなりました。

なお、蓮台野一帯には釈迦念仏への信仰が存在しており、開創当初は当寺にも釈迦如来像が置かれ、そのほか閻魔法王、司命（しみょう）・司録（罪状を読み上げ、判決文を記録する地獄の書記官）、泰山王、五道輪王の像が置かれていました。現在は本尊である閻魔法王の像に加え、左右に司命・司録、脇に小野篁の像が配されています。当初の閻魔像は応仁の乱で焼失したため、現在は長享2（1488）年に仏師である法眼定勢によって製作された像が設置。なお、本堂の壁画は室町時代中頃に描かれた地獄絵で、フロイスの『日本史』にも記録されています。

境内にある高さ6メートの石塔は、紫式部の供養塔と伝えられ、至徳3（1386）年に圓阿上人によって制作。上人が夢の中で閻魔法王から紫式部の供養のために塔を建てるようお告げを受けて制作されたという伝承があり、「引接寺塔婆」として重要文化財に指定されています。

年中行事としては、5月1日～4日に境内の狂言堂で開催される「千本ゑんま堂大仏狂言」が有名。「ゑんまんどうの狂言はだーれが先はーじめた、でっかい坊主がはーじめた」とわらべ唄の中にも紹介される、京都の四大念仏狂言の一つです。定覚上人が教えを広めるために大念仏法会を行ったことがはじまりとされ、その後断絶しますが、鎌倉時代に如輪上人によって再興、室町時代には3代将軍・義満の知遇を得て、桜の盛りに狂言を行うようにと50石の扶持米を与えられました。昭和39（1964）年に後継者不足などにより再度中断し、昭和49（1974）年には舞台と衣装が焼失しますが、翌年に保存会が結成されて昭和51（1976）年に再開、現在に至ります。京都市の無形民俗文化財にも登録されています。

他の大念仏狂言（壬生狂言・神泉苑狂言・嵯峨狂言）が無言で囃子に合わせて演じられるのに対し、演目のほとんどが有声劇で演じられるのが特徴。表情など感情表現もわかりやすく、滑稽と外連味で観客を引き付ける工夫がなされています。演目は、勧善懲悪をテーマとした重厚な「かたもん」と、コメディ風味の強い「やわらかもん」に大きく二分。公演は必ず「えんま庁」（かたもん）ではじまり、地域「千人切り」（かたもん）で終わることとなっています。

コラム：北野・西陣に残る平安宮の足跡

【平安宮とは？】

平安京の中枢である大内裏は「平安宮」と呼ばれます。平安宮は都の北中央に位置し、東西約1150m、南北約1400mに及ぶ広さで、周囲には正門である朱雀門をはじめとする14の門が開かれていました。内部には儀式のための宮殿や天皇の生活の場である内裏、多数の官衙（官庁）などが置かれ、たいへん大規模で壮麗な造りであったことがわかっています。天徳4（960）年9月にはじめての火災に見舞われましたが、翌年11月には再建が完了し、村上天皇が新造内裏に移っています。

しかし、平安時代中期に律令体制が緩み始めると、平安宮の官衙で行われていた執務は、役人の自邸で行われるようになります。さらに、貞元元（976）年5月の内裏焼失の際に、円融天皇が母方のおじである藤原兼通の堀川第に遷御したのを契機に、天皇が里内裏（内裏の外に置かれた仮の御所のこと。天皇の母方

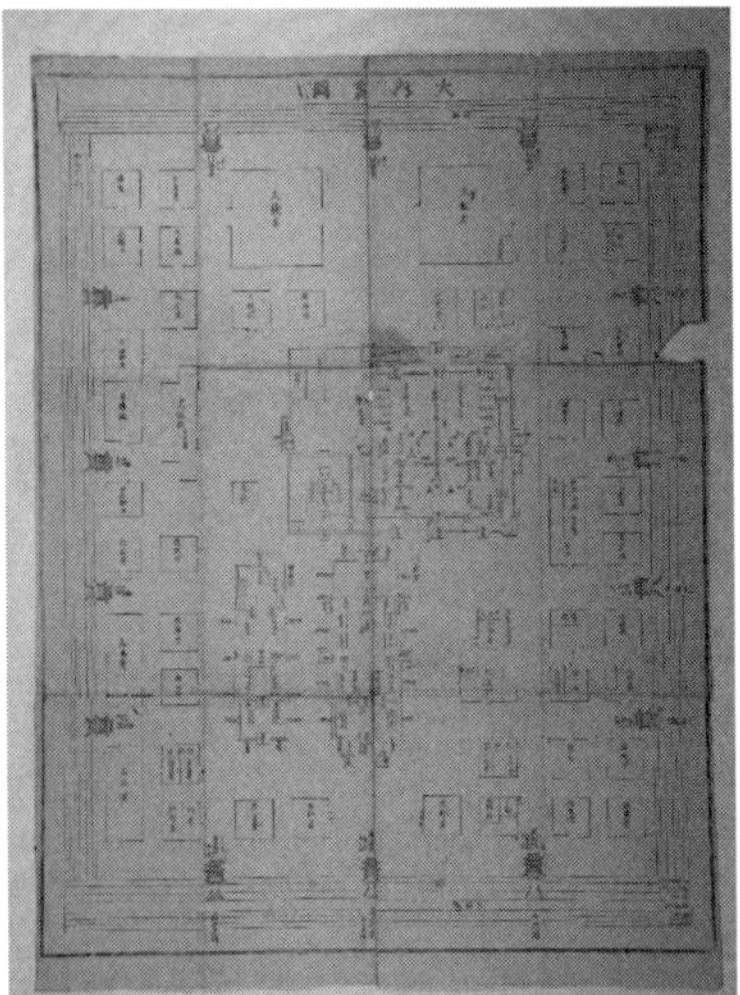

大内裏図

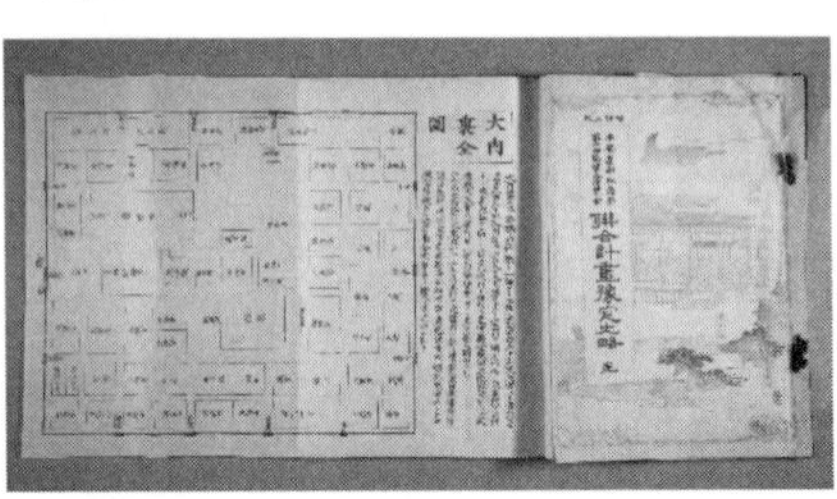

平安遷都記念第四回勧業大博覧会聯合計画予定大略　完　大内裏図

の里などが用いられる）に移ることが多くなると、内裏は本来の役割を果たさなくなり、次第に荒廃していきました。平安後期に成立した『大鏡』には、藤原道長が10世紀後半の花山天皇の時代に、兄弟と大極殿や豊楽院、仁寿院で肝試しをしたというエピソードが出てきますが、当時の平安宮はそのような逸話がうまれるほど荒廃していたのです。

荒廃に拍車をかけたのが、康平6（1063）年の豊楽院の焼亡と安元3（1177）年の安元の大火（太郎焼亡）などの度重なる火災です。そして、安貞元（1227）年の大火によって再建途中の内裏が全焼すると、内裏はもはや再建されず、北は一条大路、南は二条大路、東は大宮大路、西は西大宮大路に及ぶ平安宮の跡地は「内野」と称される荒れ地となり、馬場として用いられ、雑畜の放し飼いや犬追物が行われるほどになってしまいました。ただし、鎌倉時代には即位式や大嘗会などの儀礼のための建築空間が残存していたこと、また室町時代には職人集団の居住地があったことがわかっています。

度重なる火災ゆえに、平安宮の遺跡は市街地深く埋もれ、現時点では完全な建物址は発見されていません。それでも、北野・西陣一帯には大内裏の史跡が多く存在しており、そこから往時の宮城についてうかがい知ることが可能です。

【主な平安宮史跡】

●朝堂院跡（現：中京区丸太町通千本西入北側）

朝堂院（ちょうどういん）とは、大内裏の正庁で、即位などの国家的儀礼や様々な政が執り行われる場のことです。元来は官人が執務し、天皇が政務について決裁を行う場でしたが、後に国家的に重要な儀式も行われるようになりました。平安宮の中心的な施設で、朱雀門の正面、内裏の南西に配されていました。

貞観8（866年）年の応天門の変（大内裏の正門である応天門の炎上をめぐる宮廷の政変。放火の疑いをかけられた大伴・紀氏が没落し、藤原北家の隆盛につながった）で炎上し、その後も再三の被災で修復・再建が繰り返されましたが、安元の大火で焼失した後は二度と再建されませんでした。

なお、大極殿（だいこくでん）はこの朝堂院の正殿にあたる建物で、即位の儀などが行われた場所です。殿内には、天皇が着座する高御倉（玉座）が置かれていました。

●豊楽院（豊楽殿）跡（現：中京区聚楽廻西町）

豊楽院は節会や外国使節が来訪した時などの朝廷の饗宴が行われた場所で、豊楽殿はその中心となる建物です。朝堂院の西側に設けられ、延暦19（800）年以降に建設されたと考えられています。広さは東西9間（約39・3m）、南北4間（約16・2m）程度。屋根には緑色をした瓦（緑釉瓦）が葺かれていました。壮麗な施設だったと考えられますが、10世紀にはすでに荒廃しており、康平6（1063）年に全焼して以降は再建されませんでした。

●平安宮内裏跡（現：上京区下丸屋町）

天皇や后の居住区間にして、平安宮の中心的施設であった内裏は、外郭築地と内郭回廊の二重構造で厳重に区画され、各四辺には門が一つずつ（玄輝門、承明門、宜陽門、陰陽門）設けられていました。広さは南北300m、東西200m程度であったと考えられています。

内郭の南辺には公的な行事の場である紫宸殿や、天皇の居所である清涼殿などが配置。北辺には、中宮・女御の居住地である飛香舎（ひぎょうしゃ）、後宮の住居や摂政の直廬（じきろ：休憩や宿泊に使われた場所）に使われたとされる淑景舎（しげいしゃ・しげいさ）など7殿5舎からなる後宮が設けられ、各施設は回廊や透渡廊でつながっていました。こうした施設は『枕草子』や『源氏物語』などの平安文学にも登場します。

●中務省東面築地跡（現：上京区丸太町通美福通交差点北側）

中務省（なかつかさしょう）は、詔勅の宣下など天皇の国事行為や後宮関係の政務を司る省です。国家の主要な省庁である二官八省の一つで、八省の中では最も重要視されていました。

施設の広さは、東西57丈（約170m）、南北37丈（約111m）程度で、平安宮においては内裏の南に配されていました。ちなみに、有名な陰陽師の安倍晴明は、この中務省の管轄の一つである「陰陽寮」に勤務。陰陽寮は暦の作成や時刻の測定、天文の観測及びそれに基づく占星術の行使などを担当する部署で、晴明は天文博士として天文の観測や、その報告業務などを担当したとされています。

昭和19（1944）年に実施された発掘調査により、中務省東面南北築地塀跡と、それに伴う内側と外側の溝跡が出土。溝跡内からは、平安時代前期の須恵器や土師器、緑釉陶器や瓦などが見つかりました。

●内酒殿跡（現：上京区智恵光院通下立売上ル分銅町）

内酒殿（うちのさけどの）は、内裏に納めるための酒を醸造していた役所です。平成7（1995）年度の発掘調査の結果、大規模な井戸や、役所に食料を請求する旨を記した木簡が見つかりました。木簡の記述の内容から、弘仁元（810）年に井戸が作られたこと、またその時期にはすでに内酒殿が設置されていたことが明らかになっています。

●宴松原（現：上京区七番町）

宴松原（えんのまつばら）は、大内裏の中央（内裏の西、豊楽院の北）にあった広い松林です。内裏の再建の際の代替地として用意され、またその名称通り饗宴が催された場所と考えられています。

しかし、華やかなイメージとは裏腹に、怪異の起こる魔所として怪談話の舞台に使われました。『今昔物語集』などには、仁和3（887）年3月に松の下で女性が鬼に殺されたという怪談が記されており、また藤原道隆が道長らと肝試しを行った際に、松原から得体のしれない声を聴いて逃げ返ったという話が残っています。

●主水司跡（現：上京区丸太町通西日暮西入南側）

主水司（もんどのつかさ）は、飲料水や氷室（夏場まで氷を保存しておくために設けられた小屋や穴のこと）に関する事項を司る役所です。平安宮内では、内裏の西側に置かれていました。

なお、平安京には6つの氷室が存在。そのうちの1つである「石前氷室（いわさきひむろ）」は、現在の立命館大学衣笠キャンパスの西園寺記念館周辺に置かれていました。「衣笠氷室町」の町名や、京都市道衣笠緯40号線の通称である「氷室道」からその歴史をうかがい知ることができます。

●一本御書所跡（現：上京区下立売通智恵光院西入丸町）

一本御書所（いっぽんごしょどころ）は、世間に流布した書籍を各一本（一部）ずつ書き写して保管・管理した場所です。文献には10世紀中葉から登場し、『日本紀略』の康保元（964）年10月13日条には、一本御所で清書した同書の222巻を大蔵省の野御倉に遷納したことが記されています（※「一本書」に関しては「1冊しか存在しない本」と解釈する説もあります）。

そのほか『平治物語』には、平治の乱（平治元［1159］年）の際に後白河上皇とその姉・上西門院（じょうさいもんいん）が一本御書所に幽閉されたと記録されています。

3 中世の北野・西陣

① 鎌倉幕府と北野・西陣の変容

12世紀末、鎌倉幕府が成立したことにより、政治の中枢は朝廷から東国の武家政権に移行。13世紀初頭には、後鳥羽上皇によって幕府打倒の乱（承久の乱）が勃発しますが、東国の御家人らによって鎮圧され、京都と朝廷は幕府が設置した六波羅探題の監視下に置かれることとなりました。さらに、暦仁元（1238）年6月には、洛中の治安維持のため、「篝屋（かがりや）」と呼ばれる番所が設置されます。「太平記」には48カ所と記されていますが、左京のほぼ全域と一条通以北、また安居院大宮に配置されていました。

そうした中で、京都は、平安京以来の「左京」と「右京」からなる街並みから、「上の町」と「下の町」から成る街並みに変化していきました。14～15世紀頃には、二条通を境に「上辺・下辺」または「上京・下京」という名称が用いられるようになり、上京には御所を筆頭に公家や武家の邸宅が集中し、下京は商工業者の町として発達していきます。一方、現在の金閣寺付近には、藤原（西園寺）公経（ふじわらきんつね）によって別荘「北山殿」が建設されました。公経は公卿でありながら、幕府との強いつながりを背景に関東申次（朝廷の窓口として幕府との連絡にあたる役職）に着任した人物です。その栄華にふさわしく、北山殿はたいへん豪華な施設で、寝殿や仏堂などを伴うたいへん豪華な施設でした。歌人である藤原定家も、元仁2（1225）年に北山第を訪れ、殿内に設けられた滝や池、泉の美しさを日記（『明月記』）において称賛しています。

また、西園寺家が天皇家と縁戚関係を結んでいたことから、北山第は里内裏や院御所（上皇の居所）としてしばしば用いられ、天皇による行幸も頻繁に実施。ちなみに、南北朝の歴史物語である『増鏡』には、皇太子時代の後醍醐天皇が北山第に密かに忍び込み、後に中宮となる西園寺禧子（さいおんじきし／さちこ）を密かに連れ出したというエピソードが記されています。

② 義満と北山殿

モンゴル襲来をめぐる処遇や得宗家（鎌倉幕府執権北条氏の家督）による専制政治などにより、御家人が鎌倉幕府への不満を募らせていく中、後醍醐天皇が2回にわたり討幕の計画を企てます。計画は失敗に終わるものの、これが引き金となって反幕府勢力の力が強まり、元弘3（1333）年に鎌倉幕府は滅亡しました。なお、幕府が京都監視のために置いていた六波羅探題も、同年5月の二条大宮での合戦により消滅します。

その後、建武の新政が始まるも短期間で崩壊し、暦応元（1338）年、足利尊氏によって室町幕府が創設されます。南北朝間の対立や幕府内の争乱、強大な守護大名勢力の中で、幕府の体制固めをはかる尊氏は、その傍らで衣笠山の南麓に等持院（後述）を開きました。

そして、3代将軍の足利義満の時代に入ると、北野は大きく変貌します。各地の守護大名の力を抑えて、広大な権力を手中に収めた義満は、永和4（1378）年、現在の京都市上京区室町通今出川北に将軍家の邸宅（室町殿・室町第）、通称「花の御所」を建造するとともに、応永4（1397）年には、西園寺家の衰退を受けて荒廃していた北山第を譲り受け、山荘の建設に乗り出しました。山荘は公経の時代と同じく「北山第」（北山殿）と称されましたが、その敷地ははるかに広く、東は紙屋川、西は衣笠山、南は衣笠総門町付近、北は大文字山付近に及んだとされています。彼はこの北山第を中核として新たな都を築き、現在の一条通と佐井通の交差点付近に「一条大門」、高橋通（現在の蘆山寺通）と佐井通の交差点付近に「惣門」を配置、さらに両門の間の「八町柳」（現在の佐井通）を都のメインストリートとしました。なお、惣門のさらに北には、義満の居所「北御所」に通じる「四脚門」が設置され、惣門と四脚門の間には馬場が置かれました。

現在、鹿苑寺の周辺には、衣笠総門町（北山第の惣門に由来）をはじめ、衣笠馬場町、衣笠馬場町（馬場が置かれていたことに由来）、衣笠西馬場町、平野上八丁柳町、平野八丁柳町（メインストリートである八町柳に由来）などの地名が存在しますが、これらは義満の築いた都の名残を示す地名です。

北山殿が完成すると、それまで室町殿で行われていた行事などはすべてこちらで行われるようになりました。明の勅使との面会もここで行われ、応永15（１４０８）年３月には後小松天皇が行幸し、盛大な宴が催されています（北山殿行幸）。そのため、義満の死に至るまで、北山第とその付近は政治・文化の中心として繁栄しました。

なお、義満の死後の翌年、４代将軍義持は三条坊門に政庁を新設。応永26（１４１９）年に北山第は舎利殿の金閣のみを残して大半を解体・移築され、鹿苑寺となりました。しかし、この地にはかつて北山第を中枢とした都が存在したのです。

●鹿苑寺（金閣寺）

室町時代前期、足利義満は西園寺の別荘を譲り受け、新たに山荘「北山第」を建立。彼の死後は、夫人日野康子がこの地に住み続けました。応永26（１４１９）年に夫人康子が没したのち、北山殿の建物の大半は解体され、南禅寺などに寄付されますが、４代将軍・義持は応永29（１４２２）年頃までに臨済宗の禅僧・夢窓国師を開山に招き、金閣を中心にして、禅寺を建立。同寺院は義満の法号（鹿苑院殿）にちなんで「鹿苑寺」と命名されました。なお、「金閣」は、もとは北山殿の一施設にして、鹿苑寺の中核となった、金箔張りの舎利殿を指す言葉。現在は、寺院全体を指して金閣寺と呼ぶのが一般的となっています。

金閣は、初層に寝殿造、中層に書院造、上層に禅宗仏殿風と三種類の建築様式が用いられた三層の楼閣で、応永5（1398）年頃までに鏡湖池のほとりに建立。当時の記録によると、鹿苑寺には金閣以外にも、仏殿や不動堂、泉殿、紫宸殿などが備えられていました。

応仁・文明の乱においては、西軍が陣所を置いたため大きな被害を受けますが、乱後には堂舎や金閣の修理や再建が行われ、天正年間（1573〜1593年）には、宇喜多秀家が弘法大師作と伝えられる不動明王を本尊とする不動堂を再建。慶長年間（1596〜1615）には、後水尾天皇の臨幸にあたり武将・茶人である金森宗和が茶室「夕佳亭（せっかてい）」を建立しました（※現在の夕佳亭は1874［明治7］年に再建。1997［平成9］年に解体修理を実施）。そのほか、延宝年間（1673〜1681）には後水尾院の命により方丈が再建され、貞享年間（1684〜1688）には大書院・小書院・鐘楼・鎮守などが再建。現在の堂宇がこの頃までに揃います。

なお、北山殿唯一の遺構であった金閣は、昭和25（1950）年に放火で焼失。昭和30（1955）年に再建されました。

京都北山金閣寺全図

●名和長年戦没遺蹟（現：上京区梨木町　名和児童公園内）

名和長年は、南北朝時代に活躍した武将です。伯耆（鳥取県）名和の地頭である彼は、倒幕計画が露呈したことで、廃位され、隠岐に流罪となっていた後醍醐天皇を鳥取の船上山に迎えて挙兵し、京都への帰還を助けました。建武の新政においては楠木正成らとともに天皇の護衛にあたるとともに、記録所や雑訴決断所の機関にも携わります。しかし、後に新政府に乱を起こして入京した足利尊氏に敗れて、延元元（１３３６）年、内野の合戦にて亡くなりました。明治19（１８８６）年に梨木町の地で戦没したことが考証されて「正三位」が追贈、昭和11（１９３６）年には「従一位」に叙せられました。

なお、現在の記念碑は昭和11（１９３６）年に建立されたもので、碑の文字は海軍軍人にして明治神宮宮司を務めた有馬良橘（ありまりょうきつ）によるものです。

●等持院（現：北区等持院北町）

等持院は、暦応４（１３４１）年、足利尊氏が臨済宗の禅僧・夢窓国師を開山として建立した寺院です。後に、尊氏と2代将軍・義詮の時代の幕府が所在した三条坊門の地あった等持寺もこちらに移され、足利将軍家歴代の菩提所となりました。境内の霊光寺東側には、歴代の足利将軍家の木像が安置。将軍の死後に作られましたが、応仁・文明の乱で焼失したため、江戸時代初期に改めて制作され現在に至ると伝えられます。

なお、堂舎は室町幕府が衰退した後、荒廃するがままとなっていましたが、慶長11（１６０６）年に豊臣秀頼によって修復されます。文化５（１８０８）年４月に焼失し、その14年後に再建され、この時に妙心寺の塔頭であった海福院方丈が本堂として、また一条家から旧政所と書院が移築されました。天保14（１８４

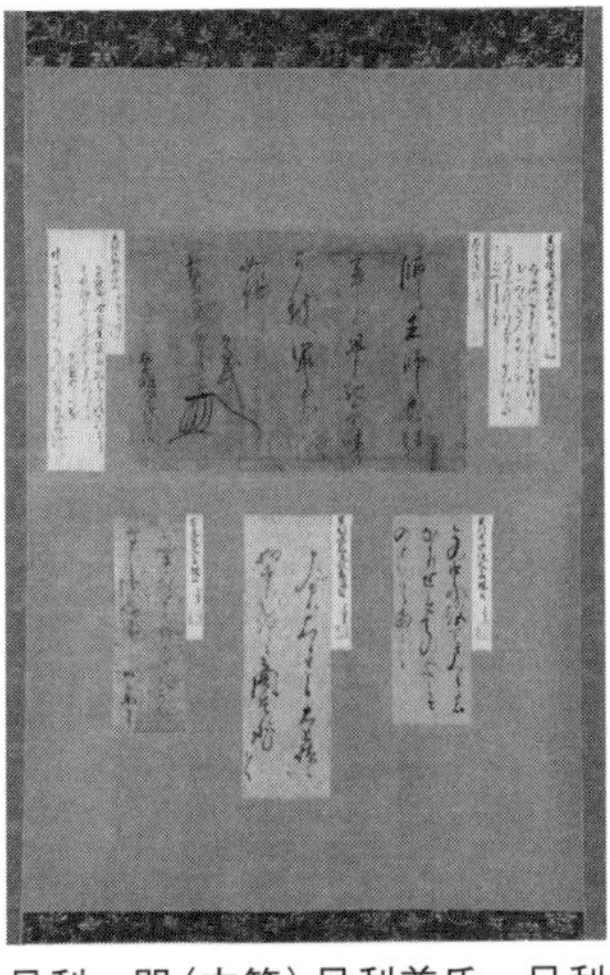

足利一門（古筆）足利尊氏　足利義満　足利義尚　足利義輝　足利義教　足利義政

3）年には霊屋と中門が造営されています。

大正年間には、境内にマキノ省三の映画製作所やスタジオが置かれていました。また、小説家の水上勉が少年時代、ここで修業をしていたことでも有名です。

③ 明徳の乱と内野

乱の経緯

室町幕府の全国支配を完成させた義満ですが、各地の守護大名の勢力の強大さにはてこずりました。その中でも、特に強力だったのが山陰地域を本拠地としていた山名氏です。14世紀後半の山名氏は、その勢力を拡大し、全国66か国のうち11か国を治め、「六分一殿」と称されるまでになっていました。

これに危機感をいだいた義満は、山名家の勢力を削ぐために、同家の一族の相続争いに介入します。当時、山名家は惣領の時氏の死（建徳2・応安4［1371］年）をきっかけに、氏清（時氏の子）・満幸（氏清の弟である師義の子）と時熙・氏之（いずれも氏清の弟である時義の子）の間で相続争いが生じていました。これに乗じた義満は、満幸らに時熙らを討たせて守護職を与えます。しかし、その翌年に義満は時熙・氏之を許す一方で、満幸を京都から追放しました。

この義満の挑発に乗った満幸は、明徳2（1391）年12月に氏清らとともに挙兵し、京都に攻め込みます。二条大宮や内野で激戦が行われた結果、氏清は討ち死に、満幸も九州に逃亡を余儀なくされました。一方の時熙には但馬、氏幸に伯耆の守護職が与えられたものの、残りの山名氏の領土は反乱鎮圧に貢献した赤松氏・畠山氏らに分け与えられたため、山名家はその勢力を大きく削がれることとなりました。

ちなみに、明徳の乱を描いた軍記物語『明徳記』は、一貫して幕府や義満の側に立ち、寺社の所領を横領するなど権勢に驕って謀反を働いた山名氏清を、義満と管領の細川頼之が討つという視点で乱を描写。また、戦乱中の京都についての描写や挿話を多く交え、具体的な地名を挙げながら、約190名に及ぶ人物の活躍や言動を描き出し、内野で繰り広げられた激しい戦いや殺伐とした光景を克明に伝えています。

万部経会のはじまりと内野

『明徳記』によると、乱終結後の内野・大宮には修羅闘戦の声が毎晩聞こえ、巷では討ち死にした者たちの苦しみの声だろうと噂されました。それを耳にした義満は、戦死者の霊を弔うために、終戦翌年の明徳3（1392）年4月、百箇日を機に相国寺において五山の僧1000人によって大施餓鬼を主催します。さらに同年12月には、畿内の五山僧1100人を内野に集め、法華経一万部を読経する法会を修しました。

そして、応永2（1395）年には、近江の百済寺を根拠として活動していた僧侶が願主となり、「北野南馬場」にて万部経会（追善・供養などのために一つの経が万部になるよう読経する法会のこと）が興行されます。当初、万部経会は馬場に設けられた「仮屋二宇」で開かれていましたが、応永8（1401）年頃に右近の馬場に御堂（経王堂・経堂）が新設されると、10月4日から10日間にわたり同施設で年中行事として実施、代々の将軍が願主となって法会に出席するようになりました。なお、経王堂は884坪に及ぶ大規模な施設と推定されており、応永19（1412）年には約2000人にも及ぶ人が集まり一切経の書写事業が約5カ月にわたり実施、経を収納するための輪蔵も設けられています。

なお、万部経会は応仁の乱を機に衰退し、明応2（1493）年を最後に途絶えますが、永正12（1515）年には大報恩寺の住持職を継承する養命

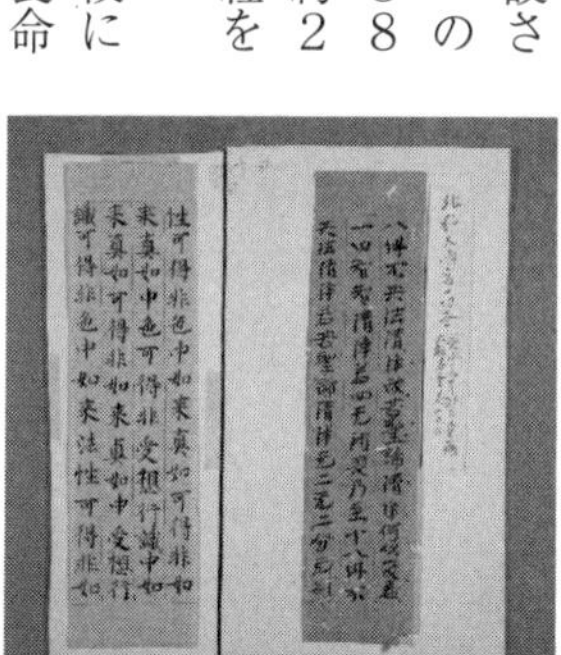

北野社一切経断簡

坊の春広という僧侶が勧進で興行、以来、養命坊が経王堂と万部経会の管轄権を掌握するようになりました。また、経王堂は17世紀初頭に秀頼の寺社修繕活動の対象となり、慶長11（1606）年には修築された経王堂の落慶供養として最後の万部経会が同施設で興行されています。

一方、明徳の乱で戦場となった内野は、応永年間（1394～1428）初期に後小松天皇の寄付により造営料所として北野天満宮の所領に追加、「内野畠」「宮城内野畠」と称されて幕府公認の下で畠地化・水田化が進められました。また、大永6（1526）年に義晴が等持院を参詣した際には通りの新設が命じられています。

④ 北野天満宮と信仰・文化

中世においても、北野天満宮は多くの人の信仰を集めました。鎌倉時代には、皇族による行幸や、貴族・僧侶による参詣、奉幣が平安時代に引き続いて実施。写経や歌の奉納なども行われています。

足利将軍家も、北野天満宮には篤い崇敬を寄せました。たとえば、3代将軍の義満は、至徳3（1386）年、長子である義持の誕生にあたり同社に産殿を建設して安産祈祷を実施。さらにその報賽のために神輿の造り替えや回廊の修理を行います。彼以降の将軍も北野天満宮に頻繁に参籠し、特に4代将軍・義持は出家後の応永30（1423）年以降、同社に長期間籠るようになりました。このように篤い信仰と、積極的な保護が将軍家から与えられた結果、この時期の北野天満宮の所領は飛躍的に増加。文明5（1473）年の時点での同社の荘園は、実に24国80箇所に及んでいたとされています。

これに加え、室町時代の北野天満宮は、しばしば芸能の舞台として用いられ、文化の拠点として大いに栄えました。歴代将軍が好んだことから、特に猿楽や田楽は多く開催され、永徳2（1382）年5月には、近江猿楽の名手である犬王（道阿弥）が北野天満宮で猿楽と後日能を興行し、大盛況となります。また、そのほか、応永29（１４２２）年3月に北野天満宮の神前で田楽が行われた際には増阿弥が奉仕して、4代将軍の義持がこれを見物、翌年には将軍の参籠の度に田楽が毎回催されました。

また、室町時代には菅原道真は和歌の守護神である「和歌三神」の一柱として信仰されていました。これを反映して、室町時代および南北朝以降の北野では、足利義満による一万句興行（明徳２［１３９１］年）や、足利義教の千句興行（永享３［１４３１］年）など、連歌会が盛んに開催。江戸時代には北野学堂（本章第6節参照）が成立するなど、学問の中心として栄えた北野ですが、その素地はすでにこの時期から生まれていたと言えるでしょう。

コラム：渡唐天神の登場

延喜３（９０３）年に左遷先の大宰府で亡くなった菅原道真。死後、天神として信仰を集めた彼をめぐって、「渡唐天神（ととうてんじん）説」という伝説が伝えられています。いわく、仁治２（１２４１）年に東福寺の開祖である聖一国師（円爾弁円）のもとに現れた天神（道真）が、国師の助言に従って一夜にして唐に渡り、無準師範（ぶじゅんしばん）の下で修業し、師範の袈裟を授かったというものです。無準師範は南宋の臨済宗の僧。聖一国師にとっては留学中の師匠にあたる人物です。

この伝説の源となったのは、14世紀後半の九州の聖一派（聖

菅原道真公　渡唐天神像図

一国師を祖、東福寺を本拠とする臨済宗の門派）の禅僧たち。彼らが無準師範の伝記に登場する中国の神を天神と解釈したのが、伝説誕生のきっかけとされています。また、当時の禅宗は、幕府と強いつながりを有する一方で、一般の人々への布教を進めていました。そこで、庶民に広く信仰されている天神を禅宗に採り入れることで、人々の関心を喚起しようとしたのでしょう。また、当時は、比叡山と北野天満宮が僧侶の授戒式を行う権限を握っており、人事を有利に進めるためには、北野天満宮と結びつく必要がありました。そうした諸事情の中で、渡唐天神の伝説が生まれたと考えられます。

常識的に考えてあり得ないものではありますが、渡唐天神伝説は多くの人の心を惹き付け、15世紀前半には都でも広く知られるようになりました。南北朝時代の『両聖記』をはじめ、北野神社々務所編纂の『北野誌』、室町時代の僧・呆庵による『梅城録』、そのほか江戸時代の国学書である『群書類従』などにも同一ないし類似の説が記されています。上で紹介した伝説は『群書類従』に由来するもので、現在もっとも一般的に普及している説です。

また、14世紀末頃からこの伝説に則って様々な天神像が制作。その多くは、中国の仙冠や頭巾、道服を着用し、袈裟を入れた鞄を肩から提げ、また両手で梅花を持っています。雪舟や狩野元信など同時代の画僧をはじめ、江戸時代の画僧や絵師によっても渡唐天神図は描かれ、木彫像の天神像も作られました。なお、描かれる天神は、当初はいかめしい表情が中心でしたが、時代が下るにつれて動きのある、ユーモラスなものも描かれるようになっています。

天神信仰を土台に、禅文化が取り込まれ、また遣唐使の大使に任命されるも、内戦のため実際に渡ることができなかったという道真の無念さも反映されたとも考えられる興味深い伝説です。

⑤ 京都の酒造産業

平安時代に造酒司を中心に始まった洛中の酒造は、中世に入ると大きく発展しました。13世紀半ばには、酒屋が「東西両京」に数えきれないほど立ち並ぶ状態となっており、その後、南北朝時代の戦乱が終息すると、武家の洛中への移住を背景に、酒造はさらに盛んになっていきます。

なお、当時は「土倉」と呼ばれる金融業者に酒造業を兼業する者が多く、北野・西陣地域にも、土倉や彼らによって経営されたと考えられる酒屋が存在していました。当時の幕府や朝廷は土倉の経済力に大きく依存し、土倉役や酒屋役、酒麹役（しゅきやく）などの税金を課すとともに、応安4（1371）年には後円融天皇即位式のための資金を借用しています。さらにその後、文安の麹騒動（次項参照）を契機に、洛中の酒屋にも麹造りが認められ、自由に酒造を行うことが可能になりました。

しかし、応仁・文明の乱により、京都の酒造産業は300余りの土倉・酒屋が断絶したと記されるほどの壊滅的な被害を受けます。また、乱を契機に、酒造技術が周辺地域に流出したため、各地で酒造産業が成長、文明年間（1461～1487）以降には地方で造られた「田舎酒」が洛中にも流入するようになりました。16世紀初頭には、坂本・奈良・河内・摂津産の酒が、かなり一般的になっていたとなっていたと考えられます。さらに、天文法華の乱の影響もあり、京都の酒造産業は苦境に陥りました。

⑥ 文安の麹騒動

中世の北野・西陣地域における酒造産業を語る上で無視できないのが、前項でも名前を挙げた「文安の麹騒動」です。

当時の日本では、酒造と麹造りは分業されていて、西京において後者は「西京神人（にしのきょうじにん：後述）」と称された人々によって担われていました。しかし、土倉業との兼業などを通して、経済力をつけた洛中の酒屋が麹造りにも取り組むようになると、西京神人はこれに強く反発します。

そして、応永26（1419）年、4代将軍・足利義持が、将軍家御師（将軍家の護持を祈祷する僧侶）を務める祠官三家の筆頭である北野天満宮松梅院禅納の要求を受けて、北野天満宮に麹の製造・販売の独占権を与えます。これを受けて、洛中の酒屋は今後、麹業を営まないことを誓約した請文を提出し、一方の西京神人たちは、独占権に違反して麹を製造・販売した酒屋を攻撃して、彼らの麴造りの道具を幕府役人の前で打ち壊すまでになりました。

その後、応永32（1425）年、幕府は西京神人から麹を購入することを承諾した酒屋の名簿を作成するなど、独占権に違反する酒屋への取り締まりを強化していきます。すると、その翌年には酒の減産に伴い、米の輸送量減少のあおりを受けた坂本の馬借（中世・近世の運送業者）が、北野社松梅院禅能の坊舎の破壊を企てるという事件が発生、さらに正長元（1428）年には、洛中の土倉・酒屋を支配下に置いていた延暦寺の僧侶が、西京神人による麹業独占を停止するよう幕府に訴え、同寺の西塔釈迦堂に立て籠もり強訴を行いました。これに対抗して、西京神人も北野天満宮に閉籠します。

この時には、西京神人の麹業の独占権が一旦否定されたものの、再度認められることで事態は落ち着きました。なお、嘉吉3（1443）年にも、洛中の土倉・酒屋と西京神人の間で麹業をめぐる論争が起こり、洛中の土倉・酒屋に酒麹の製造が認められたため、西京神人が北野天満宮に立て籠もりますが、この時も幕府が西京神人による麹業独占を認めることで、事態は終息しています。

しかし、文安元（1444）年4月、麹業の権利獲得を目指す酒屋の要求を受けて、比叡山西塔の衆徒は釈迦堂に再び閉籠。これに対抗して西京神人も北野天満宮に「千日籠り」と称して立て籠もります。これを解くために、当時の管領・畠山持国が配下を北野天満宮に差し向けて神人を討った結果、数時間にわたる合戦に発展しました。

この合戦により、西京は焼け野原になるとともに、北野天満宮が炎上、神輿2基と宝物は救出されたものの、本殿をはじめ境内の施設が多数焼失します。西京神人も大勢討たれ、生き残った者も家を焼き払って没落していったり、盗人として追捕されることとなりました。また、北野天満宮も炎上したことでその勢力を一時削がれることとなります。

なお、この騒動で麹業の独占権を失った西京神人は、天文14（1545）年に独占権の復活を幕府に願い出て、これが受け入れられる形で、麹業の独占権が再度認められました。しかし、洛中の酒屋・土倉の反対により、実際の復活には至らなかったため、永禄4（1561）年に独占権の獲得を再度試み、幕府の承認を得ます。しかし、この段階では西京の麹業がふるわない状態となっていたため、実際に独占には至らず、最終的に西京神人の独占権は、元亀3（1572）年に織田信長により没収されてしまいました。

コラム：西京神人とは

「西京神人」とは、北野天満宮に所属する神人のうち、社領地である西京（七本松～木辻通、一条通～三条通）の地域に居住し、麹業を営みながら、同社に奉仕し、瑞饋祭の開催などに関わってきた人々です。15世紀後半以降は二条通以南の地域は伊勢氏の支配下に入り、北野天満宮の直接支配から外れるため、二条以北の「七保」（しちほ）と称される地域が西京神人の重要な拠点となりました。なお、安楽寺天満宮（現：上京区北町）と成願寺（現：右京区花園艮北町）は、西京神人が天暦年間（947～956年）に設立したとされる7つの供御所「七保社」（一保：安楽寺、二保：薬師堂→東光寺、三保：長宝寺、四保：新長谷寺、五保：満願寺、六保：阿弥陀寺、七保：成願寺）のうちの2寺院です（※ただし、成願寺は元和2［1616］年）に寺号・敷地を日蓮宗に売却し、日蓮宗寺院となる）。両者とも北野天満宮創建時に構えられたと伝えられてきましたが、実際には中世後期～近世初期までに建立されたと考えられています。

道真の左遷に従って大宰府に赴いた人々を祖先とすると言い伝えられてきましたが、実際に彼らの名前が史料に初めて登場するのは、13世紀後半のこと。当初は農業に携わったと伝えられ、14世紀頃から酒造用の麹の製造販売を担うようになったとされています。その後、15世紀末には商業に関わるようになり、近世には〝天神侍〟と称されて、札の配布などに従事、そのほか16世紀後半からは製紙業を生業とするようになり、現在の中保町（現：西ノ京中保町）は「宿紙村」とも称されました。その後、18世紀には「神人」に代わって「社人」という呼称が使用されるようになっています。

北野天満宮の被支配民として、同社の検断権（刑事上の罪を検察・断罪すること）の行使に従うとともに、麹業の利益の一部などを納めました。また、祭礼においては、神饌の準備をはじめ鉾の準備や神幸・還幸の警固役、麹や柴、菖蒲などの貢納物の納入や、一部費用の負担などを通して奉仕し、そのほか、臨時で境内の掃除や警備などにあたったとされています。こうした幅広い神役を担う一方で、義満政権期以降には酒麹役を免除され、応永26（1419）年に麹の製造・販売の独占権を獲得しました。こうした特権ゆえに、西京の商工業者内においては中核的な立場にあったと考えられています。

麹騒動の後は、木曽福島に逃れて応仁2（1468）年に帰京したとの言い伝えもありますが、独占権を失ったことで、織豊政権期には麹業は大きく衰退。ただし、近世に至るまで麹造りを継続しました。また、「神敵」として北野天満宮への参詣が禁じられる一方で、騒動の翌年にも北野祭の祭礼役や神供の準備などを担い続けます。さらに、大永3（1523）年には人夫役、文禄元（1592）年には人夫役と子銭（家屋と土地にかかる税金）を免除され、「神人」という身分が引き続き認められました。なお、16世紀後半には製紙業を生業とし、農業にも携わります。

現在は、神人の子孫から構成される組織「七保会」（明治40［1907］年結成）が活動を継続。瑞饋祭における「甲の御供」や梅花祭（2月25日）における「梅花御供」（菜種御供）など祭礼における神饌（神への供物）の作成などを通して北野天満宮への奉職を続けています（「甲の御供」については、「コラム：北野の祭礼と瑞饋神輿の形成」を参照）。

ちなみに、西京神人と対になる存在として、中世の西京には大宿直を拠点とする「大宿禰神人」が居住し、祭礼において神輿用の神服を担当するとともに、餝（かざり）神供を供え、西京神人とともに鉾を渡す役割を担っていました。そのほか、中世の北野には、御手水井の掃除（池浚い）や経王堂の清掃、境内の敷地普請などを担った「西京散所（さんじょ）」や、武家被官人、また大工や紺屋、土倉・酒屋など多様な身分・職業の人々が居住しており、武家被官人以外の人々は、北野天満宮による強固な支配のもと、互いに関わりながら生活していました。

⑥ 中世後期の今宮祭と上京氏子における鉾町の形成

中世後期の今宮祭の様相

正暦5（994）年開催の紫野御霊会がその起源とされる今宮祭ですが、当初の祭は定期的に開催されておらず、災害発生時のみに行われていました。恒例化したのは南北朝時代以降のことで、当時は5月7日に神輿迎え、9日に神幸祭・還幸祭が行われ、奉幣や献馬も行われたと伝えられます。

恒例化に伴い、祭りの様相も変化しました。平安時代～鎌倉時代の今宮祭が、のどかな田園地帯の社殿前で開催されていたのに対し、南北朝時代～室町時代にかけては、神輿を郊外の今宮神社から市街地の御旅所に迎えるという都市の祭礼に変化していきます。その後の今宮祭は、応仁・文明の乱により中止を余儀なくされますが、今宮神社が当時の将軍・義尚の氏神であったことから、他の祭礼よりも早くに復興を遂げ、延徳元（１４８９）年には神輿の巡幸が再開しました。

なお、現在の御旅所は、上京区紫野雲林院町に置かれていますが、応永８（１４０１）年の記録によると、当時の御旅所は近衛西洞院の獄門（刑務所）付近に置かれていました。現在の場所に移設されたのは16世紀前半ばのことで、秀吉によって再興された（文禄２［１５９３］年）際に、神輿の順路も変更されたと考えられます。なお、その後、御旅所は文禄年間（１５９２〜１５９６）に豊臣秀頼によって整備されています。

また、現在の今宮祭は西陣を中心としていますが、16世紀初頭の記録によると、現在の丸太町猪熊付近から御供饌が徴収されていることから、当時はより広範な地域が祭に参加していたことがわかります。その中でも、織物業などの先進商する工業が集中大宮通界隈と小川通界隈の両地区が祭を主導していました。

鉾町の形成

神輿の誘導に加え、悪霊を祓うという役割を担う剣鉾は、今宮祭においてもひじょうに重要な祭具として用いられてきました。従来は、室町前期の公家である中原康富の日記（『康富記』）を根拠に、今宮祭では応永29（１４２２）年に鉾がはじめて使われたとされてきましたが、松鉾を勤仕する歓喜町の式目帳には、はじめての紫野御霊会の２日前［正暦５（９９４）年６月27日］に朝廷から神輿と鉾が今宮神社に寄付されたという記録が見られます。また、江戸時代には皇室から吹散（鉾につけられる長い布）の寄付が行われました。

鉾は古鉾である「千本鉾」（扇鉾、菊鉾、松鉾、柏鉾、枇杷鉾、牡丹鉾、龍鉾、沢瀉鉾）と、新鉾である「京鉾」（剣鉾、葵鉾、蓮鉾、蝶鉾）の２グループに分かれ、前者は後者よりも長い歴史を有するために、高い格式を有すると考えられてきました。その名残は、現在でも扇鉾と松鉾の渡行列における順番などの決め方などに残されていますが、17世紀には千本鉾と京鉾の間で対立が生じたことが記録されており、宝暦8（1758）年にも両者の間で争論が生じています。

なお、一つの鉾町が一つの鉾を勤仕するという体制は17世紀後半に整備されたものです。当時は、中世上京の町組（ちょうぐみ）の一つである「川ヨリ西組」から派生した「上西陣組」「下西陣組」に所属する219町のうち、12の町（東千本町、西千本町、歓喜寺町［現：歓喜町］、花車町、作庵町、大下之町［現：牡丹鉾町］、上善寺町、西五辻東町、五辻町、芝大宮町、観世町、東石屋町）が鉾町として12の鉾をそれぞれ保有し、巡幸を行いました（町組については、4節5項参照）。

また、鉾町の成立時期は、大きく元亀年間（1570～73）以前、天正年間（1573～92）年以前、文禄・慶長年間（1592～98）の3期に分けることが可能で、最も古く成立し、祭で鉾を勤仕したと考えられるのは、東千本町や観世町、芝大宮町など大宮地区の町とされています。その後、天正年間に歓喜寺町

第1表　今宮祭の剣鉾と鉾町一覧

Table 1. Festival pikes (*kenhoko*) and neighborhoods that possessed them in Imamiya-matsuri

番号	分類	鉾名称	町　名	面する通
①	千本鉾（古鉾）	扇　鉾	東千本町	（鉾参通）
②		菊　鉾	西千本町	（鉾参通）
③		松　鉾	歓喜町	（鉾参通）
④		枇杷鉾	花車町	千本通
⑤		柏　鉾	作庵町	千本通
⑥		牡丹鉾	牡丹鉾町	千本通
⑦		沢瀉鉾	上善寺町	千本通
⑧		龍　鉾	西五辻東町	五辻通
⑨	京鉾（新鉾）	剣　鉾	五辻町	五辻通
⑩		蓮　鉾	芝大宮町	大宮通
⑪		蝶　鉾	観世町	大宮通
⑫		葵　鉾	東石屋町	石やのずし

出所：各種資料より筆者作成。
注：番号①～⑫は第1図と対応。鉾参通は通称。

12の剣鉾とそれを勤仕する鉾町の一覧
https://www.jstage.jst.go.jp/article/jjhg/64/1/64_1/_pdf/-char/ja　4ページより引用

（現：歓喜町）や花車町など千本通り沿いの3つの町が成立し、文禄・慶長年間に西五辻東町と上善寺町が町組に加わり、鉾を勤仕するようになりました。下図からもわかるように、長い歴史を有し、しかも祭を主導しているはずの大宮地区の町が、歴史の浅い京鉾を勤仕するなどの矛盾が見られますが、これに関しては信長の焼き討ちや、千本鉾の筆頭を自称する東千本町の対意識の影響などがその原因として指摘されています。

コラム：北野の祭礼と瑞饋神輿の形成

●瑞饋祭とは

「瑞饋祭」（ずいきまつり）は、五穀豊穣を願う北野天満宮の秋の祭礼です。菅原道真の左遷に伴い、彼に従って大宰府に下向した西京神人の祖先にあたる人々が、道真の死後、安楽寺天満宮を設立して彼自作の自身像を祀り、農作物や草花を供えたという言い伝えに由来し、元は9月9日に行われる私祭でした。

10世紀後半に北野祭が始まり、神輿が西ノ京神輿岡町の地を御旅所として渡御するようになると、西京神人は御旅所の神輿に農作物や草花などを神饌として供えるようになります。応仁・文明の乱により北野祭が断絶して以降は、9月4日に日程を変えて催され、神饌を家ごとに一台ずつ曲げ物に盛り付けて供えるようになりました。その後、2～3の家から成る組ごとに一台の神饌を作るようになり、これが後に、後述する瑞饋神輿に発展していくこととなります。

明治8（1875）年に北野祭が官祭として再興したことを受けて中絶の危機に瀕しましたが、明治23（1890）年に神輿製作の技術が失われることを惜しんだ、元神人を含む西ノ京の有志により、北野天満宮の10月の神幸祭で、御旅所から還御する行列の後列に加わる形で再興します。

現在は10月1日～5日にかけて開催され、初日である1日には北野天満宮本社から西ノ京輿岡町の御旅所（御輿岡神社）までを鳳輦が神幸、2日・3日に御旅所で献茶会や「甲の御供」の調進などが行われた後、4日の還幸祭で鳳輦と瑞饋御輿がそれぞれ別の道順で御旅所～北野天満宮の氏子地域を巡幸し、神輿は御旅所に戻ります。最終日の5日には、本社にて后宴祭が催される一方で、御旅所で瑞饋神輿が解体されて祭は終了します。

ちなみに、上述の「甲の御供」とは、かつては西京神人、現在は七保会によって奉納される神饌の一種。大永7（1527）年10月、第12代将軍の足利義晴および管領・細川高国と、細川晴元ならびに阿波国武将の三好元長（長基）、柳本賢治が対立した際に、西京神人が、将軍と細川氏の要請で入洛した越後の守護職・朝倉孝景に協力して三好氏を撃退し、その功績を賞されたことを契機に、3月3日と9月9日に「甲の御供」と勝栗を御前に供えるようになったのが始まりと伝えられています。栗と赤飯を9月9日と3月3日に供える風習は、北野天満宮においては鎌倉時代後期から存在するので、由来の真偽は定かではありませんが、現在でも奉饌の際に読み上げられる祝詞では、上述の桂川の戦いの歴史の説明がなされています。

●瑞饋神輿とは

瑞饋祭の主役ともいえる瑞饋神輿は、野菜や果物、海苔などを用いて作られる神輿です。「瑞饋（ずいき）」の音にちなんで、芋茎（ずいき）で屋根を葺くのを特徴としますが、もとは西京神人が作成して北野天満宮に献納していた神饌に由来するとされています。『北野誌』や『略記』などによると、16世紀初頭には、大型の容器に農作物や草花を盛り込み、人形細工も飾り付けて、神輿のように2本の棒で献上するということが行われていました。

さらに、慶長12（1607）年には、里芋の茎で屋根を葺いた八角の葱花輦型（肩の上に担ぎ上げて進む神輿のこと。中央に葱坊主の形状をした金色の珠を据える）の神輿が、西京神人と西京の農家らによって製作。この神輿は安楽天満宮で清祓を請けた後に、北野天満宮へ運び込まれ、西京の町を巡行しました。その後、神輿の形状は元禄15（1702）年に六角の鳳輦型（台の上に柱4本と屋根がある形状）となり、天満宮900年祭にあたる享和2（1802）年に、現在と同じ唐破風の四方千木型となりました。江戸時代の風俗図にも神輿が町中を練り歩いている様子が描かれており、祭の様子を窺い知ることができます。

なお、西京の瑞饋神輿が出来て以来、上七軒や紙屋川町、鳳瑞町などの地域でも、独自の神輿や鉾、剣などが作成されるようになりました。中には江戸時代に廃絶したものもありましたが、明治7（1874）年には西京、大将軍、紙屋川町、西今小路町の神輿にはじめて神座が設けられ、北野天満宮のご分霊を遷して巡幸したと記録されています。ただし、京都市内で現存しているのは西ノ京の神輿のみで、市外では京田辺市の棚倉孫神社と滋賀県野洲市の御上神社で用いられています。

また、元来は人力で担がれていましたが、大正14（1925）年に神輿が新調され小型化したことを受け、神輿車を用いて巡幸が行われるようになりました。そのほか、巡行路も時代とともに変化しています。

現在は、「西之京瑞饋神輿保存会」の構成員が瑞饋神輿の制作と神輿の巡幸を担当。平成14（2002）年2~3月の北野天満宮千百年大萬燈祭の際には、季節外れではありましたが、瑞饋神輿が供えられました。高齢化や都市化などに伴う祀り手の不足、また祭自体の認知不足といった課題は残されていますが、祭礼と神輿には、西ノ京やこの地域の人々の歴史・文化が色濃く反映されているのです。

コラム：上七軒の誕生

北野天満宮の東門前、上京区真盛町、鳥居前町、社家長屋町に位置する上七軒は、京都最古の花街です。その歴史は、文安元年（1444）年、文安の麹騒動に伴い北野天満宮の一部が焼失した際に、修理の余材で7件の水茶屋を建てたことに始まると伝えられています。伝承の真偽は定かではありませんが、明応2（1493）年と大永4（1524）年には当地に茶屋の存在を示す記録が残っています。

シンボルである5つの団子は、北野大茶会（天正15［1587］年）の際に太閤秀吉に献上された、名物のみたらし団子に由来すると伝えられます。なお、団子を気に入った秀吉は、褒美としてみたらし団子の販売特権と、山城一円における法会茶屋株（遊女屋の営業権）を上七軒に与えました。享保2（1717）年頃に成立した『京都御役所向大概覚書』によると、江戸時代中期には鳥居前町で13軒、真盛町で19軒の茶屋が営業しています。

しかし、寛政2（1790）年6月、祇園町同新地をはじめとする隠し売女1300人が傾城町（島原）に差し下され、茶屋株が一時差し止めとなると、上七軒もこれに打撃を受けます。同年11月には、遊女屋20軒、1軒当たり15人の遊女という条件付きで、祇園町、祇園新地、二条新地、七条新地とともに、上七軒の遊女屋が5ヵ年に限って公的に許可。ただし、遊女一人当たり五匁を毎月「口銭」として傾城町に納めることとなりました。文化10（1813）年には下ノ森とともに、芸者の取り扱いが許可されています。

その後も、天保の改革などの影響を受けましたが、万延元（1860）年6月には北野上七軒の出店として内野五番町が公認となり、さらに慶応3（1867）年10月には、1年あたり3000両を納めるという条件付きで、期限付きの許可がすべて無期限になりました。ただし、京都における遊郭の根本はあくまで傾城町であり、上七軒も「島原の出稼ぎ三」の地位を与えられています。

なお、名物とも言える上七軒歌舞練場の「北野をどり」は、昭和27（1952）年の北野天満宮の千五十年大萬燈祭から始められたものです。現在では京の春の訪れを象徴する当地の行事として定着し、多くの人々を魅了しています。

4 戦乱と弾圧

①応仁・文明の乱

義満の時代に最盛期を迎えた室町幕府ですが、15世紀半ばの第8代将軍の足利義政の時代には、守護大名の勢力が増したことや、一揆や徳政令が頻発したことなどにより、幕府および将軍の権威は著しく低下していました。その結果、幕府では守護大名の勢力争いが展開し、その中から細川勝元と山名持豊を中心とする勢力が台頭します。また、この頃には武士の社会で分割相続に代わって単独相続が定着し、家や所領を相続する惣領（家督）の地位をめぐり、一族や家臣の争いが激化しました。そのような中、幕府内では義政の実子・義尚の誕生をきっかけに、将軍職の後継問題が生じます。ここに守護大名の斯波氏と畠山氏などの家督相続争い、また細川氏と山名氏の勢力争いがからみ、応仁元（１４６７）年、全国の大名が京都に集結して戦乱の火蓋が切られました（応仁・文明の乱）。

山名宗全率いる西軍が、堀川通上立売の宗全の屋敷に本陣を置いていたため、北野・西陣は乱における激戦区となります。応仁元（１４６７）年5月の戦闘（上京の戦い）では一条大宮などで激戦が起こり、船岡山から二条通までの一帯が焼失し、文明６（１４７４）年7月の北野千本の戦いでは、西軍の畠山義就や大内政弘、土岐成頼らの軍勢によって北野千本の民家が焼き払われました。また、現在の寺之内小川には、今は暗渠となっている小川（こかわ）に架けられていた百々橋の礎石が遺されていますが、ここでは数度にわたって合戦が繰り広げられました。

寺社も大きな被害を受けました。開戦の同年に大将軍八神社が焼失したのを皮切りに、西軍が陣所を置いた金閣寺では、6月22日に舎利殿や石不動堂、護摩堂などを除く多数の伽藍が破却されます。そのほか、妙心寺やその境外塔頭である龍安寺、引接寺の閻魔法王像、また平野神社も戦いの中で焼失し、北野経王堂も破損しました。また、文明8（1476）年には室町第も炎上し、すでに将軍職を継承していた義尚と、その母である日野富子、また室町第を仮御所としていた後土御門天皇は、宝鏡寺（現：上京区百々町）付近の小川殿に移ることとなります。

一方、東軍は花の御所を中心とする、寺之内通〜一条通、小川通〜烏丸通の一帯に土塁と堀で囲まれた「御構」（「東構」「東御陣」）を築きました。天皇や上皇をはじめ、邸宅が焼き討ちにされた公家や武家、富裕な町人などがその中で生活し、東軍の味方についていた延暦寺につながる北の通路が、外部と通じる唯一の連絡口となりました。

そして開戦から11年目となる文明9（1477）年、上京を中心とする洛中に甚大な被害を残して応仁・文明の乱は終息しました。義政の祐筆を務めた飯尾常房は、乱後の都の荒廃について、「汝（なれ）や知る野辺の都の夕雲雀 あがるを見ても落つる涙は」と詠んでいます。

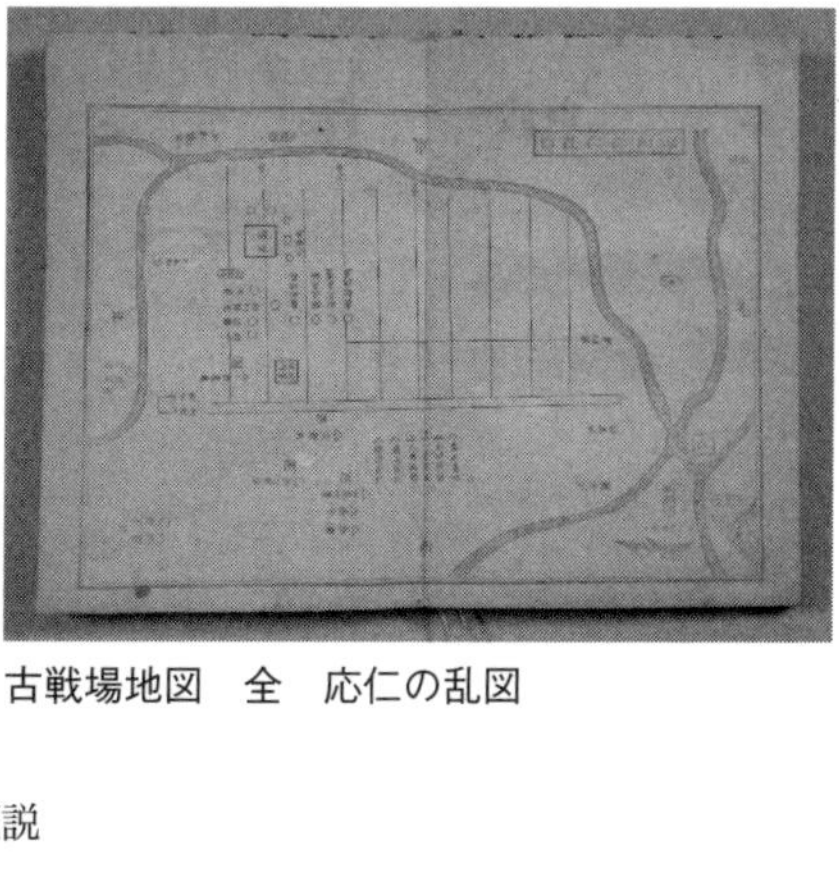

古戦場地図　全　応仁の乱図

コラム：西陣南帝入洛について

応仁・文明の乱というと、西軍と東軍の二大勢力の対決というイメージが強いですが、実はここに、第三勢力ともなり得た人物が関わっていました。それが「西陣南帝」です。当時の記録から推察すると、享徳3

（1454）年の生まれと考えられる人物で、後醍醐天皇が吉野に開いた南朝の後継者を自称して活動していました。

その実像はいまだ明らかになっていませんが、室町時代の僧侶や公家の日記などには、西陣南帝に関する記述がたびたび見受けられます。最も古い記録は文明元（1469）年11月のもので、南朝の皇胤（天皇の血筋）を自称する兄弟が奥吉野と熊野で蜂起し、公式の年号「文明」に対して「明応元年」という独自の年号を制定したとされています。元号の制定は統治者の特権であったため、自らの正統性を誇示しようとするための行為だったのでしょう。なお、室町時代の僧侶の日記『大乗院寺社雑事記』には、この兄弟は南朝の系統に属する小倉宮の子孫と記されています。なお、文明2（1470）年の2月末に、南朝皇胤は紀伊国有田郡の宇恵左衛門のもとで旗揚げして、翌月には海草郡藤白に進んで同郡の者ほとんどを味方につけることに成功しました。同月下旬には大和国にまで及んだとされています。

さらに、先の『雑事記』によると、同年5月に山名宗全を筆頭とする西軍の大名が、この南朝皇胤を擁立して、禁裏に迎え入れようとしているという噂がもたらされます。これはおそらく後土御門天皇・御花園上皇を擁立する東軍に対抗するためでしょう。そして、南朝皇胤の擁立に反対していた西軍の畠山義就が、将軍や他大名の説得により了承したことで、文明3（1471）年8月26日に南朝の皇胤は入洛しました。北野天満宮の祠官三家の一つである松梅院に入り、「新主」として遇されたと伝えられます。

しかし、文明5（1473）年に、山名宗全が亡くなると、南朝の皇胤は西軍から追放されてしまいます。ちょうどこの頃、東軍と西軍が和解に向かい始めており、南朝の皇胤でわざわざ権威付けを行う必要がなくなったのでしょう。また、将軍が「新主」の擁立をあまり快く思っていなかったことも影響すると考えられます。

その後、南朝の皇胤は各地を渡り歩き、室町時代後期の官人である壬生晴富の日記には、文明11年（14

79年）7月19日に「南方宮」（南朝の皇胤）は越後から越中を経て越前北ノ庄に至ったと記録されています。これを最後に南朝の皇胤は歴史からその姿を消しました。

一時的に、また一部の勢力からだけとはいえ、その権威を認められた西陣南帝。世が世なら、ここが彼の系統が正当な皇族となり、北野・西陣地域が政治の中枢となっていたかもしれないのです。

②乱後の復興

応仁・文明の乱により、地元が戦場となった織工たちは、和泉の堺や山口などに逃れました。その結果、大舎人町の機業は壊滅的な被害を受けます。ただし、その反面で当時有数の商業都市であった堺には、海外の最先端の織物技術が流入しており、同地に逃れた職工はこれに触れることができました。これが後に、西陣織の発展に貢献することとなります。

そして、東西両軍の間に講和が成立して戦乱が終息すると、他地域に逃れていた織工は帰京し、西軍の本陣跡である今出川大宮付近で「大舎人座」、東軍の本陣跡の白雲村（現：新町通今出川上る付近）で「練貫座」という同業者団体をそれぞれ結成します。このうち、後者は水質が機業に適していなかったため、16世紀後半に京都御所の蛤御門付近の新在家に移りますが、両者は互いに対立・競争しながらも、機業の再建と発展に貢献しました。

これと並行して、龍安寺、妙心寺、大将軍八神社など応仁・文明の乱で被災した寺社の再建や修復も進められます。文明11（1479）年10月には義政によって北野天満宮の経堂修理と万部経会の再興が行われ、妙心寺や龍安寺、また今宮神社の再建・修復が進められました。大きな被害を受けた鹿苑寺でも、方丈や客殿、堂舎の再建が進められ、天文6（1537）年からは金閣の修理も始まります。

しかし、北野祭は乱により西京が焼失したこと、また祭を主導してきた幕府が分裂したことなどを契機に中絶、その後、約550年間にわたって催されることはありませんでした。また、守護代や国人による荘園・公領の強奪が進んだ結果、公家や寺社などかつての支配層の勢力は著しく衰えることとなります。また、北野天満宮は延徳2（1490）年3月、土一揆により再度放火、炎上することとなりました。

コラム：大舎人座三十一衆とは

応仁・文明の乱後の復興期の西陣機業の古記録には、「大舎人座三十一人衆」という言葉がしばしば見受けられます。

先述したように、応仁の乱をきっかけに諸国に逃れた織工は、山名宗全の本陣であった西陣の跡地で「大舎人座」を組織して機織を再開（本章2節参照）、大舎人の綾の復活に取り組みました。その後、天文17（1548）年にはこのうち三十一家が足利将軍家の被官人となります。これが大舎人座三十一衆で、ここに所属した織工は、様々な特権や保護を受けて機織を発展させていきました。

なお、元亀2（1571）年には、この三十一家のうち、井関（紋屋）を筆頭とする、和久田（絹屋）・小島・中西（織屋）・階取（錦屋）・久松の6家が「御寮織物司（ごりょうおりものつかさ）」に任命。以来約300年間にわたり、宮廷装束や幕府、神社の衣装の製織にあたり、西陣機業家において指導的な立場に立ち続けました（※錦屋階取家は明治維新までに断絶）。

なお、御寮織物司を務めた6家のうち、天文19（1550）年創業の井関家は、断絶または改姓することなく、現在も存続。長きにわたって培われてきた技術を、現在に至るまで伝えています。

③ 度重なる災害と騒乱

応仁・文明の乱に伴う被害から、ようやく復興の兆しが見え始めた北野・西陣でしたが、明応９（１５００）年の上京大焼亡により再度大きな打撃を被りました。当時の記録によると、この火災で1万数１０００件に及ぶ人家が焼失しています。また、桂川の戦い（「コラム：北野祭礼と瑞饋神輿の形成」参照）に先立つ大永７（１５２７）年2月3日には、細川晴元側についた柳本賢治によって西京が焼き払われ、その4日後には足利義晴方の軍勢が西京に陣取りを行っています。

法華宗と比叡山延暦寺の対立も、当地域に大きな打撃を与えます。応仁・文明の乱以降の法華宗は、教団としては新興であったにもかかわらず、西陣などの有力町衆の支持を獲得し、公家や武家の間にも普及するなど、その勢力を強めつつありました。また、享禄４（１５３１）年には、細川晴元と結んで山科本願寺・一向一揆を攻め落とし、洛中で警察権を獲得するなど都市自治を担うまでになります。しかし、延暦寺からは長らく弾圧・排斥されており、天文５（１５３６）年5月頃には対立は激しいものとなっていました。

さらに、同年6月に入ると、延暦寺の東院・西院・横川の三院が法華宗の討伐を試みて、将軍や細川家にも接触、また三井寺や東大寺、高山寺などに連署で協力を求めます。そして7月23日には戦闘が始まり、当初は和睦を試みていた六角氏も、延暦寺側について戦いました。

「天文法華の乱」と称されるこの戦闘の結果、下京は焼失し、上京も甘露寺の付近まで焼亡します。日蓮宗僧侶の中には自ら寺を焼く者もあり、寺之内通大宮に所在した妙蓮寺は約10万人に

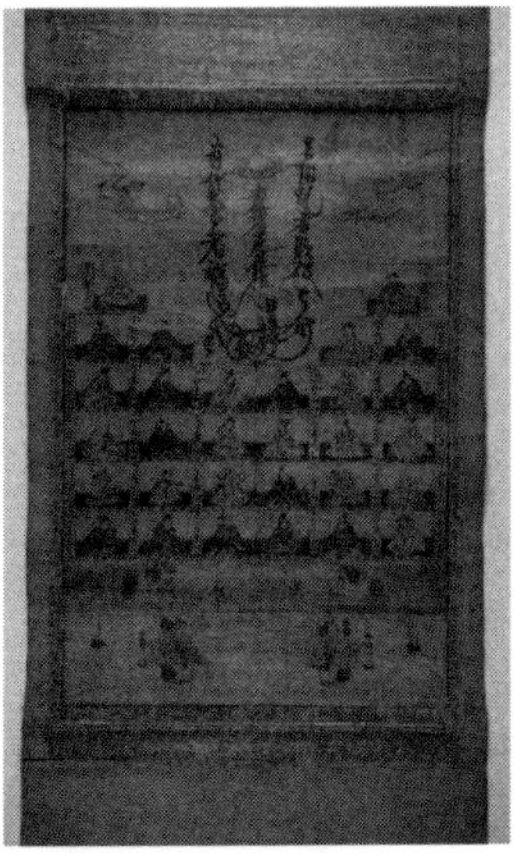

日蓮宗　三十番神図

及ぶ延暦寺勢の襲撃を受けた結果、諸堂が焼失し、大乗坊日漢が戦死しました。そのほか、武士による無差別殺人が勃発したことや、内裏へ逃げ込もうとして圧死する者が多数いたことが記録されています。

なお、乱勃発前、洛中には21の法華宗寺院が存在しましたが、延暦寺の勢力に焼き討ちされた結果、すべての寺院が堺に逃れました。現在、北野・西陣地域に所在する本法寺、本隆寺、妙蓮寺、妙顕寺（妙本寺）、妙覚寺、立本寺はいったん堺に移転するも、16世紀に後奈良天皇の法華宗帰洛の綸旨や、秀吉の都市改造政策を受けて京都への帰還と再興を許された寺院です。

④町組の形成と娯楽文化の発展

大火や争乱などにより打撃を受けた西陣・北野地域でしたが、復興は比較的順調に進みます。北野天満宮を中心に商業活動が活発に展開され、賑わいを見せました。

また、天文法華の乱をきっかけに自衛や自治に対する関心を高めた人々は、複数の町が連合した自治運営組織である「町組」を組織するようになります。室町時代～織豊政権期の上京には、立売組・一条組・中筋組・小川組・川ヨリ西組の５つの町組が存在、このうち現在の北野・西陣に重なる川ヨリ西組は寛永15（１６３８）年頃までに「西陣組」を経て上西陣組・下西陣組へと再編成されました。それとともに、町組を構成する町の数も、24町から計２１９町にまで発展しています。

こうした社会の発展を受けて、娯楽・文化も発達しました。特に北野天満宮は諸芸能の中心地となり、天文14（１５４５）年５月には御旅所で勧進猿楽が数日にわたって催されました。

また、16世紀には、現在の盆踊りの源流となった、風流踊（ふりゅうおどり）が北野・西陣をはじめ上京で流行します。記録によると、上京では、一条室町踊や立売町踊り室町衆風流、立売町踊、室町衆風流などが盛んであり、元亀２（１５７１）年7月には、盂蘭盆会の風流踊の競演が様々な町組で毎晩のように繰り広げられました。

⑤信長による弾圧

しかし、永禄11（１５６８）年に織田信長が足利義昭を奉じて上洛すると、北野・西陣の復興や発展は、再度陰りを見せることとなります。

上洛の翌年、信長は茶道への強い関心と、自身の権威付けに用いる目的から西陣の新在家の豪商や寺院から、天下の名物といわれる茶杓や茶入れを強制的に買い上げようとしました（名物狩り）。さらに、第15代将軍・足利義昭と対立を深めていた信長は、将軍の勢力基盤となっていた上京と下京の焼き討ちを命じます。これを知った京の町衆はたいへんに驚き、焼き討ちの中止を懇願して上京は銀１３００枚、下京は銀８００枚を信長に贈りました。しかし、幕府や幕臣を支持する住民の多い上京に関しては懇願は聞き入れられず、元亀４（１５７３）年4月には、まず下賀茂から嵯峨、そして二条から北部が焼き払われました。

この焼き討ちの結果、約６０００～７０００軒の家屋が焼失し、多くの百姓や町人が亡くなりました。これを目撃したイエズス会宣教師ルイス・フロイスは、その悲惨な様子を「最後の審判」にたとえて記録しています。その後、7月に信長は、上京に対して復興命令を出しますが、被害が甚大であったため、再建には数年を費やしました。

5 豊臣政権下の北野・西陣

① 聚楽第の建設

天正10（1582）年6月、信長が本能寺の変で暗殺された後、天下統一の事業を引き継いだのは秀吉でした。同年に明智光秀、その翌年に柴田勝家を滅ぼして信長の後継者争いを勝ち抜いた秀吉は、天正14（1586）年から平安京大内裏の跡地である内野に、関白の公邸として、聚楽第（じゅらくてい・じゅらくだい）の造営を始めます。なお、聚楽第の名称は、秀吉の造語にして『聚楽行幸記』に記されている「長生不老の楽をあつむる（聚むる）ものなり」に由来するとされています。

聚楽第は、内郭と外郭の二重構造になっており、その外郭が北は一条通、南は葭屋町通、東は土屋町通、西は千本通の広範に及ぶ壮大な邸宅でした。周囲には幅30ｍを超す堀や石垣がめぐらされ、内郭には天守閣や隅櫓を備える本丸の周囲に北の丸・西の丸・南二の丸が設けられるなど、城郭風の造りをしていたとされています。また、宣教師フロイスは、聚楽第では台所や用具、机に至るまであらゆるものに金が塗られていたと記録していますが、実際に発掘調査の結果、漆を接着剤に用いた金箔の瓦が出土しました。

16世紀に描かれた「聚楽第図」作者は不明だが、聚楽第の豪華絢爛な外観を如実に伝える重要な資料である。所蔵：三井記念美術館

一方、内郭の周りには全長約１０００間（約１８００ｍ）に及ぶ堀が設けられ、その外側には諸大名の邸宅が設置されました。秀吉に仕えた茶人・千利休も、聚楽第付近に屋敷を構えて茶会を催したと伝えられます（本節「千利休居士聚楽屋敷趾」参照）。

なお、聚楽第の建設と並行して、秀吉は堀川沿いに「聚楽町」と呼ばれる区域を建設し、聚楽第やその城下に住む大名の生活を支える町民の住まいが置きました。さらに、天正年間（１５７３~１５９２）には、散在していた公家屋敷を土御門東洞院殿（現在の京都御所）の周辺に移して公家町を形成します。

そして、天正15（１５８７）年9月に聚楽第が概ね完成すると、秀吉は大阪城からここに移り、翌年4月には後陽成天皇を招待します（聚楽第行幸）。この行幸は秀吉の栄華と権力を天下に示すことを目的としており、朝廷には行幸の返礼として京中の税金である約５３００両の銀が献上されました。また、准后（皇太后、皇太后、皇后に準ずる処遇を与えられた者の称号）や女御、院御所、宮家、公家・諸門跡にも準備費用や賄料として土地が寄進され、地下官人（朝廷に仕える廷臣のうち、殿上に上がれない者）にも太刀と折紙が支給されています。もちろん、行幸自体もたいへん華々しく行われ、天皇は5日間にわたって和歌の会や舞楽などの饗応を受けました。

そのほか、聚楽第は、朝鮮通信使との謁見や、公家衆、諸大名

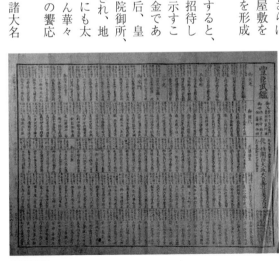

豊臣武鑑

との面会の場として用いられました。天正19（1591）年には、インド副王使節が天正欧使節を伴い秀吉に拝謁しています。政治・外交の中枢、事実上の首都として機能していたと言えるでしょう。

② 秀吉の都市改造

秀吉は都市改造事業にも大きな力を注ぎました。その代表ともいえるのが、「京廻ノ堤」「新堤」とも称された「御土居」の建設です。鴨川の氾濫と外敵の来襲からの防衛や、都市部と周辺の集落の明確な区分を主な目的としており、北は鷹ヶ峯、南は九条、東は鴨川、西は紙屋川にも及んでいました。総延長約23km、高さ約3m、基底部の幅は約9mで、幅約4〜18mの堀を伴うなど大規模でありながら、わずか2〜4カ月で築かれたとされています。なお、この御土居が完成したことで、以降その内部を「洛中」、外部を「洛外」と称するようになりました。

さらに、秀吉は御土居の建築と前後して、洛中に散在していた寺院を旧東京極通（現：寺町通）の東の区画と旧安居院（現：大宮上立売北）付近に移転し、「寺町」と「寺之内」を建設しました。その背景には、寺院を御土居に続く洛中の防御壁にしようという意図や、寺院と商人との結びつきを分断して、前者の権益を弱めようという意図があったとされています。

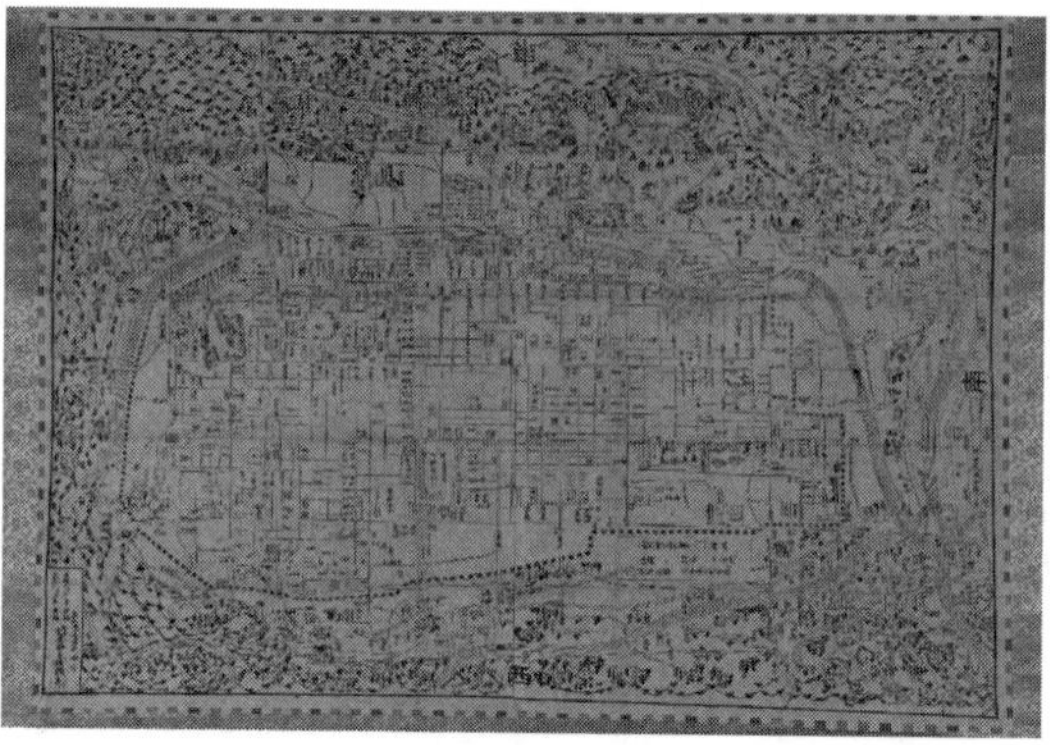

（御土居に囲まれた京都の町）　京絵地図　文久２年

この政策において、寺町には禅宗や真言宗、天台宗などの寺院が移転されたのに対し、寺之内には主に日蓮宗系の寺院が配置されました。本法寺や妙蓮寺、妙顕寺は、この政策を受けて寺之内界隈に移された寺院です。また、現在は上京区七本松に所在する立本寺も、この時代には寺町今出川に築かれ、18世紀に宝永の大火（第6節8項参照）を受けて移転しました。

これと平行して、秀吉は、禁裏に仕える住民が住む禁裏六丁町（きんりろくちょうまち）や聚楽町などを千本一条方面に移転させ、聚楽第の東側に武家屋敷街を建設します。さらに、この前年に服属させた東北の伊達氏、関東の佐竹氏などの屋敷を禁裏御所と聚楽第を結ぶ繁華な区域（東堀川～烏丸中立売の区間）に置くことで、天下統一の実現を誇示しました。こうした一連の都市改造は「京中屋敷替え」と称されています。

さらに、天正18（1590）年には、寺町通から大宮通間に南北の通りを新設します。「天正の地割」と称されるこの政策により、北野・西陣地域にも、聚楽第の黒鐵門（くろがねもん）にちなんだ「黒門通」が大宮通の東に設けられました。

なお、この政策により、洛中には平安京以来の「碁盤の目」状（正方形）の地割に代わり、現在にも続く「うなぎの寝床」状（短冊型）の町割りが誕生します。その結果、これまでは通りに接しないために利用しづらかった宅地の中心部の土地にも、商店や住宅が建てられるようになりました。その結果、商工業が活性化するとともに、京都の人口が大きく増えていくこととなります。政権側にとっても、より多くの間口税の徴収が見込めるようになりました。

また、洛中の橋を修理するために、天正20（1592）年3月からは、洛中全体に米と銭換算で総額400貫文（1000両）を貸し付けて、その利息で洛中の橋を修理するという制度（四千貫文貸付制度）を開始します。この制度は江戸時代にも引き継がれ、慶長10（1605）年2月には385貫725文が西陣組に、寛永3（1626）年7月には同額の貸し付けが西陣の西船橋町、観世町など58町に行われています。

●豊臣秀吉妙顕寺城跡（現：上京区押小路小川西入）

妙顕寺城とは、天正11年（1583）年9月、秀吉により寺之内に移転された妙顕寺の跡地（二条西洞院）に築かれた城です。正式には「二条殿」と称され、聚楽第が築かれるまでは政治の中枢として機能しました。

この城は短命に終わったため、その実像は明らかになっていませんが、堀や天守が設けられていたと伝えられています。また、平素は京都所司代の前田玄以が居住して政務にあたり、秀吉が上洛した際には宿舎として用いられました。現在、この界隈に残る「古城町」「下古城町」などの町名は、妙顕寺城の名残とされています。

③聚楽第の破却

豪壮の限りが尽くされた聚楽第でしたが、天正19（1591）年12月、秀吉は甥の秀次に関白職とともにこの邸宅を譲ります。その翌年1月には、後陽成天皇の行幸が秀次の主催で再度行われ、文禄2（1593）年には聚楽第北の丸御殿が増築されました。

しかし、その4年後には秀次を高野山に追放して自害させ、その後ただちに聚楽第を破却します。この破却は徹底的に行われており、醍醐寺の座主（ざす：寺務をとりまとめる首席の僧侶）である義演（ぎえん）は、慶長元

伏見城　金箔瓦（豊臣）　京都市考古学資料館蔵

竹流金菊桐（レプリカ）

（1596）年9月に聚楽第の跡地を訪れ「悉成荒野（すっかり荒れ野になってしまった）」と、その荒廃ぶりを嘆いています。なお、その後、跡地は市街地として開発され町組（聚楽組）として編成されますが、それまでは勧進能など芸能興行の場となりました。

その後、1597（慶長2）年4月から秀吉は、聚楽第に代わる豊臣政権の都兼邸宅として、京都御所の南東に京都新城（太閤御屋敷）の建設に乗り出しました。発掘調査の結果、豊臣家の家紋が入った金箔瓦の破片が大量に見つかったことから、聚楽第に劣らず、豪華絢爛な邸宅であったと考えられています。

④ 聚楽第・御土居の名残

聚楽第破却に伴い、施設に用いられていた旧材は伏見に運ばれ、当時造営中であった伏見城に転用されました。また、聚楽第周辺に屋敷を構えていた大名や聚楽町の住民の多くは、伏見城の城下に移住します。現在の伏見区聚楽町の地名は、この時の移住に由来するものです。

聚楽第の存続期間は短く、しかも破却は徹底的なものだったため、現在の全貌を明確に把握するのは困難です。しかし、宣教師フロイスの『日本史』や、秀次の祐筆を務めた駒井重勝の日記（『駒井日記』）、そのほか『洛中洛外図屏風』や『聚楽第図屏風』などの絵図などから、築城過程や大まかな規模、構造などを窺い知ることが可能です。また、妙心寺播桃院の玄関や、妙覚寺の大門、大徳寺の唐門、西本願寺の飛雲閣および唐門は聚楽第からの移築と伝えられるほか、発掘調査により西之丸南堀、本丸東堀、北之丸北堀、西外堀、本丸南堀が発見され、その中から石垣などの遺構や金箔瓦などが出土しました。なお、金箔瓦は、堀跡に加え一条通・椹木町通・烏丸通・堀川通に囲まれた地域から出土しており、特に中立売通沿いと府庁の周辺で集中して見つかっていることから、この付近に有力大名の屋敷があったと考えられています。

さらに、先述の黒門通をはじめ、本丸西側の裏門前の南北道路は裏門通、日暮門前の南北通りは日暮通、また如水町（黒田孝高の隠居後の号・如水に由来）、小寺町（黒田孝高の旧姓に由来）、浮田町（宇喜多秀家に由来）、飛騨殿町（飛騨守を務めた蒲生氏郷に由来）、須浜町（すまはまちょう：聚楽第の庭園があったことに由来）、鏡石町（聚楽第の石垣に使われた石材に由来）、高台院町（秀吉の妻・高台院の屋敷に由来）、山里町（庭園に、山里の景色を再現したことに由来）など、聚楽第内の施設や武家屋敷に由来する名称を持つ町や通りも多く残されています。そのほか、聚楽第の本丸と内裏を結んでいた正親町（おおぎまち）小路（現：中立売通）の名称は、「正親（せいしん）小学校」に引き継がれました。

一方、御土居は明治時代に破壊されましたが、9か所の遺構が国指定の史跡となっており、北野・西陣では北区平野鳥居前町や、北野天満宮の境内西から北野紙屋川沿いで御土居の遺構を見ることができます。また、鞍馬口や丹波口、荒神口などの地名は、御土居に設けられていた出入口「七口」に由来するもので、かつてはここから、鞍馬街道や山陰街道など全国各地に通じる街道が伸びていました。

そして、何より、秀吉による一連の都市改造政策の結果、京都は御所と聚楽第を中核とした軍事的な性格を備えた城塞都市に変貌しました。そしてこの街の形態が、城下町のモデルとして近世以降に全国に拡大し、各地の都市形成に大きな影響を及ぼしたのです。

コラム：天皇に仕えた京都の忍者・村雲

現在に至るまで、様々な小説や漫画、映画でその活躍が描かれてきた忍者。伊賀や甲賀が忍者の里として有名ですが、実は京都にも、天皇に仕えた「村雲流」という忍者の流派が存在したと伝えられます。俊敏な身のこなしゆえに「早業ノ者」とも称されたようです。

村雲流の発祥地は、丹波国村雲荘（叢雲庄とも。現：丹波篠山市北東付近）。この地は、古くから主基田（すきでん：大嘗祭において主基の神饌となる穀物を作る田）と供御（くご：天皇の飲食物）の料田と定められ、それゆえ朝廷と深い関わりがありました。また、村雲荘の主基田の本所（寄進地系荘園において、実際に領主権を有する者）は、主基（大嘗祭にて、新穀を献上する祭場）・悠紀（大嘗祭にて、新穀や酒料を献上する祭場）の管理を司る村雲御所（瑞龍寺）であり、その縁でここに村雲流が伝えられたとの伝承があります。

なお、流祖は身人部永雄麿（みとべながおまろ）と称する人物。彼について詳細は不明ですが、藤原鎌足の子孫にあたる人物とされています。禁裏領である丹波国桑田郡の山国庄や多紀郡を本拠に、平安時代から禁裏護衛や貢税などの職を継承し、戦乱においては「村雲党」または「桑田党」と称して活動しました。源義経に仕えた僧侶である常陸坊海尊（いたちぼうかいそん）も村雲流の忍者であったとされています。

鎌倉時代や南北朝時代には、得意の弓術を活かして活躍。戦国時代には、丹波国の武将であった波多野氏に仕えて忍びの活動に携わりました。なお、波多野氏の家臣らによる『籾井家日記』には、同家における忍者や忍びの重要性などが記録されていますが、これは村雲流の忍者の活躍を受けてのことかもしれません。『村雲流忍之巻』によると、江戸時代には、武家に仕えることはなく、朝廷や商人らの依頼を受けて忍びとして働いていたとのこと。これに対し、『桑田党三国身人部水口略系図』には、「村雲」の姓を用いて禁裏に仕えたと記されています。

ちなみに、京都を本拠とする忍者には、ほかに三刀流、山崎流が存在。明治維新後は、表の舞台で活躍することはなくなったとされる忍者ですが、村雲流を含め彼らの伝説は今でも多くの人を魅了し続けているのです。

コラム：聚楽牛蒡

北野・西陣を代表する京野菜の一つに「聚楽牛蒡」（別名：堀川牛蒡）があります。直径は5～8cm位と普通の牛蒡より太目で、内部には空洞があり、先端が分岐して枝状に分かれていているのが特徴です。収穫時期は11～12月ですが、収穫できるまで2年以上かかるたいへん貴重な野菜です。

この牛蒡は、その名の通り秀吉が建設した聚楽第に由来すると伝えられています。17世紀初頭に豊臣氏が滅びると、聚楽第の堀は市民が掃き出す塵芥で埋められ、ゴミ捨て場と化しました。そこに付近の農民が食べ残しの牛蒡を埋めておいたところ、翌年に発芽し、やがて大木の根にも等しい、立派な牛蒡に育ったのです。明治20年頃には、堀川を中心に約八町の栽培地が存在したと伝えられます。

栽培すると生産者や家族に不幸が多く生じるという伝説ゆえに、栽培が忌避されていた時代もありましたが、平成2（1990）年度に九条ねぎや聖護院大根、鹿ケ谷かぼちゃとともに「ブランド京野菜」に認定。一般的な牛蒡に比べて、ビタミンやミネラル、食物繊維が豊富で、味が中まで浸透しやすいため、現在でも様々な調理法で楽しまれています。

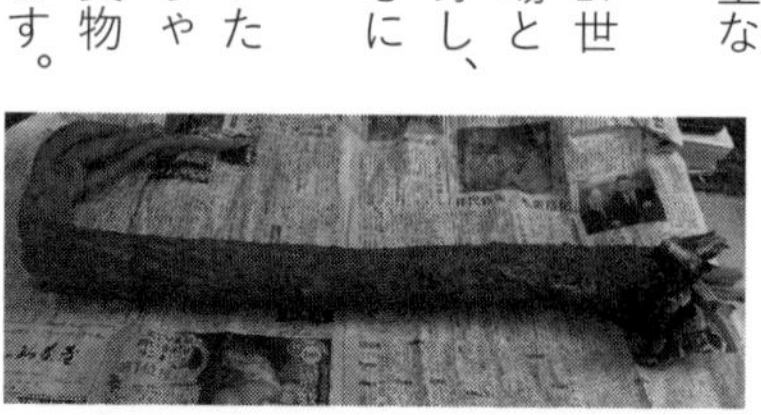
聚楽牛蒡（堀川ごぼう）

コラム：聚楽葡萄とは

日本に葡萄がもたらされたきっかけは、いまだはっきりと解明されてはいません。現時点では、奈良時代に甲斐国勝沼に大善寺を設立した高僧・行基によって広められたという説や、勝沼上岩崎の住人である雨宮勘解由が城の平で見つけた野生の葡萄の木を自分の畑に移して栽培したのが始まりという説があります。

しかし、これとは別のルートでもたらされた葡萄が京都には存在しました。それが「聚楽葡萄」です。その名の通り、聚楽第の跡地で育てられたため、この名前がつけられたとされています。伝来について詳細は不明ですが、明治17（１８８４）年11月刊行の『勧業雑報』第一号では、栽培開始時期は本誌が発行される１５０年〜２００年前、すなわち江戸時代と推定。これに対し、明治42（１９０９）年発行の『京都府園芸要覧』では明治初頭とされています。

味や外観に対する評価も千差万別で、『果樹栽培法　増補訂正三版』では、色が黒く、白い粉を帯びるなど甲州葡萄に似た外観を有するものの、味は甲州のものに及ばないと辛口の評価がなされています。これに対し、明治期に京都を訪れたフランス人ドグロンは、聚楽葡萄は日本産の葡萄の中では最良の品種と評価。また、『勧業雑報』第二号では、甲州葡萄よりも美味で「日本葡萄の王なり」と評されています。紫色種が存在し、千本通の以西では紫葡萄が、千本通以東では白葡萄が中心的に栽培されていました。

『京都府園芸要覧』によると、明治末期には市の発展や地価暴騰などにより、聚楽葡萄の栽培は衰退しつつあったようですが、明治42（１９０９）年に府立農事試験場桃山分場において温室栽培が始められたことをきっかけに、宇治郡山科村や紀伊郡向島村、葛野郡太秦村などでも栽培されるようになったとのこと（『京都府勢』参照）。その結果、栽培本数は一時４万４０００本、生産高は12万８０００貫（約４８０トン）、価額は約７６０００００円（約５２２７万円）に達しました。

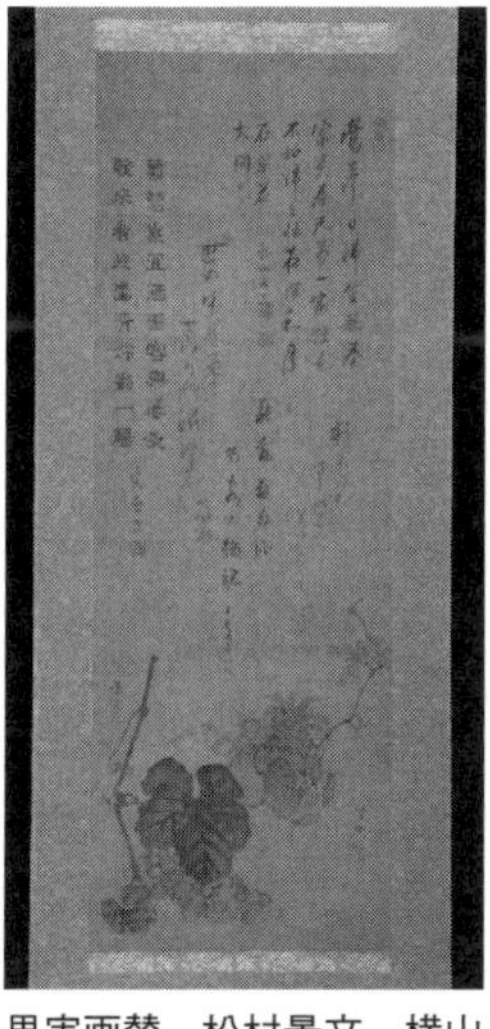

果実画賛　松村景文　横山清暉

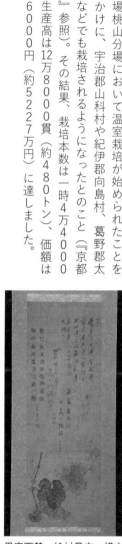

コラム：現在に残る聚楽第の足跡

北野・西陣地域一帯は、聚楽第の中央に位置していた可能性が高く、それに関連する史跡が多く残されています。史跡を巡ることで、往時の聚楽第や秀吉の栄華を体感するのも、なかなかオツなものです。

【主な聚楽第史跡】

●聚楽第址

聚楽第址の石碑は、中立売通大宮北西角と、中立売通裏門西入の南側の2ヵ所に置かれています。前者は聚楽第本丸の東堀、後者は本丸の西堀にそれぞれ該当すると考えられています。

なお、発掘調査の結果、東堀の遺構からは約600点にも及ぶ金箔瓦が出土しました。聚楽第の破却によって不要になったものと考えられます。

●聚楽城鵲橋旧跡（現：松屋町通出水上ル東側南清水町：松永稲荷前）

鵲（かささぎ）橋は、聚楽第の濠に架けられていたとされる橋です。真偽は定かではありませんが、秀吉が渡ったと伝えられています。

●黒田如水邸趾（現：一条通猪熊西入南側如水町）

黒田如水（くろだ　じょすい：1546～1604）は安土桃山時代の武将・キリシタン大名で、秀吉の軍師を務めた人物です。実名は「孝高（よしたか）」ですが、ドラマの題名になったことから、通称を用いた「黒田官兵衛」の名でご存じの方も多いかと思います。

当初、黒田は姫路城を預かっていましたが、中国攻めで下向途中の秀吉に従い、毛利攻めなどで活躍しました。その後、聚楽第の東北部であるこの地に邸宅を設けています。

なお、先述の如水町に加え「小寺町」の名称も黒田如水にちなむものです（黒田孝高の旧姓「小寺」が町名の由来）、

●千利休居士聚楽屋敷趾（現：上京区葭屋町通元誓願寺下ル晴明町：晴明神社前）

江戸時代に書かれた『茶道要録』によると、戦国時代〜安土桃山時代を代表する茶人である千利休は聚楽第城下の「葭屋町通り元誓願寺下ル町」に邸宅を設けていました。屋敷を設けたのは、1587（天正15）年9月とされています。

茶の湯の大成者として茶道会を指導するとともに、一定の政治的権力も掌握していたとされる利休ですが、秀吉の不興を買い、天正19（1591）年2月28日にこの聚楽屋敷内で切腹を命じられました。なお、死後、利休の首は、一条戻橋で梟首（さらしくび）にされたと伝えられています。

●諸侯屋敷・一条下り松遺跡（現：一条通堀川東入北側西川端町）

一条戻橋の東には「諸侯屋敷・一条下り松」という石碑が建てられています。これは、聚楽第があった時代に、諸大名の武家屋敷がこの付近に置かれていたことを示すものです。

なお、「一条下り松」は、江戸時代の剣術家・宮本武蔵にちなむもの。武蔵と京都の兵法家・吉岡一門の決闘が行われた道場は「一乗寺下り松」でなく、この一条下り松であったという説を示すものです。（ちなみに左京区一乗寺には、決闘の地＝一乗寺下り松という説に基づき、「宮本吉岡決闘之地」石碑が建立されています）

●直江兼続屋敷跡・上杉景勝屋敷跡（現：椹木町通葭屋町東入ル南側講堂町）

豊臣政権の五大老を務めた、米沢藩主・上杉景勝（かげかつ）と、その家老であった直江兼続の武家屋敷跡です。北に上杉、南に直江の屋敷が置かれていました。

この石碑の付近にある「長尾町」は、景勝の旧姓（長尾）に由来。また、直家町は江戸時代までは「直江町」と称し、直江兼続に由来すると伝えられます。

なお、黒門通一条を上がった弾正町にも、上杉景勝屋敷跡の石碑が建立されています。こちらは景勝の通称である「弾正少弼」をその根拠としていますが、当時の記録などに基づくと、この講堂町の碑の方が正しいと考えられています。

●梅雨の井（現：京都市上京区東堀町）

聚楽第の本丸には、秀吉がお茶の水を汲んだという伝説のある井戸がありました。梅雨時期に、この井戸の水があふれ出し、周囲が水浸しになったという故事から「梅雨の井」と命名されました。

東堀町に残る井戸は、秀吉の時代の遺構ではなく、聚楽第破却後に、その名称のみを引き継いだものではないかとされています。

●豊臣秀勝邸跡伝承地（現：上京区土屋町通出水上ル弁天町）

豊臣秀勝は秀吉の甥で、彼の養子ともなった人物です。江戸時代に広島藩の浅野家によって作成された聚楽第の図面では、この付近に秀勝とその妻・江の屋敷があったとされています。

●村雲御所跡（現：堀川通今出川下ル西側　竪門前町：西陣織会館前）

豊臣秀次の菩提寺である瑞龍寺が置かれていた場所です。この寺は、秀次の母にして、秀吉の姉である瑞龍院日秀（ずいりゅういんにっしゅう）により、秀次を弔うために創建されました。日蓮宗唯一の尼門跡寺院で、この付近が「村雲」と称されたこと、また日秀の没後に皇族・華族の女性が入寺し住職を務めたことから、「村雲御所」と称されました（御所は位の高い貴人の邸宅を意味する）。

なお、瑞龍寺は昭和36（1961）年、秀次が領主を務めた近江八幡市に移っています。

その他、鏡石町（一条通大宮西入）の北方にある古い石垣や、松林寺（智恵光院通出水下ル）の低地、土屋町通中立売付近の道路に残る傾斜は、聚楽第の堀跡ではないかと考えられています。

⑤北野・西陣に花開いた文化

北野大茶湯の開催

秀吉は茶の湯をたいへんに愛好しており、千利休に師事してその発展を促しました。また、関白就任の際に開いた禁中茶会（天正13［1585］年をはじめ、陣中や大坂城においても茶会を開いています。

しかし、1587（天正15）年10月に北野天満宮で催された大茶会（北野大茶湯）は、それまでの茶会とは比較にならないほど盛大なものでした。この茶会は、同年の九州平定と聚楽第造営を記念するとともに、秀吉の権力と権威の強大さを広く天下に示す目的で開かれました。そのため、開催にあたっては、洛中や奈良、堺などに高札が立てられ、茶の湯を好む者であれば、身分や貧富の差を問わず、手持ちの道具を持参して全国から参加するよう命令が下されています。9月末から茶席の建設が始められ、五奉行の一人にして京都所司代の前田玄以が茶会奉行として実務を担当し、北野天満宮の境内馬場に公家衆の場所を設けました。

茶会当日である10月1日には、北野天満宮の境内からその周辺一帯の松原にかけて1500余の簡素な茶室や数寄屋が設置され、総勢800人余りの客に茶が供されました。また、拝殿には黄金の茶室、その左右には秀吉が長年にわたって収集した秘蔵の茶道具が配され披露されたと伝えられます。なお、記録によると、当の秀吉は千利休、津田宗及、今井宗久などの錚々たる茶人とともに茶頭を務めるとともに、境内の茶室を回り、山科の茶人・ノ貫（へちかん）の茶席では、朱塗りの大傘が立てられているのを見て、喜んだとされています。

当初、この茶会は10日間にわたって開催される予定でしたが、10月1日の1日間で終了しました。肥後国で一揆が勃発したためとされていますが、真相は定かではありません。しかし、秀吉の権力・権威の強大さ、盤石さの誇示という当初の目的は十分達成できたと言えるでしょう。

なお、現在の北野天満宮境内には「北野大茶湯之跡」の石標があるほか、楼門前の広場には秀吉が北野大茶会で水を汲んだとされる「太閤井戸」、また境内内の茶室・松向軒には、同じく茶会にて茶人の細川三斎が使ったとされる「三斎井戸」が残されています。さらに、北野大茶湯が10月1日に開かれたことにちなみ、北野天満宮では毎年12

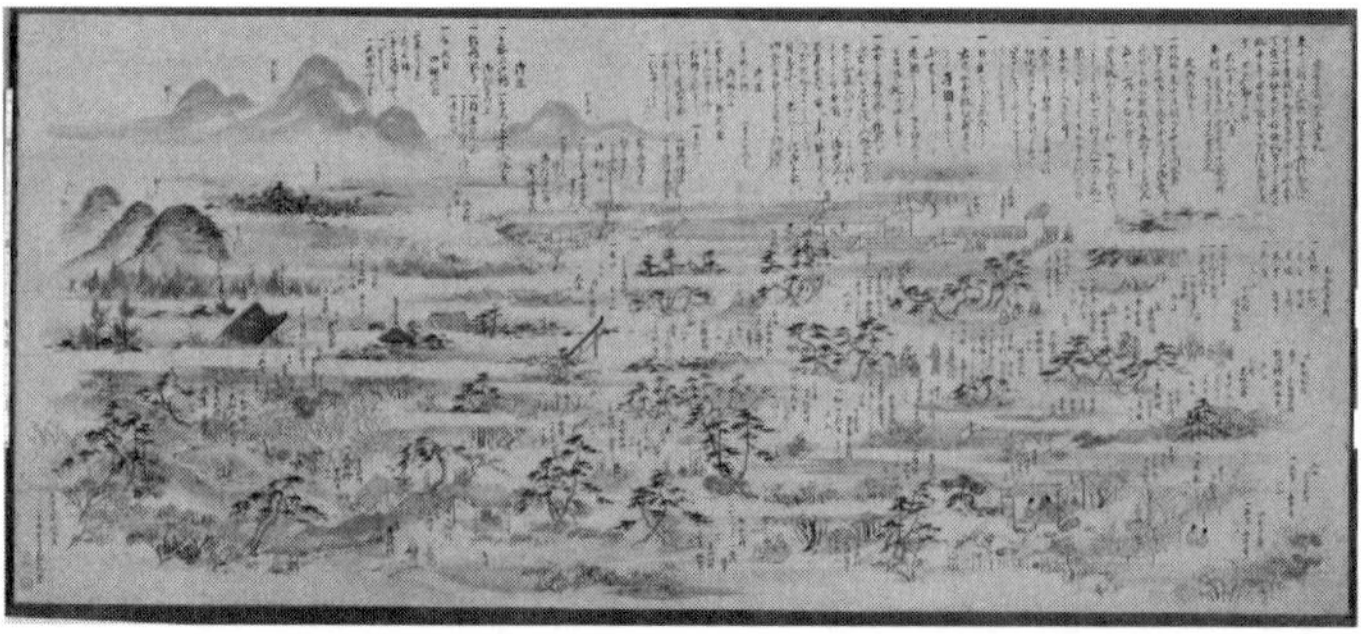

北野大茶湯図：天保14（1843）年、大和絵の絵師・浮田一蕙（うきたいっけい）によって描かれた北野大茶湯の想像図。当時、北野大茶湯は人気の画題であったとされている　所蔵：北野天満宮

月1日に献茶式が開催されるほか、境内の茶室「明月舎」では、毎月1日と15日に茶会が開かれています。北野大茶湯の名残は、現在も北野天満宮に残されているのです。

西陣地域の発展

上京大焼亡や天文法華の乱、信長による弾圧などはありましたが、応仁・文明の乱に伴う危機を脱出した後の西陣は、日本を代表する織物産地に大きく成長していきました。特に技術面での発展は大きく、明から新しい織物技術が伝えられた結果、錦や唐織、金襴、紋紗、緞子、縮緬などの精巧な高級織物が生産されるようになります。紗の布地に金や色糸で刺繍を施した「竹屋町裂（たけやまちぎれ）」や莫臥爾（モール）が生産されたのもこの頃でした。

そうした織物は、朝廷はもちろんのこと秀吉にも認められ、西陣の機業は保護奨励の対象となりました。高級織物の産地・西陣としての基盤はこの時代に築かれたものといえるでしょう。

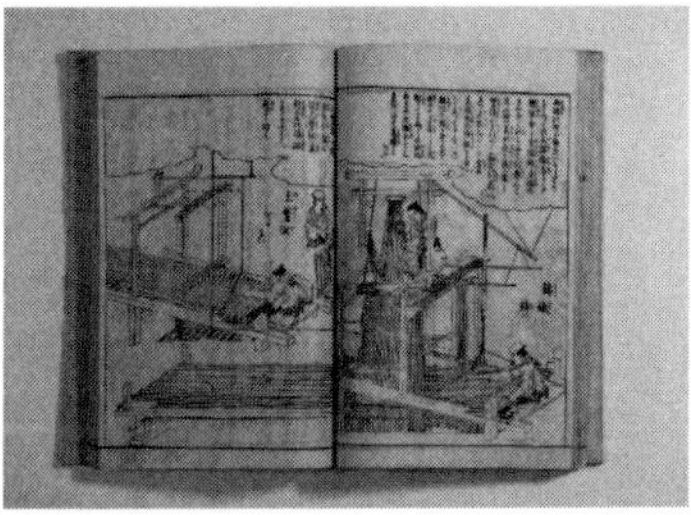

都名所図絵　西陣

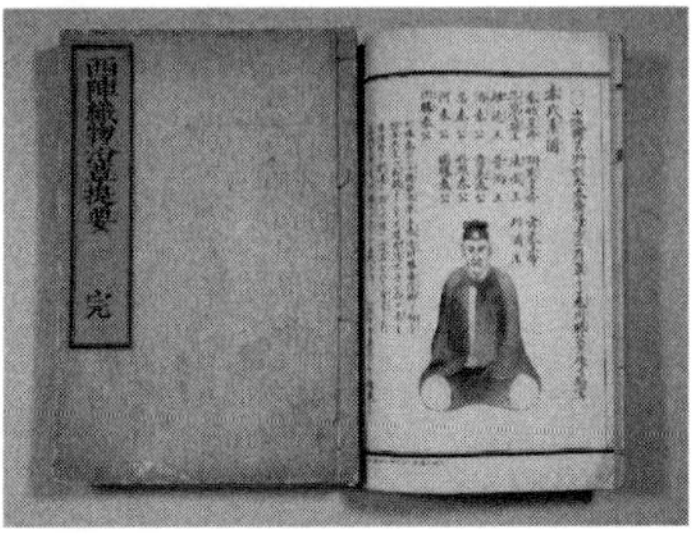

西陣織物沿革堤要　完

芸能の中心地として

秀吉の時代にも、北野天満宮は庶民の芸能の中心地として機能し、様々な文化が花開きました。天正18（1

590）年4月1日からは5日間にわたって、勧進能（猿楽）が盛大に開催され、その翌年の5月には女歌舞伎の源流となった「ややこおどり」の勧進興行が行われました。

また、文禄4（1595）年に聚楽第が破却されると、その跡地は芸能興行の場として、大いに賑わうようになりました。たとえば、慶長4（1599）年3月には勧進能が開催され、武将にして歌人の細川幽斎や北野松梅院が見物しています。

さらに同年10月には、大和猿楽四座の棟梁を務める能楽者の観世黒雪（身愛・忠親：ただちか）が4日間にわたって聚楽第本丸跡で勧進能を催し、紅葉狩や卒塔婆小町、羽衣などを演じました。日本の代表的な伝統芸能は、すべて北野・西陣で育まれたといっても過言ではないのです。

コラム：京言葉とは？

●概要

京言葉（「京ことば」とも表記）は、文字通り京都で用いられる方言で、狭くは京都府京都市旧市街、広くは京都府山城地方で使われてきた言葉を指します。大阪弁とともに、上方言葉の中核を成しています。

なお、現在でこそ「方言」の一つとなっていますが、江戸時代中期までの京言葉は中央語（標準語）として、日本各地の言葉に強い影響を与えました。たとえば、大阪の船場言葉には、同等・目下に対する軽い命令表現である「よし」をはじめ、「ある」の丁寧語にあたる「おす」、また断定の丁寧語「どす」など、敬語を中心に京言葉から多くの言葉が移入されています。また、現代共通語の母体である東京方言も、元は京ことばから生まれました。

そのような背景ゆえに、現在でも京都の人々は京言葉に対してたいへんに強い誇りを持っています。間違っても「訛っている」などとは考えてはおらず、方言の一つと見なされることを好まない人、それどころか侮辱ととらえる人も大勢います。

●特徴

京言葉には

・テンポがゆっくり
・母音を長音化して丁寧に発音する
・ウ音便を多用する（例：「買った」を「こーた」と発音）
・単音節語を長呼する（例：「木」を「きー」と発音）
・助詞「や」の多用（例：「待っててや」など）
・古語が残る（例：「帰る」を「いぬ」と呼ぶなど）

などの特徴があります。

また、表現においても

・敬語など丁寧な言葉遣い
（例：「～はる」の多用、「お豆さん」など日常用語にも敬称をつける）
・婉曲表現、依頼表現など間接的な気配り表現
（例：「～してください」→「してもらえまへんやろか」）

などが、京都では好まれる傾向にあります。こうした特徴が「京言葉＝優雅、ゆったりしている」というイメージを生み出しているのでしょう。一方で、遠回しで非断定的な表現が多用されることから「本音がわからず、コミュニケーションが取りにくい」「嫌味。皮肉っぽい」と感じる人も少なくないと思われます。

しかし、「優雅」や「ゆったりしている」「遠回し」というイメージは、舞妓さんの「お座敷言葉」に由来するところが大きいのも事実。個人差はありますが、一般市民の日常会話はテンポが早く、またかなりきつい語調の言葉もやりとりされています。

また、京都は保守的な町と言われていますが、それでも時代と共に言葉は変化。最も大きな変化は幕末・明治維新期に生じており、代表的な京言葉の語尾とされている「どす」「やす」「はる」は、実はこの時期に発生して普及しました。現在でも変化はもちろん続いており、メディアなどの影響を受けて共通語化や関西共通語化が進行しています。今後、その傾向はさらに強まり、先に挙げた京言葉の特徴も大きく変化していくでしょう。また、意味が変化している言葉も多く、たとえば「ほっこりする」は「身体は疲れたが、心は満たされ、ほっとしている状態」を表す語として使われてきましたが、現在では「くつろぐ、リラックスする」の意味で用いられるようになっています。こうした変化は、今後も生じることでしょう。

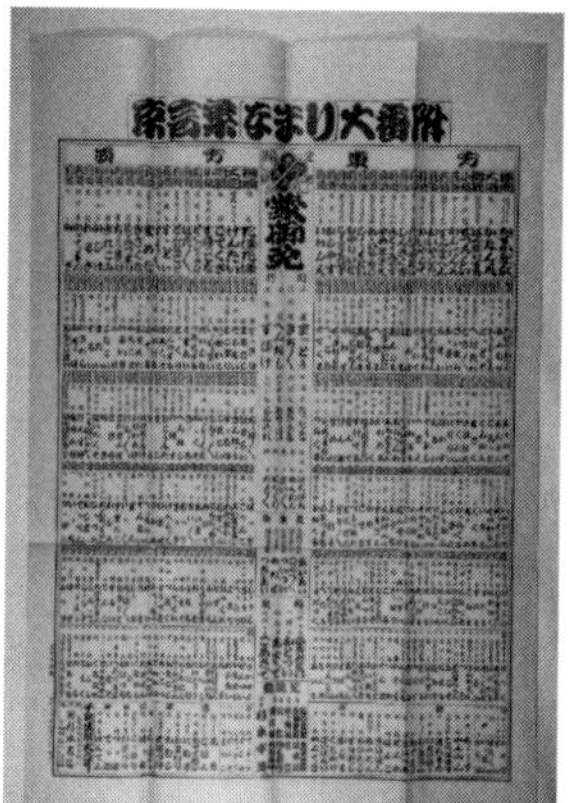
京言葉（なまり）番付

●分類

京言葉は大きく分けて、御所を中心とした「御所ことば」と、街中で用いられる「町ことば」に分類されます。後者は、話者の職業や地域によってさらに細かく分類することができます。

【御所ことば】

「御所ことば」は、室町時代初期の女官達の言葉に由来し、皇室や公家、旧華族、尼門跡寺院（皇女や公家・

将軍家など、高位の家の娘が入寺した寺院のこと）などで用いられていた言葉です。そのため、公家言葉、女房言葉とも称されます。

語頭に「お」、語尾に「もじ」などを追加して、婉曲的な表現に変化させるのが特徴で、代表例としては、「おめもじ（会う）」（「お目にかかる」の「お目」＋「もじ」）、「おこわ」（「お」＋「強飯」の「こわ」など）が挙げられます。現在では、一部のお寺などで用いられるほか「おしゃもじ」（もとは杓子のこと）、「おでん」（もとは「田楽」のこと）などのように、一般的な言葉として使用されているものもあります。ちなみに、一人称代名詞である「わたくし」も元は京都御所で用いられていた表現で、高級女官（御わたくし）を指す言葉として使われていました。また、天皇の起床のことを、御所言葉では「おひるなる（おひなる）」と称しましたが、盛岡や広島、香川などの方言に残っています。

なお、東西両本願寺・興正寺・仏光寺など「御殿」と称された寺院では、母親が「おたーさん」と呼ばれるなど、「御殿ことば」と称される独特の言葉が使用。今では一般的に使わられる「ごきげんよう」「しとね」なども、もとは御殿ことばに由来するものです。

【町ことば】

・中京ことば

「中京ことば」は、その名の通り中京区を中心として、室町や新町の問屋街・商家などで話される言葉です。スンマ（丁稚頭）、メイメ（奉公の前に受けるお目見え）など今では一般的に聞かれない言葉もありますが、町ことばを代表する言葉で、最も京都らしい言葉とされています。

・花街ことば
「花街ことば」とは、祇園や宮川町などで、舞妓や芸妓によって話される言葉です。京都を舞台にしたドラマや小説・漫画などで、「おきばりやす」（精を出して頑張ってください）などの表現を見聞きしたことがある人もいるでしょう。これこそ花街言葉の代表例で、置屋の女将さんが芸妓を送り出す時に用います。そのほか、接客関係や行事（例：節分の日に仮装する「おばけ」）、舞妓同士の身分関係（例：自分よりも店出しの早かった先輩芸妓に対して、「おねえさん」）を表す言葉が多いのも特徴です。

なお、客前では不都合な話をする時などには、「身振り語」が用いられました。モ＝牛が鳴き声を出す格好をする、「ウ」＝上を向くといったように、仮名文字一つ一つに決まったジェスチャーが設けられており、これらを素早く続けることで、舞妓同士意思疎通を図っていたのです。ただし、現代ではあまり使われていません。

また、これとは別に島原には遊女を中心に用いられていた「廓ことば」が存在。出身地のなまりを隠すために生まれたもので、江戸時代の明暦年間には語尾に「〜んす」、その約1世紀後の宝暦年間には「なます」をつける言い回しが用いられるようになりました。

・錦ことば
「錦ことば」とは、錦の小売市場で働く商人たちによって用いられる職業語です。魚の調理に関する言葉（例：「おとし」＝骨切りした鱧を湯引きしたもの）や鮮度を表す言葉（例：「ハヤ」＝とれたての新鮮さ）などがあります。

・職人ことば
「職人ことば」とは、西陣の織物産業（西陣織）や京焼、友禅染など、伝統産業に従事する人々が用いる言葉です。その職域独特の符丁が多用されたり（例：京焼職人が「分」や「厘」を数字の代わりに用いる）、一般的な言葉がまた別の意味で用いられたりする（例：京友禅の職人が複数の色がぼやけて中間色になることを、「色が泣く」と表現）のが特徴です。仕事に対する戒めや心得、また仕事にまつわる知恵に関する言葉も多く存在します。

・農家ことば
八幡、大原、上賀茂、高雄、桂周辺など京都周辺の農村部で話される言葉です。戦前の上賀茂では、性別を問わず一人称に「オレ」が用いられたり、あいさつの言葉として「しておすなー」（精を出していますね）などが使われたりしました。また階級によって言葉が異なり、父母のことを上流では「トサン・カサン」と呼んだのに対し、中流・下流では「チャン・カカ」「トト・カカ」という言葉が用いられました。

そのほか、広義の京言葉に含まれるものとして、下記を挙げることができます。

・丹波方言：亀岡市、南丹市、船井郡京丹波町の地域を含む丹波地方で話される方言です。
地域によって大きな違いがありますが、奥丹波（綾部市、福知山市、舞鶴市、宮津市南東部）に対して、口丹波（亀岡市、京丹波町、南丹市、旧京北町）の方言は京阪式のアクセントが用いられ、京都市内の方言と共通する部分が多いとされています。
なお、奥丹波の一地域である舞鶴では、敬語の語尾「はる」の代わりに、「てや」（過去形は「ちゃった」）

が用いられます。

・丹後弁：京都北部の丹後地方で用いられる方言です。
中国方言に分類され、東京式アクセントの使用や、断定の助動詞「だ」を用いるなど、京言葉とは大きく異なっています。

これ以外にも、深草方言（一人称として「コチ」「アラ」「ウラ」などが用いられる）や宇治方言（敬語表現「おす」「やす」があまり用いられない）、南山城方言（古語が残り、「か」が「くゎ」と発音される）など様々な特徴を持つ方言が、京都府内では使われています。

また、上賀茂神社の社家では、「おこもり」（生理中の女性が部屋にこもること）や「鴨の勝手火」（客が来訪した際に、潔斎上の理由から隣家から火を借りてあぶらせること）など、信仰や神事関連の言葉が使われてきました。京言葉といっても、実にバラエティ豊かなのです。

いくつわかりますか？　京言葉

【問題】

①アカシマヘン
②イーヒン
③イラチ
④エラシリ
⑤ケッタイナ

⑥ショーモナイ
⑦シンキクサイ
⑧ナンギ
⑨モッサイ
⑩ヤヤコシイ

【回答】
①ダメです。いけない。効果がない
②いない
③イライラして落ち着きがない人。神経質な人
④よく知っている。知り尽くす。通（※ただし、この言葉は嫌味で使われる場合も多いので要注意です）
⑤おかしな。変な
⑥つまらない。どうしようもない
⑦じれったい。もどかしい。面倒くさい
⑧困ったこと。とまどう
⑨野暮ったい。安っぽい
⑩複雑な。わずらわしい

6 江戸時代の北野・西陣

① 幕府による京都の掌握

慶長3（1598）年に秀吉が亡くなった後、その息子にして後継者である秀頼は幼少であったため、有力大名である五大老（徳川家康、毛利輝元、宇喜多秀家、小早川隆景→上杉景勝、前田利家→前田利長）と五奉行（石田三成、浅野長政、長束正家、増田長盛、前田玄以）が政治を代行しました。その中で力を伸ばしたのが、徳川家康です。慶長5（1600）年に関ケ原の戦いで石田三成ら西軍を破った家康は、慶長8（1603）年に朝廷から征夷大将軍に任じられ、同年3月27日に二条城に勅使を迎えて将軍宣下を行いました。その翌月には公家、大名が招待されて、3日間にわたって能が催されるなど大掛かりな祝宴が催されています。

さらにその後、豊臣氏を大坂の陣で滅ぼした家康ですが、安定した全国支配を実現するためには、宮中や公家、寺社などの特殊な権威が集中する京都を掌握する必要がありました。そこで、家康は元和元（1615）年7月に二条城で禁中並公家諸法度を公布、天皇や公家の統制を試みました。また、織豊政権にならって「京都所司代」を設置し、京の治安維持や、皇室・公卿・門跡ならびに西国13か国の大名の統制、市政の指揮などの業務を担当させます。慶長6（1601）年に板倉勝重が初代所司代として任命されたのを皮切りに、譜代大名がこの職務に任命されるようになりました。

その後、京都町奉行や京都代官が設けられ、京都所司代の下で京都の市政や畿内の幕府直轄領の支配、禁裏御所方の御用などを担当します。こうした役職を通して、江戸幕府は京都の統制を強めていきました。

さらに、寛永3（1626）年9月には、後水尾天皇が二条城に行幸します。天皇が将軍のもとに行幸するのは、後陽成天皇の聚楽第行幸以来初めてであり、これに先立っては武家伝奏と京都所司代の間で談合が行われ、天皇に同行する堂上公家（昇殿を許された殿上人）と一部の地下官人に装束料が支給されました。行幸は5日間にわたりましたが、舞楽や能楽の鑑賞、管弦の遊び、和歌の会などが華やかに催されたと伝えられます。

●二条城（現：中京区二条通堀川西入二条城町）

二条城は徳川家康が、京都の守護と将軍上洛時の宿舎として造営した平城（平地に築かれた城）です。慶長7年（1602）5月、老中の村越直吉（茂助）を奉行として家康の命で着工、翌年3月には主要部分が完成、同月に伏見から家康が上洛入城し、3月27日に将軍宣下が行われています。なお、将軍が不在の時には、江戸から派遣された「二条在番」が城の守衛にあたりました。

元和5（1619）年の増築により、御座所・大広間・二の間などが整備。寛永元（1624）年には、3代将軍・家光が後水尾天皇の二条城行幸（寛永3［1626］年9月6日〜10日）に先立ち、小堀遠州と五味豊直らを奉行に任命して大規模な改修を実施しました。この時に、伏見城の天守閣が移築されるとともに、行幸御殿、本丸御殿が新造され、二の丸が拡大改造されています。また、狩野探幽による二の丸御殿の襖絵も、この時に描かれました。なお、寛永4（1627）年8月には、当時の唐門が南禅寺に下されています。

その後、寛永11（1634）年7月に家光が大軍を率いて入城しますが、寛文2（1662）年5月の大地震（寛文近江・若狭地震）で石垣と二の丸殿舎が破損。また、寛延3（1750）年8月には落雷により天守閣が焼失し、これ以降再建されませんでした。また、天明の大火でも本丸の殿舎や櫓などが焼失しています（※現在の本丸御殿は、京都御所の北東に設けられていた桂宮御殿を明治26［1893］年に移築したもの）。

なお、将軍の上洛・入城は家光以来長らく行われていませんでしたが、文久３（１８６３）年３月に第14代将軍・家茂が孝明天皇に拝謁するために入城、さらにその４年後には、第15代将軍・慶喜が二の丸御殿に在京諸藩の重臣を集めて大政奉還の上奏案を諮問し、翌日に正式に発表、朝廷に上奏します。なお、慶喜は将軍就任以来、二条城で執務にあたっていましたが、王政復古が宣言された後は大坂へ退去しました。

明治元（１８６８）年１月には新政府によって太政官代（現在の内閣）と弁事役所、参与役所が設置され、明治天皇による徳川慶喜親征の詔もここで発布されました。太政官が宮中に移転した後は、二の丸御殿が京都府の府庁として用いられ、明治６（１８７３）年からは陸軍省の所管、明治17（１８８４）年からは皇室の別邸「二条離宮」として用いられました。昭和14（１９３９）年に京都市に下賜され「史跡元離宮二条城」となり、現在に至ります。

現在では二の丸御殿の大広間など６棟の建物が国宝に、本丸御殿や東大手門など22棟の建物が重要文化財、また小堀遠州が手掛けた二の丸庭園が特別名勝に指定されています。

●京都所司代屋敷跡（現：上京区藁屋町：旧待賢小学校前）
●板倉勝重・重宗屋敷跡（現：上京区堀川通竹屋町：ひまわり幼稚園内）

京都所司代屋敷は二条城の北に置かれ、政庁にして所司代の屋敷である上屋敷に加え、所司代家臣の居住地である中屋敷（堀川屋敷）と所司代付の足軽の家族などが居住する下屋敷（千本屋敷）から構成、後に後世に「新屋敷」と称される与力・同心の居住する屋敷も設置されました。当初の敷地は、北は丸太町通、南は二条城馬場通、東は猪熊通、西は大宮通の一角でしたが、上屋敷が元禄16（１７０３）年以降に拡張された結果、西限が日暮通となっています。

たびたび火災に見舞われており、寛文13（1673）年には上屋敷と中屋敷が焼失。また天明3（1783）年の大火で焼失した際には、政庁機能が一時東山の高台寺に置かれたとされています。慶応3（1867）年12月の王政復古の大号令に伴い所司代が廃止された後、敷地はしばらく空き地となりましたが、明治3（1870）年に京都府中学校が開校、その後養蚕所が開設されました。

現在は、猪熊通丸太町付近に上屋敷跡を示す石碑、また堀川通竹屋町西北角に下屋敷の跡を示す石碑（板倉勝重・重宗屋敷跡）がそれぞれ置かれています。また、令和2（2020）年に行われた発掘調査の結果、上屋敷の跡地から建物の一部や門、池の遺構が見つかりました。

●東町奉行所跡（現：中京区西ノ京職司町）
●西町奉行所跡（現：中京区西ノ京北聖町：中京中学校前）

京都町奉行は寛文8（1668）年に創設された、江戸幕府の遠国奉行の一種です。京都所司代や代官奉行の職務が過重となったため、その一部を引き継ぎ、京都の行政・裁判・警察などの市政に加え、畿内の幕府直轄領の年貢徴収や寺社などの支配を担当しました。

京都町奉行所は、二条城の南（神泉苑の西隣）と西の東西二か所に分けて配置され、それぞれの位置関係から「東町奉行所」「西町奉行所」と呼ばれるようになりました。各奉行所とも与力・同心と呼ばれる職員が所属し、慶応3（1867）年に廃止されるまで、隔月交代で職務に当たったとされています。

そのほか、千本二条の現在の西ノ京小堀町付近には京都代官屋敷（役宅）、千本通を隔てて西側にはその下屋敷が置かれていました。代官屋敷は、初代代官の鈴木伊兵衛重辰によって寛文4（1664）年に建造、六角の火見櫓（火災の発見や発生場所を確認するための櫓）を伴っていたことから人々に親しまれました。なお、代官職は、延宝8（1680）年以降は小堀氏の世襲となったため、「改正京町絵図細見大成」（天保2「1831」年刊行）などの京都の絵図においては、代官屋敷に「小堀御役宅」の名があてられています。
このように、江戸時代の二条城の周辺には、幕府の役所が集中して設けられていました。今で言うところの官庁街の役割を果たしていたといえるでしょう。その名残は、「西ノ京小堀町」「西ノ京職司町」などの町名に見ることができます。

② 京屋敷の設置

江戸時代における京都は、西日本において大阪に次ぐ第二の都市であり、西国支配の要所でした。そのため、諸大名や代官衆も京都を重視し、「京屋敷」と称する藩邸（大名屋敷）を置きました。寛永14（1637）年に作成された「寛永後萬治前洛中絵図」によると、当時の洛中には約130（東国大名20・西国大名48・代官等の武家屋敷60余）の京屋敷が設置、中でも幕閣や譜代大名などの屋敷の多くは、二条城の付近に設けられていました。

当初の京屋敷は、京都における諸大名や代官衆の活動拠点、また政治に関する連絡所として機能していました。しかし、時代が下るにつれ、高級工芸品などの物品の輸送や、儀式典礼に関する知識・情報の連絡の拠点として用いられるようになります。また、自藩の産品の売り込みや、京都町人からの借財など、商業や金融に関わる事項を担う

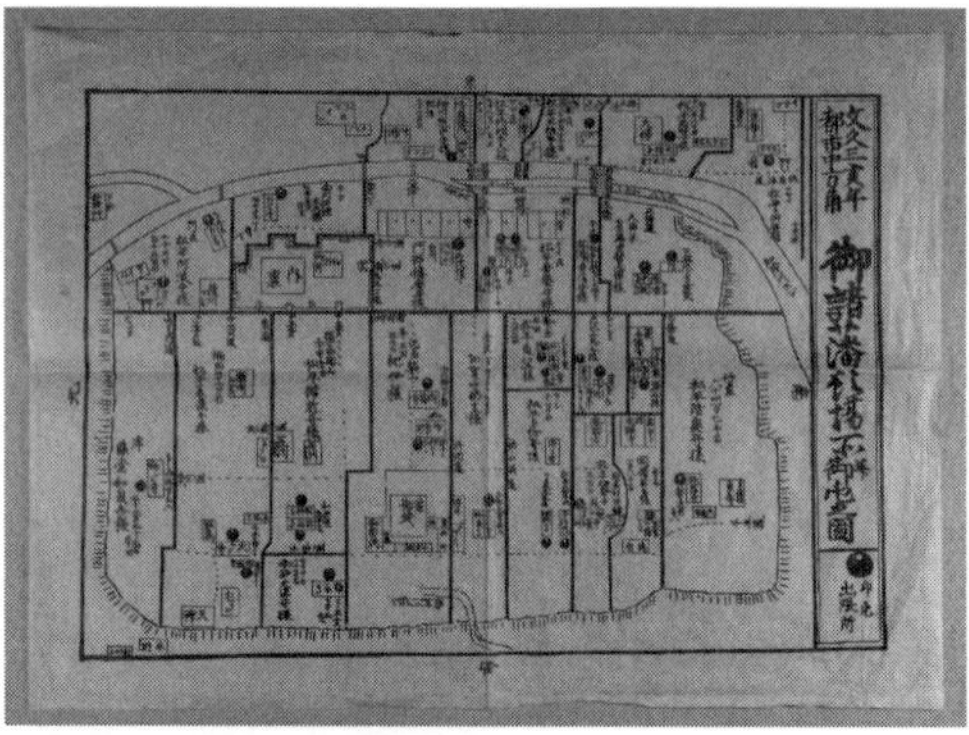

諸藩大名様京都御屋敷鋪附

場合もありました。幕末に入ると、尊王攘夷運動などの政治活動の拠点として用いられるようになります。北野・西陣地域にも、京屋敷は多く置かれていました。下記は、その中で所在地を示す石碑が現存しているものです。

●肥前佐賀鍋島屋敷（現：上京区上長者町智恵光院西入東側）

鍋島家は、肥前国佐賀（佐賀県）の外様大名です。藩邸は当初、堺町通四条下ルにありましたが、幕末にこの地に移されました。

●唐津小笠原佐渡守屋敷（現：上京区浄福寺通中立売下ル菱丸町）

唐津藩の小笠原氏は、文化14（1817）年、家茂・慶喜の下で老中を務めた小笠原長昌の時代に、棚倉藩から移封となった一族です。唐津藩は藩主家が寺沢氏、大久保氏、大給松平氏、土井氏、水野氏、そして小笠原氏と頻繁に変わっており、幕末に至るまで支配が安定しませんでした。

なお、この藩邸は慶応4（1868）年の「改正京町御絵図細見大成」に掲載されています。

③キリシタンの弾圧

貿易利益のため、当初はキリスト教宣教師の来日や布教を容認していた江戸幕府ですが、カトリック諸国による侵略の疑惑を背景に禁教に転じ、慶長17（1612）年には幕府の直轄領、翌年には全国を対象に禁教令が発令され、宣教師やキリシタン大名の国外追放や教会の破壊が進められました。寛永16（1639）年に島原・天草地方で島原・天草一揆が発生すると、弾圧はさらに厳しくなります。

こうした弾圧の影響は京都にも及びます。京都所司代の板倉勝重がキリシタンに対して比較的寛容な態度を臨んでいたこともあり、弾圧前の京都では、布教活動が順調に進められ、信者の数も増加していました。慶長9（1604）年には「だいうす町」に慶長天主堂が建立され、さらにその翌年には、京都で300人以上が洗礼を受けたと記録されています。当時の公家の日記によると、北野～西ノ京周辺にも、キリシタンが多く生活していました。

しかし、慶長19（1614）年に相模城主の大久保忠隣（ただちか）が入京すると、事態は一変します。幕府からキリシタン追放の命を受けた彼は、キリシタン弾圧に力を入れに、北野辺の教会を焼き払いました。なお、この時の弾圧と、元和5（1619）年に洛中の52人のキリシタンが六条河原で火刑に処せられた事件により、京都におけるキリシタンの活動は表面的にはほぼ完全に途絶えることとなります。

●春光院の南蛮寺の遺鐘

現在、妙心寺塔頭の春光院が所蔵している鐘には、「1577」というアラビア数字に加え、十字架と「IHS」の文字が刻まれています。アルファベットはギリシャ語の「イエス」の最初の3文字ないしラテン語の「人類の救い主イエス」の頭文字を意味し、十字架と並んでイエズス会の紋章と考えられることから、洛中の南蛮寺に用いられたものとされてきました。

ルイス・フロイスの書簡によると、この南蛮寺は現在の中京区姥柳町蛸薬師通室町西入ル付近に新設。天正4（1576）年8月15日に献堂式が行われました。「1577」の刻印がこの鐘の鋳造年であるとすれば、この献堂式の後に教会堂に奉納されたものと考えられます。

教会堂は、秀吉の伴天連追放令発令に伴い破壊されたと考えられますが、鐘は現在も往時のキリシタンの存在を裏付けているのです。

●慶長天主堂跡（現：油小路通元誓願寺西南角）

中世の京都には、「だいうす町」と称されるキリシタンのコミュニティが複数存在していました。「だいうす」とは、ラテン語及びポルトガル語の「デウス（キリスト教の神）」が訛ったものです。山城国についての総合的な地誌である『雍州府志』（貞享3［1686］年発行）などの記述から、「だいうす町」（「大宇須辻子」と記述）のうちの一つは油小路一条の界隈にあったと考えられており、慶長9（1604）年には、その中心部にキリシタン寺院（天主堂）が設立されました。なお、建設にあたっては、京都所司代の板倉勝重が援助したという説もあります。

弾圧に伴い、慶長17（1612）年に徹底的に破却されたため、その姿を窺い知ることはできませんが、たいへんに美しい建物で、駐在する宣教師によりミサが執り行われていたとされています。

●キリシタン墓碑

キリシタンの墓地は、長い迫害の時代にその多くが破壊されてしまいましたが、墓碑のうちのいくつかは、破壊を逃れて現在にまで残りました。墓碑はその形状から「蒲鉾型」と「板碑型」に二分され、多くの場合、教会の紋章や十字架、本人の俗名や教名などが表面に刻まれています。なお、刻印が製作であるとすると、現時点で見つかっている墓碑は慶長7（1602）～慶長18（1613）年に作成。すなわち、慶長18（1613）年の禁教令よりも前に作られました。

先述したように、北野～西ノ京付近にはキリシタンが多く住んでいたため、この地域からはキリシタン墓碑が多く見つかっています。一条通紙屋川の交差点付近からは、昭和56（1981）年の調査により、「ＩＨＳ」の文字や十字に加え、年月日や該当の日の聖人の名前、洗礼名などが刻まれたキリシタン墓碑が多く出土しました。そのほか、「椿寺」の名称で知られる地蔵院（現：北区大将軍川端町）の境内には、蒲鉾型のキリシタン墓碑が現存しています。後者の墓碑は、刻印が削り取られており確認できませんが、近世におけるキリスト教徒の動向を知る上で貴重な史跡といえるでしょう。

●織部燈篭（キリシタン燈籠）（上京区御前今小路馬喰町（北野天満宮境内））

北野天満宮の境内には数多くの灯篭がありますが、そのうちの一つに「織部燈篭（織部形石燈篭）」と称される燈篭があります。

茶人として名高い古田織部（重然）の墓にある燈篭と形が似ていることから命名されたようですが、それと同時に、この燈篭を隠れキリシタンの礼拝物とする説も伝えられてきました。京都には、このような伝説の残る「キリシタン燈篭」がいくつか残っており、宣教師の姿や十字架をかたどったと伝えられるものも存在します。北野天満宮の燈篭についても、正面にキリスト教の聖母マリア像が刻まれていると言われてきました。

現在では、燈篭とキリシタンとの関係に関しては、研究者からはほぼ完全に否定されていますが、京都におけるキリシタンやその弾圧の歴史を連想させる逸話です。

④織物産業をめぐる動き

西陣の繁栄

江戸時代においても、西陣は幕府の積極的な保護のもと、公家や将軍を顧客として高級織物の産地として発展していきました。「京の着倒れ」という言葉が生まれたのも、この時代とされています。

さらに明暦3（1657）年1月に江戸で大火（明暦の大火）が起こると、その復興時に衣服需要が西陣に殺到します。これに加え、生産現場に分業体制が導入され、多品種の生産が可能になった結果、西陣は日本を代表する高級織物産業地として大きく発展していきました。

とりわけ繁栄したのが、「千両ヶ辻」と称された大宮通今出川交差点の一帯です。地名は一日で千両を超える糸の取引が行われ、大量の荷がこの一帯を通過したことに由来しており、まさにそのイメージ通り、江戸時代中葉には、この界隈で糸屋問屋（糸仲買）が地方から京都へ集まる大量の生糸の荷を買い請けて、西陣の織屋や組紐屋に売りさばきました。なお、江戸時代初期から、幕府は生糸の輸入に関して「糸割符制度」を設けて、特定の商人に特権を与えていましたが、この千両ヶ辻界隈には、そうした糸割符商人が多く軒を並べていたと伝えられます。そして特に、五辻町・観世町・芝大宮町・桜井町・元北小路町・薬師町・北之御門町・樋之口町の「糸屋八町」には、糸屋格子（室内に光を取り込むために上部が切り取られた格子。織屋は切り子4本、糸屋は3本、呉服屋は2本というように職によって違いがあったとされる）の町屋が多く立ち並んでいました（※後に石薬師町・元妙蓮寺町が加わり、樋之口町が抜けて「糸屋十町」となる）

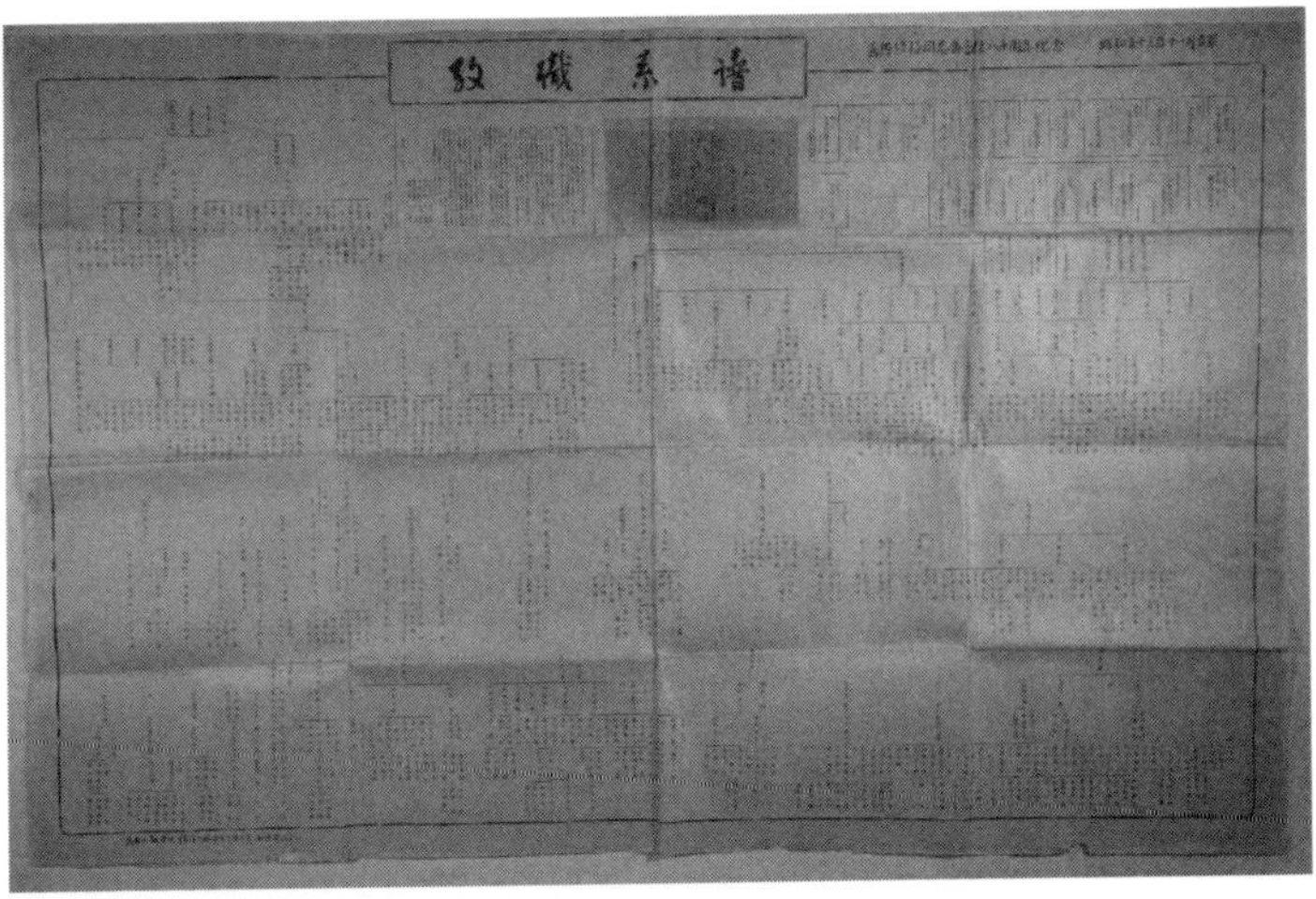

西陣職織の系譜　西陣紋様同志会より提供

コラム：大丸のはじまり

現在はデパートとして名高い大丸。元は呉服店・古着店で、享保2（1717）年に下村彦衛門が伏見で「大文字屋」として開業しました。なお、その後、下村は名古屋や大坂での開業を経て、享保19（1734）年には西陣織仕入を目的とした上之店（かみのたなてん：北店）を今出川大宮に設立します。元文2（1737）年には東洞院船屋町に京都本店が開業、一方、上之店は黒門通、油小路通などを経て寛保元（1741）年に今出川浄福寺に移転し、京都はもちろん大坂、名古屋各店の注文も受けるようになりました。

その後、大丸は順調に拡大し、江戸時代末の京都には、総本店を中心に、先述の上之店に加え、絹店（御池仲保町）、松原店（南店）、金物店（寺町御池下ル）、堺町店（堺町四条下ル）、糸屋店（御池通烏丸東入ル南）、紅店（烏丸上長者町）などが営業。なお、蛤御門の変（1864）年に伴う火災で、大丸の各店舗は大きな被害を受けますが、上之店は焼失を免れました。

しかし、明治時代に入ると、東京店の販売不振やライバル店の進出などにより、大丸の業績が悪化します。そうした中で、明治33（190

上之店（明治27（1894）年ごろ）
株式会社大丸松坂屋百貨店　一般財団法人　J.フロントリテイリング史料館提供

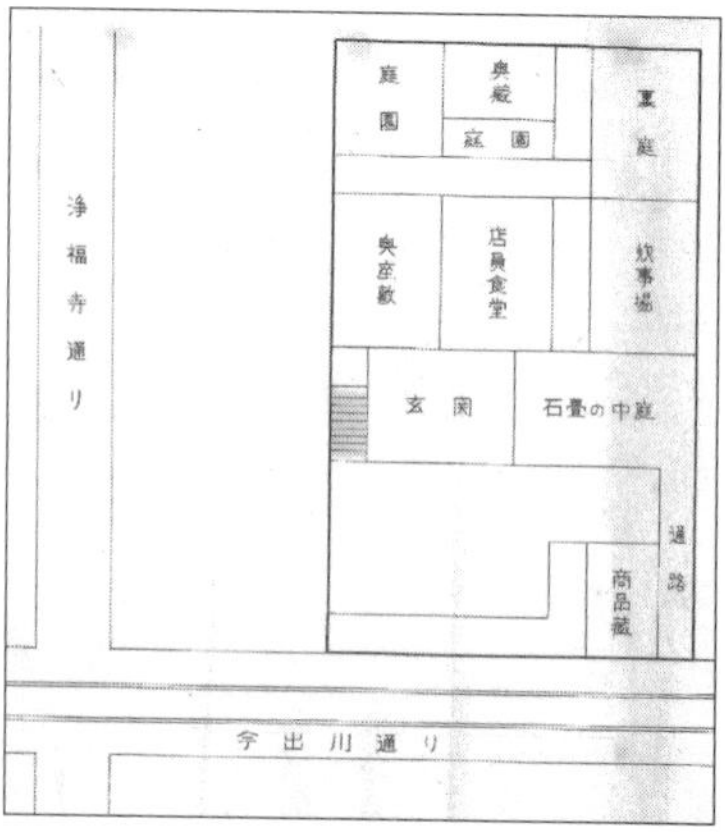

上之店　今出川浄福寺東入北小路中之町北側

0）年には絹店が閉鎖、さらに明治40（1907）年には上之店が京都市内で地域を分けて販売にあたっていた松原店に吸収合併される形で閉店しました。
歴史に「もしも」はありませんが、もし上之店や絹店が続いていたら、北野・西陣は現在よりも繁華な地域になっていた可能性もあるのです。

【享保ごろの大丸の大きな流れ】
享保11年大阪店
享保13年名古屋店
享保14年柳馬場姉小路に仕入店
享保19年京都今出川大宮に上之店→黒門通、油小路と場所を移し、今出川浄福寺に新築し、寛保元年烏丸下立売の小紅屋和泉という紅染屋を買収する
元文2年東洞院船屋町に総本店

大火に伴う危機

しかし、こうした繁栄に水を差したのが、享保15（1730）年の西陣大火でした。この年の6月20日、呉服所の大文字屋五兵衛方（現：上立売通室町西入）を火元とした火災が発生し、西陣の機業地区の大部分が焼失したのです。この火事は「西陣焼け」とも称され、3，000数百軒にも及ぶ住宅が被災し、織機約7000台のうち3000台以上が焼失しました。幕府や民間による救援活動も行われましたが、失職した職工たちを十分に助けることはできず、職工は西陣を去り、地方へと離散していきます。
なお、この時代には、桐生や足利、丹後など他地域でも絹織物の生産が盛んになりつつあり、西陣から逃

れた職工たちの技術は、こうした新興地域に伝えられます。たとえば桐生には、18世紀中葉に西陣の織工・中村弥兵衛らによって高機（錦・綾などの紋織の作成に用いる織機）と縮緬の技術が伝えられ、当地の織物産業の発展に貢献しました。なお、これら地域の織物は京都にも流入したため、西陣はさらに苦境に陥ることとなります。

こうした状況を懸念した西陣の機業仲間は、桐生など他地域の織物を「田舎織物」と称して警戒し、延享元（１７４４）年には、田舎反物の京都登せ荷（関西に地方の産品を運んで売ること）や、桐生における高機の使用の禁止を幕府に訴えます。これを受けた幕府は、同年に田舎反物のこれまで以上の京都登せ荷増加の停止を命ずるとともに、桐生の紋紗織などの新規紋織物を禁じました。しかし、これ以降も田舎織物の流入は増加し続け、西陣は以前の勢いを失っていくこととなります。

●**西陣大火犠牲者供養碑（現：上京区五辻通千本西入南側（三會寺内））**

享保15（１７３０）年６月20日に発生した西陣大火の犠牲者追悼のために建立された供養碑です。建立は、七回忌にあたる享保21（１７３６）年と伝えられます。

この大火によって上京西北部は著しい被害を受けます。西陣でも井関家・久松家など御寮織物司を含む多くの機業家が被災しました。なお、火災を受けて、幕府による米の下げ渡しや中京・下京住民による被害者への炊き出しや米・銭などの配給、また穀物や野菜などの救援物資の運び込みが行われましたが、失職した職工たちの生活を助けるまでには至らず、西陣の織物産業は大きな打撃を受けました。

⑤江戸時代の酒造産業

織物産業に加え、京都の酒造産業もこの時期には苦境に陥っていました。伊丹や池田、灘などの新興地域が勃興したこと、また醸造技術に他地域のような大きな進化が見られなかったことが大きな要因と考えられます。とりわけ関西の新興生産地の勃興は、京都の造り酒屋にとって大きな脅威となっており、幕府の奉行所にも他地域産の「他所酒（よそざけ）」の販売の差し止めを陳情する書状が数回にわたり提出されています。

しかし、他所酒の流入を完全に防ぐことはできませんでした。特に19世紀に入ると、伊丹を領有する近衛家の支援を得て、同地産の酒が大量に京都市場に流入。京都の酒屋には、狭い市街地に数多くの小規模な店舗が並び、生産地と消費地が直結しているという特徴がありましたが、小規模な酒屋が衰退し、廃業や伏見への移転が進んだ結果、寛文9（1669）年に1089軒あった洛中洛外の酒屋は、正徳5（1715）年には659軒にまで減少しました。

また、この時代には、上方産の酒が江戸に出荷されていましたが、主流を占めていたのは、灘・西宮・伊丹であり、京都産の出荷量は決して多くはありませんでした。実際、天保12（1841）年段階で、上方から江戸に運ばれた下り酒の内訳は灘が45％、西宮・伊丹が33％を占めています。また同時代の文献を見る限り、江戸における京都産の酒の評判は芳しくはなく、たとえば本草学者にして医師である人見必大（ひとみひつだい）は「京師（きょうと）は和州・摂州に近く、水も米も極めて良い。それなのに、造酒が甘きに失して佳くないのは、和・

天保改江戸積銘酒大寄大新板
為御覧

天保改　江戸積銘酒大寄　大新板

摂にはなはだ邇（ちか）いという条件に頼って修造に力を竭（つく）さぬ故であろうか」[1]と、酒造業者を酷評しています。こうした競争力の低下に加え、天明の大火などの度重なる災害や、天保の大飢饉に伴う米価の高騰などが重なり、京都の酒造業は衰退を余儀なくされました。

その一方で、上流階級をはじめ、寺院や庶民の間では造酒が盛んに行われていました。鹿苑寺・相国寺の住持を務めた臨済宗の僧・鳳林承章（ほうりんじょうしょう）の日記『隔蓂記』には、庭池の掃除をしてくれた農民に、寺で造ったと思われる濁酒やその残り粕をふるまったとの記述が見受けられます。そのほか、シヨウガやクワなど薬草を漬け込んだ酒も造られていました。

1 吉田元『京の酒学』（臨川書店、2016年）、155ページより引用。

⑥ 芸能の中心地として

様々な打撃を被りながらも、西陣が日本を代表する絹織物産業地としてその名を成したのに対し、北野は芸能文化の中心地として大いに栄えました。

特に北野天満宮の境内地は、現在のそれよりも広大だったこともあり、芸能の興行地として大いに賑わいました。正徳4（1714）年、江島生島事件の影響により寺社境内内の宮地芝居（境内で臨時に小屋掛けなどをして興行した芝居）が一時的に禁止されますが、享保9（1724）年閏4月に再び許可。これを受けて、北野天満宮内でも芝居興行が再開し、歌舞伎や辻内能、浄瑠璃に加え、浄瑠璃役者の物真似や、竹田出雲の浄瑠璃繰り芝居、子供踊など様々な芸能の興行が行われました。また、興行に合わせて水茶屋や物売り小屋、料理屋なども営業し大いに賑わいます。

なお、江戸時代には、伝統芸能として現在も息づいている演劇や話芸、武芸などが北野で誕生。その代表的なものを下に挙げ、簡単な歴史を辿りました。

【上方歌舞伎】

上方歌舞伎とは、大阪・京都で発展し、演じられた歌舞伎のことです。荒事（歌舞伎の演出法の一つで、豪快で誇張された演技や扮装を行うこと）や様式美を重んずる江戸歌舞伎に対し，和事（優美で柔らかな演技様式）や写実芸、風情を重んじるという特徴があり、その起源は出雲阿国にまで遡ることができるとされています。

出雲大社の巫女と自称していた阿国は、16世紀末〜17世紀はじめに入京して四条や五条の河原で踊りを披露しました。当時の記録によると、慶長5（1600）年には宮中、慶長8（1603）年からは数回にわたって北野天満宮で歌舞伎踊りを演じており、江戸時代初期の仮名草子『恨之介』には、「北野へいざ行きて、お国が歌舞伎を見ん」という記述が見られます。なお、同社の境内には出雲大社本殿修復のための勧進として、かぶき小屋が設けられました。彼女の踊りはそれ以前の念仏踊などを発展させたもので、男装した彼女が、当時流行していた「かぶき者」と呼ばれる若者たちの姿で踊る様子を目にした観客は大いに熱狂したと伝えられます。

その後、元和年間（1615〜1624年）に入ると櫓芝居（幕府から興行許可のしるしとしての櫓を建てることを許された常設劇場で行われる歌舞伎芝居）の興行が四条河原町に限定され、北野天満宮での興行は禁止されました。しかし、享保11（1726）年には北野天満宮境内においても歌舞伎の定芝居（常に興行している芝居）興行が許可。さらに享保年間中葉には、四条河原に代わって下ノ森や平野神社にて歌舞伎の興行が盛んとなり、享保13（1728）年11月には水木菊之丞・水木辰之丞一座が北野七本松で興行しています。なお、江戸中期以降は、下ノ森で歌舞伎の興行が行われるようになりました。

その後、歌舞伎は諸国に広まり、遊女歌舞伎・若衆歌舞伎・野郎歌舞伎などと形を変えながら発展。元禄期には初代坂田藤十郎によって、上方歌舞伎は演劇的に大成。上方歌舞伎の特徴ともいえる「傾城買狂言」（遊女と遊郭で遊ぶ客の様子を描いた作品のこと）というジャンルが生み出され、その芸風は経済的に大きく成長しつつあった上方の町人階級から、大いに支持されました。

しかし、18世紀に、商人の繁栄を快く思わない幕府により上方の豪商の取り締まりが強化されたこと、また享保期の凶作により好景気が中断したこと、さらに人形浄瑠璃が新しい芸能として台頭し、歌舞伎を圧倒するようになったことなどにより、上方歌舞伎の人気は下火になりました。さらに、江戸時代後期に文化の中心が上方から江戸に移ると、江戸歌舞伎が歌舞伎の主流となっていきます。京都の歌舞伎もこれと軌を一にして下火になり、江戸時代末期の類書『守貞漫稿』によると、北野の歌舞伎は天保の改革以前には亡んでしまいました。

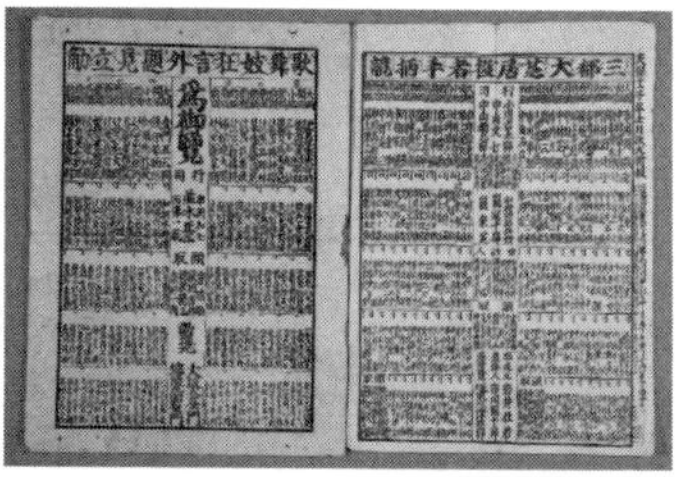

三都大芝居役者手柄競　歌舞伎狂言外題見立角力

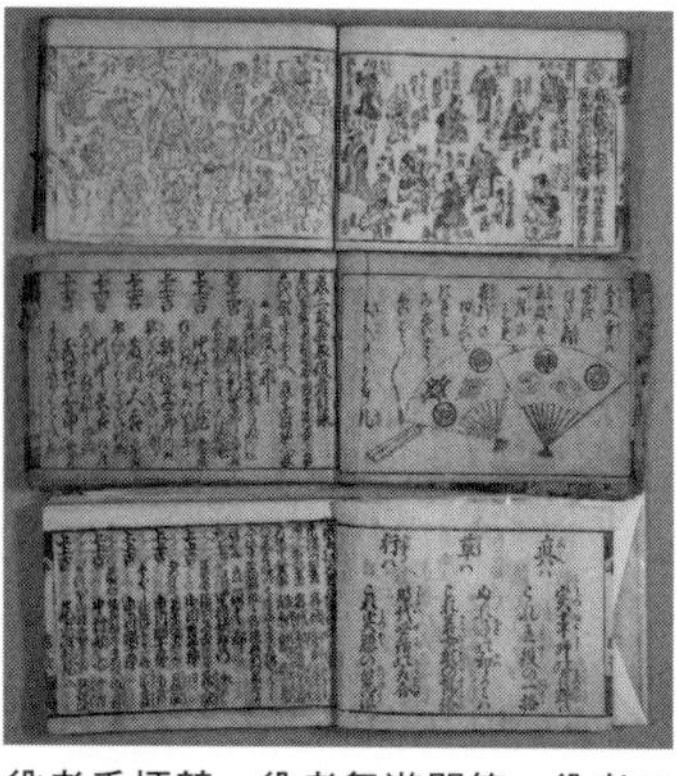

役者手柄競　役者舞遊問答　役者三叶和

【京落語（上方落語）】

貞享〜元禄年間（1684〜1688年）、露の五郎兵衛という人物が、北野天満宮の縁日や今宮祭の日の御旅所など、人通りの多い場所で辻談義（辻話）や狂言物真似などをして人気を博しました。その後、享保・寛政年間には下ノ森を中心に、物真似芸の興行が行われ、これが京落語（上方落語）の発展につながったとされています。そして、天明・寛政年間には、京都出身の松田弥助が大阪の御霊神社境内などで話芸を披露し、多くの門徒を育てました。

なお、当時の京都・大阪では、神社の境内や河原など繁華な場所に、よしず張りの小屋を設けて落語が上演、これが江戸時代の上方落語の特徴となりました。また、西陣一帯には新京極と並んで多くの寄席場が存在しており、一条浄福寺東入ルや、五辻千本、また大宮通下立売や西洞院下立売の界隈には、天保の改革下でも営業の継続を許可された寄席がありました。

幕末には「桂」「笑福亭」「林家」「立川」の上方四派が生まれて、互いに技を競い合いながら上方落語の黄金時代を築き上げました。立川一門は明治10年代に断絶しますが（※現存する東京の立川一門は別系統）、他の3派は現在も続いています。

●「露の五郎兵衛」碑（現：上京区馬喰町：北野天満宮境内）

初代露の五郎兵衛は、江戸の鹿野武左衛門、大阪の米沢彦八と並んで日本の落語家の元祖とされる人物です。元は日蓮宗の談義僧であった五郎兵衛は、祇園真葛が原、四条河原、そして北野天満宮など人通りの多

露休著『かへり花』（1712年刊）より。画面左に座っているのが露の五郎兵衛（国立国会図書館デジタルコレクション）

い地域で道端に舞台を設けて、口咄を演じました。なお、後水尾天皇の皇女である常子内親王の日記（『常子内親王日記』）には、今宮祭の日に紫野に出かけた筆者と子供たちが、休憩場所である茶屋に、「狂言物真似」を演ずる露の五郎兵衛を呼び寄せて見物したという記述が見られます（元禄12［1699］年5月15日）。聴衆を前にして落語を演じ、それによって収入を得るという職業噺家のスタイルは彼に由来し、それゆえ五郎兵衛は京落語（上方落語）および落語家の始祖とされています。

町年寄にして辻芸人の頭領分として、芸人の取りまとめを担っていたとされる露の五郎兵衛。歌舞伎の役者評判記にその名が採り上げられ、噺本に彼の姿を描いたイラストが残るほか、彼自身も『軽口露がはなし』などを著しています。その時代の動向や話題をネタに、新たな笑いを追求した人物でしたが、残した咄の中には「親子船」のように現在の落語の原型となっているものもあります。

【京都相撲】

京都における相撲の歴史はひじょうに長く、平安時代には宮中の年中行事として「相撲節（すまいのせち）」が設定。紫宸殿の庭で相撲が催されました。たとえば、承和2（835）年8月に仁明天皇が紫宸殿に出御した時には、殿庭で左右四衛府の相撲が催され、音楽が奏でられています。以来、12世紀に至るまで、宮中において相撲は舞楽や饗宴を伴う初秋の催事として斎行されました。一方、一般庶民の間や神社においても、天下泰平や五穀豊穣、子孫繁栄など様々な目的で相撲が盛んに行われたと伝えられます。

しかし、中世に入ると、相撲は娯楽色の強い催し物に変化し、将軍や武将が相撲見物を楽しむようになります。そうした中で、職業的な相撲人も登場し、将軍や大名の観覧に応じるために京都に集まるようになりました。

錦絵　磯風音次郎（京相撲　力士）

こうして相撲の中心地となった京都の周辺には、相撲行司の家柄も集中し互いに由緒を競い合いました。

その後、江戸時代に入ると、神社仏閣の再興や建設の費用を賄うための「勧進相撲」が盛んとなり、また相撲を生業とするプロの力士集団が日本各地に生まれ、相撲は庶民の娯楽として定着しました。しかし、慶

辻相撲図下絵（力士）

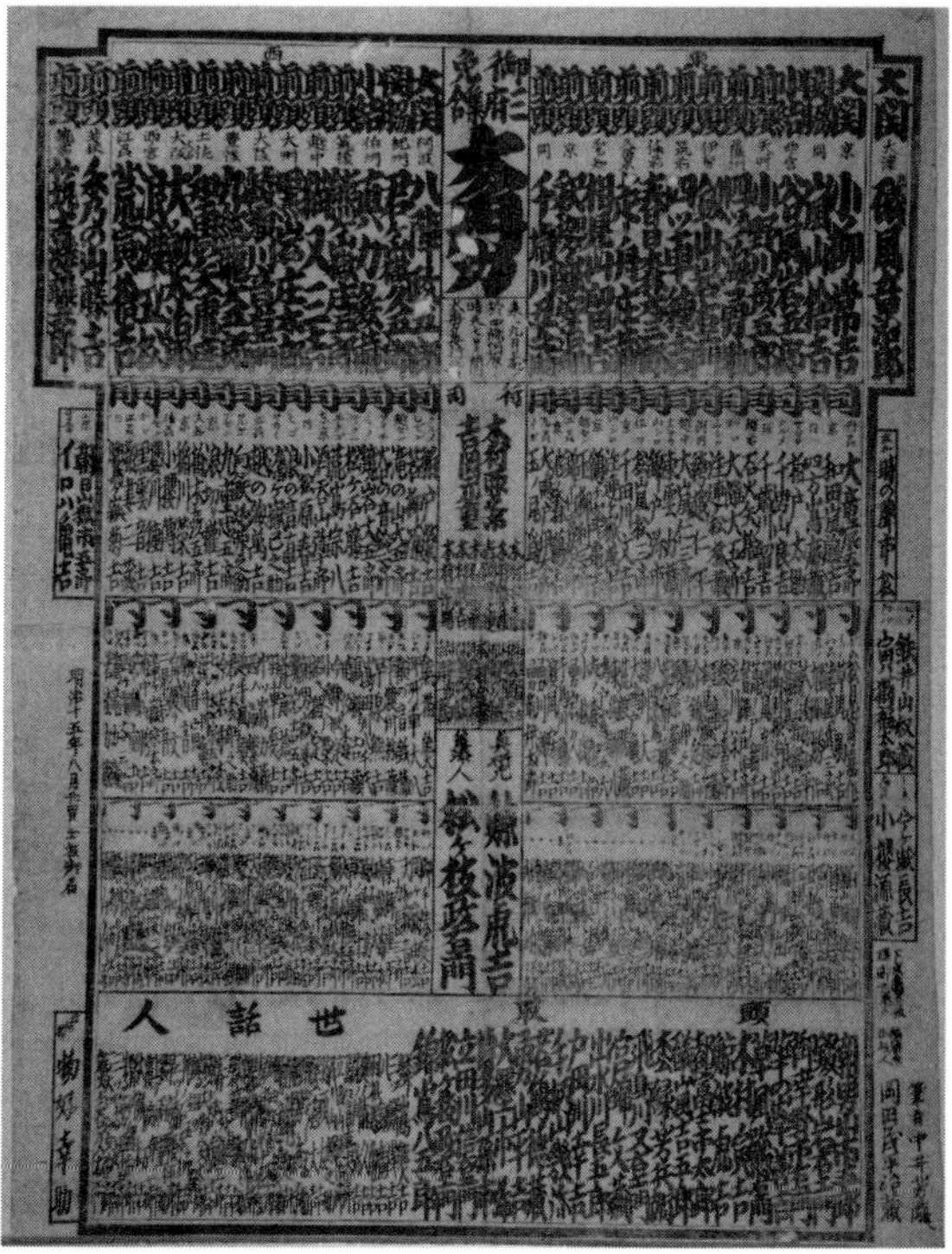
京相撲番付表

正保5（1648）年以降、勧進相撲禁止令が繰り返し発令されると、諸国の相撲取りは江戸よりも上方を活動地に選ぶようになります。その結果、京都では相撲が盛んになり、北野はその中心地として大いに栄えました。18世紀～19世紀半ばには七本松付近や下ノ森、中ノ森で橋や寺修復のための勧進相撲が盛んに行われています。さらに、北野天満宮近くには「出水川部屋」という相撲部屋が存在し、力士の育成が行われました。

また、この時代の大相撲興行は、江戸で年2回、京都・大阪で年各1回の年4回となっており、京都では八坂神社で大相撲興行が行われました。政治・経済の中心が江戸に移るにつれ、京都・大阪相撲は格下と見なされるようになりますが、この四季勧進相撲興行のスタイルは、幕末の動乱期まで続くこととなります。

明治時代に東京への一極集中が進むと、力士の流出が進んだことなどにより京都相撲は存続の危機に立たされます。しかし、明治43（1910）年、日英博覧会に参加した際には、現地で大いに好評を博しています。

●野見宿祢社（北野天満宮内）

北野天満宮の摂末社の一つである野見宿祢（のみのすくね）社には、『日本書紀』にも登場する相撲の祖・野見宿祢が祀られています。野見

京相撲　横綱（京相撲横綱）一覧表

五条家の横綱力士の免許

	1	2	3	4	5	6	7	8	9
横綱名	谷風梶之助	小野川喜三郎	玉垣額之助	柏木利助	阿武松緑之助	稲妻雷五郎	陣幕久五郎	小野川才助	兜潟弥吉
五条家当主	為徳		為徳		為定	為定	為栄	為栄	為栄
横綱免許日	寛政二年五月	寛政二年五月	文政六年六月	文政六年六月	文政十一年	文政十一年七月	慶応三年正月	明治三年二月	明治四年七月

	10	11	12	13	14	15	16	17	18
横綱名	八陣信蔵	高越山谷五郎	境川浪右衛門	朝日嶽鶴之助	梅ヶ谷藤太郎	西ノ海嘉次郎	小錦八十吉	大碇紋太郎	若島権四郎
五条家当主	為栄	為栄	為栄	為栄	為栄	為栄	為栄	為功	為功
横綱免許日	明治五年七月	明治六年七月	明治八年	明治十一年	明治十七年二月	明治二十三年二月	明治二十九年四月	明治三十二年五月	明治三十六年

（注）五条家は、不知火諾、秀ノ山、雲龍、不知火光、鬼面山にも免許が出されているかも知れないが確認がない。

「京都・滋賀の相撲」より引用作成

宿祢は天皇の御召を受けて、都に上って当代第一の力士と豪語している当麻蹴速（たいまのけはや）と相撲をとって勝利したと伝えられている人物です。

なお、北野天満宮の祭神・菅原道真は野見宿祢の子孫と伝えられています。そして、道真の子孫の一族から輩出された五条家は、野見宿祢の子孫にあたることから、相撲の司家となりました。

巨勢秀信（野見宿禰図）

【京都講談】

軍記・武勇伝などを巧みな話術で聞かせる講談は、中世の仏教僧侶の説話などを源流として成立した芸能です。戦国時代には、それを生業とする大名お抱えの御伽衆も存在しました。たとえば豊臣秀吉は約８００人もの御伽衆を抱えていたと伝えられます。

そして、江戸時代に繁華な場所で町衆に披露されるようになると、講談は芸能として花開くこととなります。京都でも講談師は活躍し、四条の河原や四条道場、蛸薬師、そして北野天満宮の講釈場で興行が行われました。特に北野においては、享保～寛保期に七本松に居住していた原栄治（和平）が「太平記」や「源氏物語」、そして政談物や仇討物など多岐にわたる講談を披露しています。

なお、赤松系統（説教系統）とは別に、神道講釈の流れとして神道講釈の祖とも言うべき人物は増穂残口で、神道講釈の源流は平安時代末期の安居院の明神、権現等の本地物語を集成したものを安居院の説教の種として物語風に説いていたと思われる。その中で、吉田神道が誕生し、吉田神道を中心に吉田神道家、また、玉田派の祖、玉田永教（吉田神道系）も巡遊講説した。江戸後期から大正期にかけての京都では、山崎派、尾崎派、氏原派、玉田派の流派が存在しており、それぞれの民衆の人気を博していました。

　これ以外にも、17世紀の聚楽第跡や七本松、今宮の御旅所などでは勧進能が盛んに行われました。

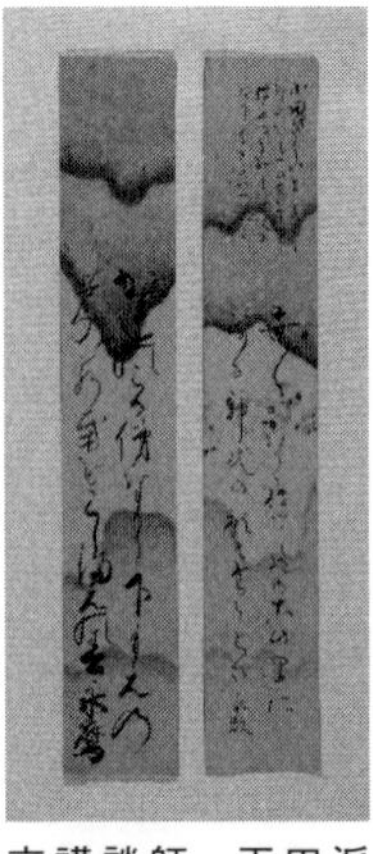

京講談師　玉田派
玉田永教　玉田永鷹

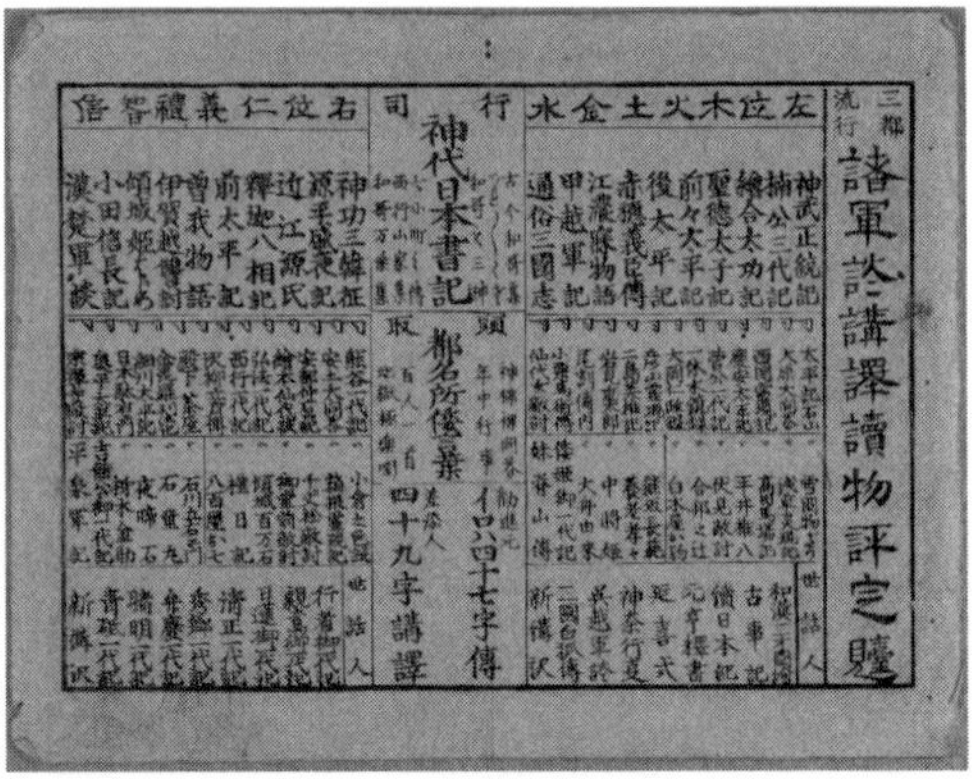

三都流行緒軍談講釈読物評価見番付

【京都　講談＆神道講釈　系図】　江戸時代後期
≪町講釈系≫
（赤松系統（説教系統）
原昌元
原永惕（栄宅）
原栄治（和平）

≪神道系講釈（吉田神道系）≫
増穂残口

玉田永教
　＋永辰（永教の長男）
　　＋永久（永辰の長男）
　　　＋永健（永久の子）
　　　＋玉田（三矢田）千秋（永直）　玉芳斎と兄弟　玉田家へ養子・明治5年に講釈界入　玉田玉秀斎（初代）
　＋永鷹（永教の次男）

【京都　明治時代以降の講談師系図】　（＊一部大阪を含む）
（玉田派）
玉田玉枝斎　本名　三矢田弘文（弾正）永教の孫
玉田玉芳斎　本名　三矢田長秋（永慶）　玉秀斎と兄弟
｜　＋玉田玉芳斎（二代目）本名　本名不詳　玉田玉照
玉田玉秀斎（初代）　本名　玉田（三矢田）千秋（永直）　玉芳斎と兄弟　玉田家へ養子・明治5年に講釈界入
｜　＋玉田玉秀斎（二代目）　本名　幻の二代目
｜　　＋玉田玉秀斎（三代目）　本名　加藤万次郎　玉田玉鱗→　玉田玉秀斎（二代目）を襲名するも幻の二代目判明の為三代目にする　立川文庫の企画・執筆　安政03年生～大正08年没　享年63
｜　　｜　＋玉田玉秀斎（四代目）　本名　非公開　前名：旭堂南陽
｜　　＋玉田玉智　本名　本名不詳
｜　　＋玉田玉海　本名　本名不詳
｜　　＋玉田玉圓　本名　本名不詳
｜　　＋玉田照山　本名　本名不詳
｜　　＋玉田永教　本名　本名不詳
｜　　＋玉田玉知　本名　本名不詳
｜　　＋玉田玉麟　本名　本名不詳
｜　　＋玉田芳山　本名　本名不詳
【京都】
山崎琴書　本名　本名不詳
氏原一　本名　本名不詳
安田龍馬　本名　本名不詳
山崎琴海　本名　本名不詳

（吉田家）
吉田一保（初代）　本名　吉田　別名　臨高堂一保子　生年不詳～安永08年頃没
　＋吉田天山　本名　菊地源蔵　岡崎兵部とも　安永08年「北野実伝記」著す　生没不詳
　＋吉田一保（二代目）　本名　本名不詳　「浪華なまり」著す　生没不詳

●下ノ森の芸能と遊郭

下ノ森は、現在の新建町・西町・東町・三軒町にあたる地域です。近世においては、多くの芸能者が自らの芸を披露。その賑わいの様子は享和2年（1802）～文化6年（1809）にかけて発行された『東海道中膝栗毛』でも採り上げられており、水茶屋や茶屋がひしめく中、見世物屋や芝居の掛け小屋、読売の講釈（講談）などが往来の人に呼び立てる様子が克明に描かれています。北野天満宮と並ぶ、芸能の中心地であったといえるでしょう。

なお、当時の記録によると、現在の三軒町の一帯には17世紀後半～18世紀半ばの時点ですでに6軒の茶屋がありましたが、公的には天明元（1781）年に北野祠官徳勝院長屋住居（現：社家長屋町）の茶屋株が分けられる形で水茶屋の営業が西町で開始。また、西町と東町に妓楼の設置が許可されました。また、寛政2

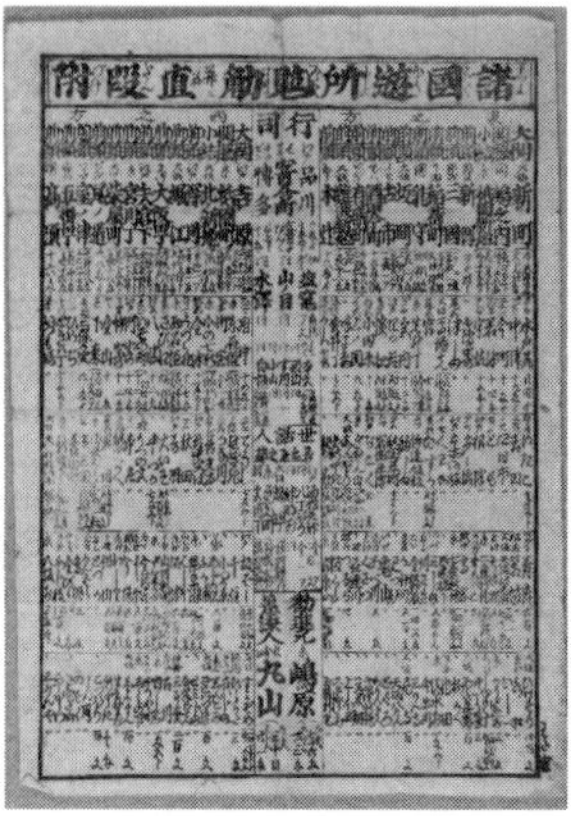

諸国遊所見立角力並値段付

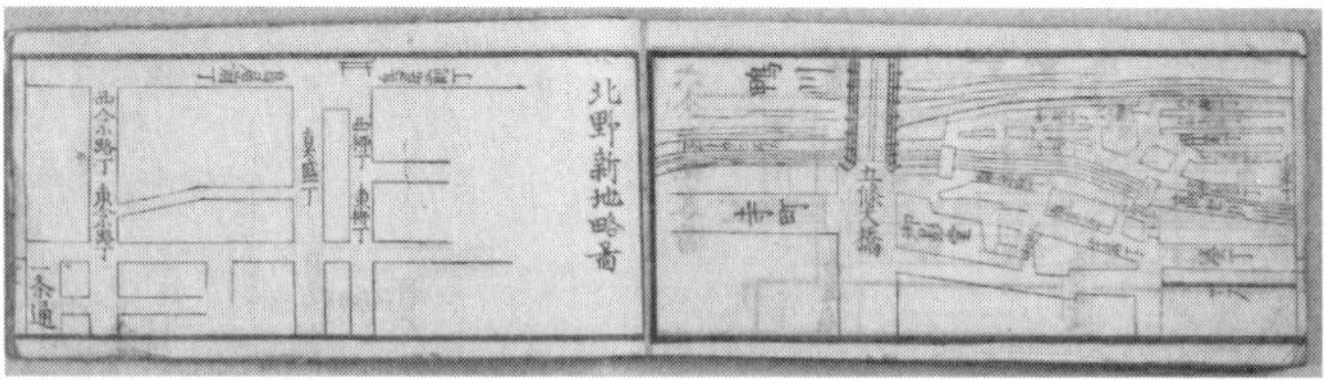

京町小名鑑

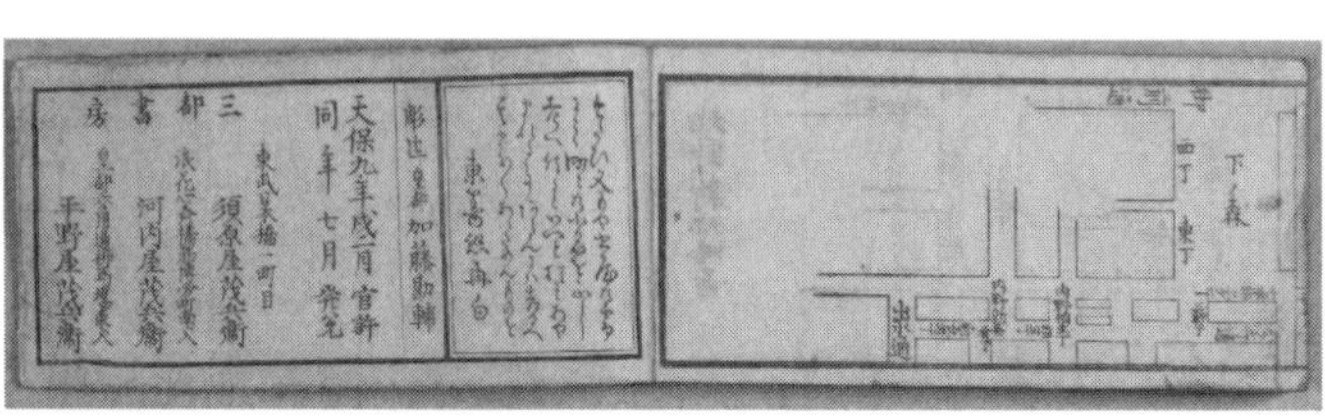

京町小名鑑

（1790）年6月に、祇園町・二条新地・七条新地・上七軒で5ヶ年に限って遊女屋営業が官許された際に（「コラム：上七軒の誕生」参照）、下ノ森の東町と西町が上七軒との組み合わせで営業を許され、享和元（1801）年には新建町も遊里免許地となりました。そして、文化10（1813）年2月からは上七軒とともに芸者の取り扱いが許可され、19世紀半ばに下ノ森は上七軒と「一体ニ相成リ」と評されています。

北野線の開通などにより、昭和元（1926）年頃に遊郭は消滅しました。ただし、現在でも裏通りに花街の名残が残っており、往時の華やぎを味わうことができます。

⑦北野・西陣で花開いた学問

伊藤仁斎の古義学

江戸時代の学問所というと、寛政2（1790）年に神田湯島に設立された昌平坂学問所などを連想される方も多いかと思いますが、寛政年間に入るまでは、京都や上方が学問の中心でした。そしてこの時代の京都を代表する学者の代表格ともいえるのが、江戸時代の儒学者・思想家である伊藤仁斎です。

仁斎は、寛永4（1627）年、京都堀川の裕福な商人の長男として生まれました。若い頃は朱子学を志しましたが、その内容に疑問を覚えるようになり、『論語』や『孟子』の教えに立ち返り、その古義（元の意味）を明らかにすることを目的とする「古義学」（こぎがく）を開きます。寛文2（1662）年には私邸（上京区東堀川通下立売上ル）に私塾である「古義堂」を開設し、武士や上層町衆の子弟や武士などを指導しました。なお、塾が堀川にあったことから、古義学は堀川学とも称されます。

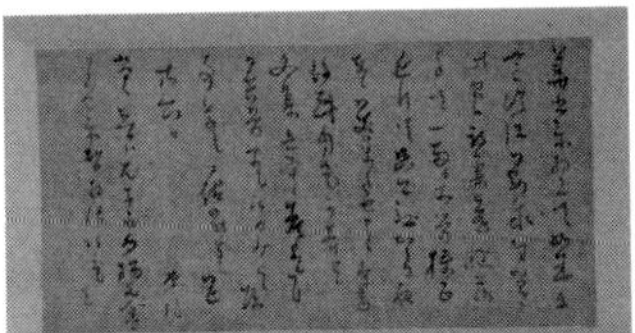

伊藤仁斎　書簡

従来の朱子学が物事の本質を突き詰めて、天理（万物を支配する天の道理）を悟ることを目指したのに対し、仁斎は、天理など人道を超絶する絶対的な根拠を認めず、朱子学の高遠な議論を邪道として否定。その代わりに、地上の人間社会に注目し、人道の根本である「仁（仁義）」や「仁愛」を実現するために、「忠」と「信」を日常道徳として実践するよう説きました。

こうした古義学の思想は、市民社会的理想の先駆けともいうべきもので、荻生徂徠の古文辞学（徂徠学）に影響を与え、また大阪の町人学問所である懐徳堂によって継承されるなど、近世の学問に大いに貢献します。なお、仁斎の主著である『論語古義』『孟子古義』『童子問』などは、いずれも彼の死後に弟子である東涯らが仁斎の草稿を整理し、刊行したものです。

●伊藤仁斎古義堂跡（現：上京区東堀川通下立売上がる東側）

伊藤仁斎の古義堂は、寛文２（１６６２）年、彼の自宅に開設されました。同塾では多数の門下生が学び、仁斎自身が教えただけでも３０００人を超えたとされています。仁斎の死後は彼の息子である東涯やその子孫に引き継がれ、堀川学派の拠点となりました。天明の大火をはじめ、何度か火災に見舞われましたが、天保13（１８４２）年には松永昌三の講習堂とともに、京都を代表する私塾として幕府から表彰され、明治時代に至るまで存続します。

現在の建物は明治27（１８９４）年に再建。一方、２階建ての土蔵は書庫で、仁斎在世当時の物がそのまま残っています。なお、古義堂の蔵書や書画、また仁斎の自筆原稿などは、現在天理大学図書館に保管されています。

北野学堂の役割について

慶安4（1651）年に北野天満宮の社中で源氏物語の講演が催されるなど、江戸時代のごく初期から教学活動が行われていた北野。中でも、北野天満宮の北門外北町に設立された「北野学堂」は、近世日本の教学機関として重要な役割を果たしました。

北野学堂の正式な創設は、天和3（1683）年3月。当初は宮仕能養の旧宅が用いられていましたが、享保3（1718）年に学堂が普請、さらに元禄16（1703）年11月には学堂文庫が竣工して天満宮の神宝や記録、和漢の書物が納められました。享保15（1730）年の西陣大火で建物が全焼したため、一時はその活動を停止しますが、元文4（1739）年11月に学堂再興会始連歌百韻が執り行われています。また、北野文庫とは別に、元文6（1741）年7月までに北野松梅院所管の「北野書蔵」が社内神楽所の南方に設けられました（※大正15［1926］年8月に御土居際の位置に移築改造）。

和漢の学問に加え、祭神にささげる連歌道の修練を目的とした教学機関で、学頭を首長に、北野天満宮の重役である年寄や議決機関である評議、また連歌指導を担当する宗匠が教授を務め、臨時に学者を招聘することもありました。なお、北野天満宮の宮仕にして連歌師であった上大路能順が初代の宗匠を務め、学堂月次連歌や前句付け（連歌などで、出題された七・七の短句［前句］に五・七・五の長句［付句］をつけるもの）の指導にあたりました。これに対して、生徒は「学徒」「小供」「若衆」などと称され、

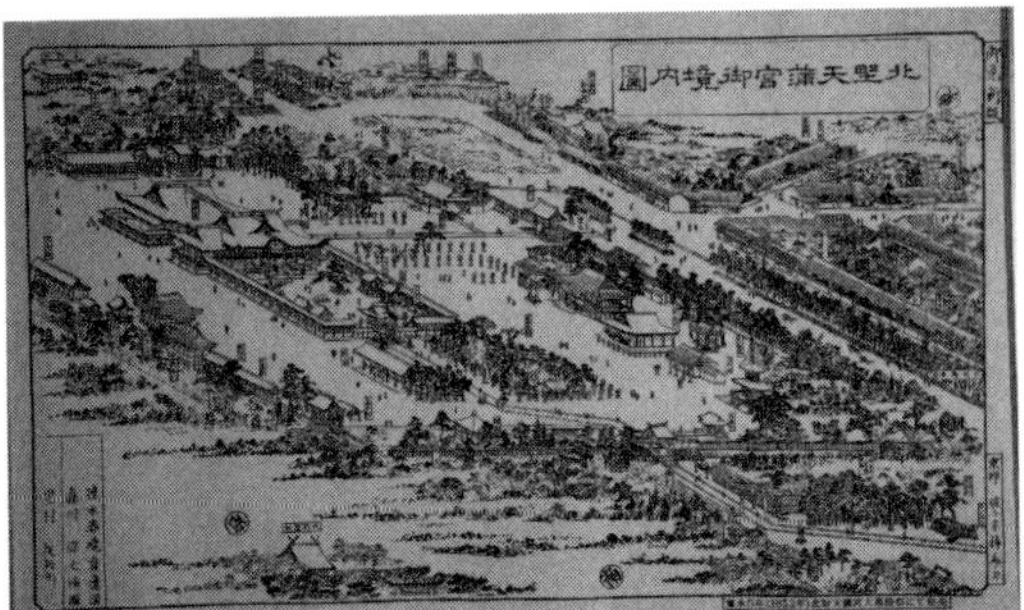

北野天満宮境内図

8歳以上の生徒は入学届を提出することとなっていました。文政3（1820）年の時点の生徒数は男性50名だったとされています。

毎月定例の日に歌書や儒書の講義を実施することが定められ、神道や仏道の書籍の講義も行われました。特に連歌の修練には力が入れられ、月次（つきなみ）連歌会や北野天満宮の年中恒例祭儀に伴う学堂連歌、前句付や千句興行、法楽連歌（神仏に奉納する連歌）などが定期的に開催されました。そのほか、一般社会教化のために「北野版」と称される学堂蔵版の書物の刊行も行われ、また学堂で集字や摺写が行われました。

設置場所にちなんで「上ノ森学堂」とも呼ばれていましたが、嘉永6（1853）年を最後に学堂講義の記録が見受けられなくなり、明治5（1872）年に廃止され、同年10月に文庫も取り壊されることとなりました。しかし、北野学堂で刊行された本のうち何冊かは、現在でも北野天満宮に所蔵。また、北野書蔵は「北野文庫」とし現在も存続。同社内で展開されていた学術活動の一端を窺い知ることができます。

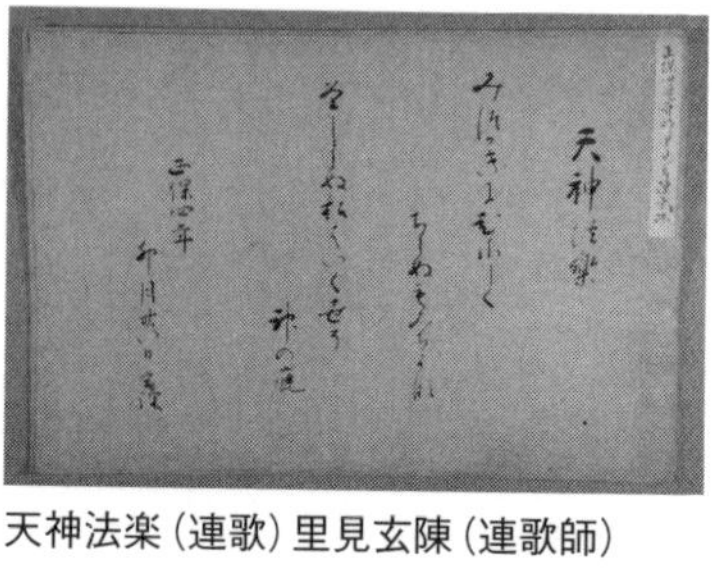
天神法楽（連歌）里見玄陳（連歌師）

コラム：京都の教育熱の伝統

京都には教育熱心な土壌が存在しており、江戸時代から多くの寺子屋や私塾が設けられていました。北野・西陣もその例外ではなく、下長者町智恵光院東に所在した国内最大の寺子屋「白景堂」（天保14［1843］年、古川直次郎［亮朝］により開設）では、明治2（1869）年の段階で615名もの生徒（男：393名、女：222名）が学んでいたとされています。そのほか、北野・西陣の私塾としては、先述の伊藤仁斎の古義堂をはじめ、儒学者・山崎闇斎の闇斎塾、また松永昌三の講習堂などが設置。江戸時代中期に入ると、蘭学の導入や医学の発達、また和学の興隆などもあって多様な私塾が開設されています。

こうした私塾を目指して、当時は地方から数100人も及ぶ生徒が上京していました。そのためのガイドブック（『平安人物志』）が発行されていたほどです。

なお、慶応2（1866）年には中京の寺子屋・篤志軒の教員であった西谷淇水（にしたにきすい）により、すべての子供を対象とした官立の教学所の設立の建白が提出され。この時点では実現しませんでしたが、明治時代の京都における小学校設立事業は、この西谷の提言を土台にして進められました。長い歴史の中で培われてきた、市井の人々の教育熱こそが、京都の近代教育の母体となったのです。

●山崎闇斎邸跡（現：上京区葭屋町通下立売上る東側）

山崎闇斎（1618～1682）は江戸時代前期の儒学者、神道家です。当初は禅道を志していましたが、土佐で朱子学を学んで還俗、帰京後の明暦元（1655）年に自宅で闇斎塾を開きました。寛文5（1665）年には江戸に遊学して会津藩主の保科正之のお抱えとなり、また神道研究に関心を寄せて、儒学と神学を統合した垂加神道を創始します、

彼の思想は幕末の尊王思想に大きな影響を与え、また門人の中からは浅見絅斎（あさみけいさい）などの儒学者・思想家も生まれました。なお、闇斎塾は古義塾と堀川を結んだ向かい側に置かれており、現在も碑でその位置関係を確認できます。

●松永昌三講習堂跡（現：中京区東堀川通二条下る東側）

松永昌三（1552～1657）は江戸時代初期の儒者です。歌人である松永貞徳とは父子関係にあたり

ます。近世儒学の祖とされる藤原惺窩に学んで儒学を修め、寛永5（1628）年に西洞院二条下ル後に漢学塾の春秋館、そして寛永14（1637）年に講習堂を開きました。講習堂開設の際には、京都所司代の板倉重宗の支援を受けており、また慶安元（1648）年に堺町御門前に尺五堂を開く際には、後光明天皇からその敷地を下賜されています。

古義堂と同様、この講習堂も昌三の死後も子孫によって受け継がれ、明治時代に至るまで存続しました。本草学者・儒学者である貝原益軒や、朱子学者の木下順庵などの逸材を門下生として輩出しています。

⑧ 災害と西陣・北野

宝永の大火

「火事と喧嘩は江戸の華」と言いますが、江戸時代には京都もたびたび大火災に見舞われました。その一つが、先に挙げた西陣の大火です（本章第3項参照）。また、寛文13（1673）年5月にも関白鷹司房輔の屋敷を火元とする大火災が起こっており、内裏を含む上京一帯が被災、所司代の上屋敷と堀川屋敷などが焼失しています。

これに加え、宝永5（1708）年3月8日に起こった大火（宝永の大火）も大きな被害をもたらしています。この火災により、御所をはじめ、今出川通・錦小路通・油小路通・鴨川に囲まれた一帯に火が達し、約1万4000軒もの家が焼失しました。

幸いにして、北野・西陣は直接的にはこの大火による被害を受けませんでした。しかし、大火後の復興で京都の街並みが大きく変化し、その影響を被っています。

一つ目の変化は、民家の移転です。禁裏御所の再建に伴い、京都御所周辺の公家町が北は今出川通、南は丸太町通、東は寺町通、西は烏丸通まで拡張された結果、丸太町通北側と烏丸通東側の民家の一部が内野に移転しました。

また、現在、上京区七本松にある日蓮宗寺院・立本寺は、16世紀末に秀吉の命で移転して以来、寺町今出川に置かれていました。しかし、この大火で焼失したことをきっかけに内野に再移転され、伽藍などの再建が行われています。

天明の大火

一方、天明８（１７８８）年の大火では、北野・西陣も大きな被害を受けました。民家はもちろんのこと、禁裏や二条城、京都所司代屋敷も被災します。

西陣も被災し、多くの織屋が休職したため一時は生産不能の事態に陥りました。寛政12（１８００）年頃にようやく復興しますが、桐生など他地域の織物産業の隆盛に圧迫され、西陣、そして京都の産業は苦難の時代を迎えることとなります。

花紅葉都噺　天明大火

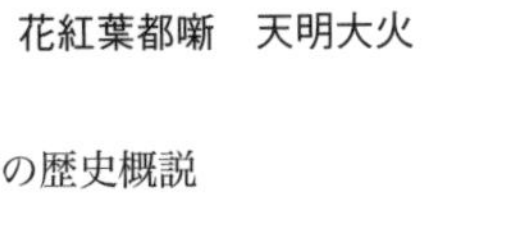

花紅葉都噺　天明大火

文政京都地震

火災に加え、地震も京都に大きな被害をもたらしました。文政13（１８３０）年7月に発生した直下型の大地震（推定マグニチュード6．5）は京都の町並みはもちろんのこと、社会や産業に大きな打撃を与えました。

被害が最も大きかったのは愛宕山付近とされていますが、北野・西陣も被害を受けています。北野天満宮に仕えた人々や僧侶の日記には、石灯篭の倒壊や鳥居が折れるなど同社が被った被害に加え、地震が「古今未曾有」であったことや余震が続いた恐怖が克明に記されています。そのほか、二条城では本丸が損害するとともに石垣が崩壊し、そのほか仁和寺、平野神社、金閣寺なども被害を受けました。

なお、当時の公家の日記によると、この大地震はひじょうに多くの余震を伴っており、翌年の6月に至るまで毎月3～7日ほど発生していたとされています。

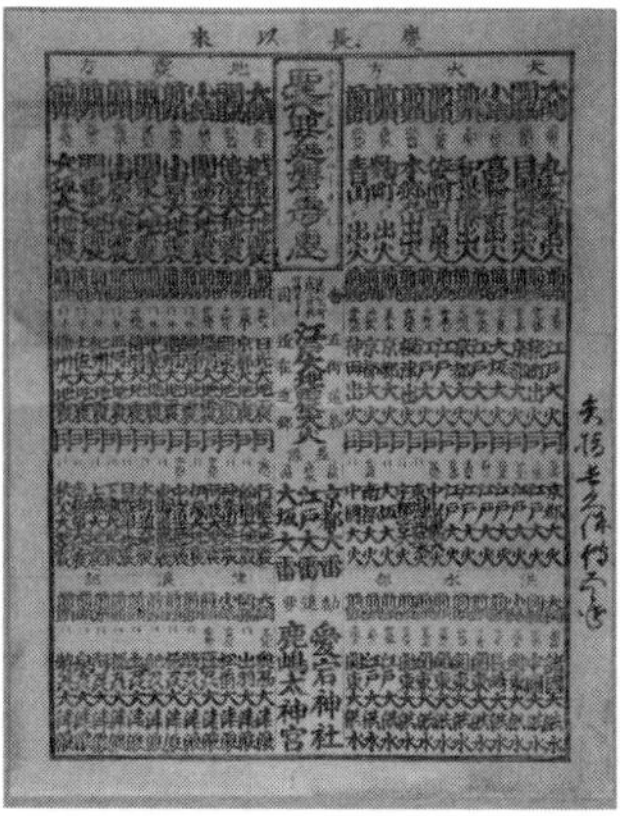
聖代要盤壽絵

コラム：北野・西陣地域　江戸時代のお土産物と名物

西利の千枚漬けに、都路里の抹茶スイーツ、よーじやのあぶらとり紙…などなど、現代の日本において、いわゆる〝京ブランド〟はお土産物として大いに人気を集めています。

実のところ、江戸時代においても事情は同じでした。当時の京都は、洛中の本山（多くの末寺を統括する一宗一派の寺院のこと）めぐりをする信者や、お伊勢参りの途中に立ち寄る人々で大いに賑わっていました。特に経済が安定し、かつ交通の治安が向上した江戸時代中葉以降には、一般庶民も旅行を楽しめるようになり、現在のガイドブックに該当する「名所記」なども多く発行されています。

名所記の描写に心惹かれて京都を訪れた各地の人々は、名所めぐりはもちろんのこと、お土産購入を大いに楽しみました。長い歴史と豊かな文化に培われた京都名物は、多くの人にとってたいへん魅力的だったと思われます。

江戸時代の名所記や地誌などから、北野・西陣ではどのような商品が当時の人々にウケていたのか、具体的に見てみましょう。

●『雍州府志』（貞享3［1686］年刊行）の場合

『雍州府志』は安芸国（現：広島県）の医者・歴史家にして、京都で林羅山に儒学を学んだ黒川道祐（くろだどうゆう）が記した、山城国についての総合的な地誌です。

全10巻にわたって地理や風俗行事などが取り上げられており、第6巻では北野・西陣の名物・土産物についても言及されています。

・京北町口一条酒屋：酒
・北野茶屋：粟餅
・北野：煎り豆、諸木
・聚楽浄福寺：一休納豆
・西ノ京：青豆
・北野の西の平野：蛍
・北野（堀川）：牛蒡
・聚楽：聚楽土（聚楽第跡付近で産生される淡紅色の土。茶席の壁の上塗りなどに適しているとされる）

●『毛吹草』（正保2［1645］年刊行）の場合

『毛吹草』は、江戸時代の俳人・松江重頼によって記された俳諧作法書・撰集です。7巻5冊から構成され、巻4には諸国の名物の一つとして、北野・西陣地域の名物も取り上げられています。

・西陣：撰糸（撰糸絹の略。薄手の絹織物のこと）、厚板物（錦などの重厚な織物）、金襴、唐織、紋紗、絹縮、木綿、羽織地、袴地等、色糸、絹糸
・安居院：畳縁（高麗縁、雲繝縁：うんげんべり）、筆柿（柿の一種）
・寺之内：白味噌
・舟橋：吉岡染、木下紫染、柳原絹
・一条：薬玉、似紺染
・長者町：圍爐紙、畳紙
・新在家：羽二重、羅板物（薄手の織物。綸子など）
・立売綛：染物
・春日通（丸太町）：曝木（しゃれき：風雨や天日に晒した枯れ木）、鷹鈴（狩猟に使う鷹の足につけた鈴）
・堀川：紺形、水屋具、戸障子細工
・西之京：青豆、麹
・北野：作木（諸木の枝をため置き舟鉢等に入適す）、辛螺青貝唐繪盆折敷等、口人菜刀、北野天満宮宮司梅干し、茶屋粟餅、真盛衣大豆、浄福寺納豆
・内野：蕪菜（内野蕪）

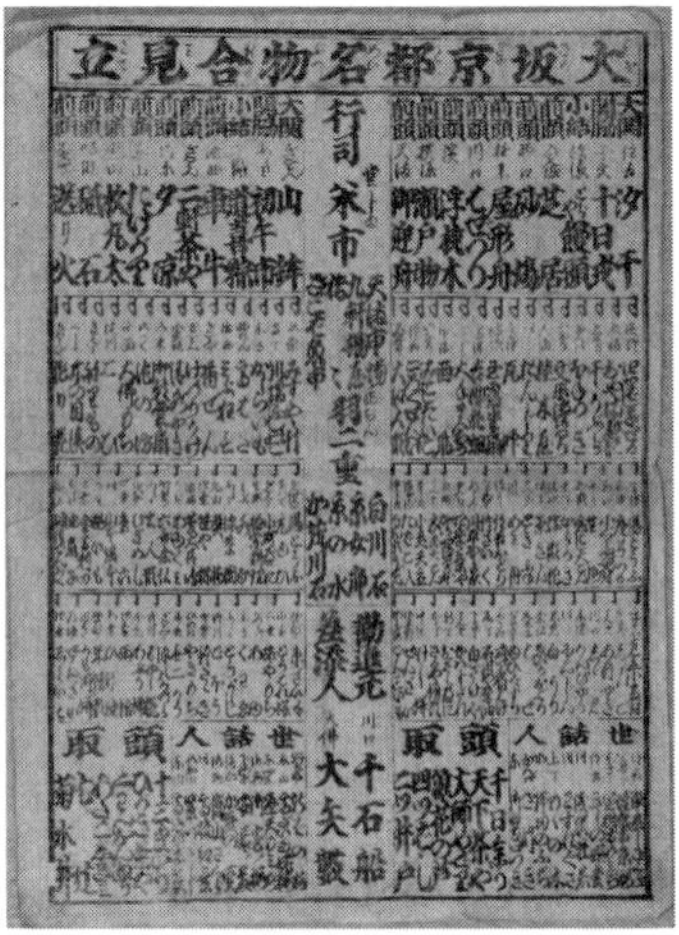

大阪京都名物合見立

いかがですか？ここに挙げたのはあくまでその一部ですが、「なるほど！当時から人気があったんだ！」というものから、「え、当時はそれが名物だったの？」というものまで、様々ですよね。なお、これ以外の史料では、紙屋川の紙屋川石、赤小石なども名物として紹介されています。これらの石は庭園の石材に適していると考えられていたため、造庭に用いられたのかもしれません。

これから京都観光でお土産を購入される時などには、江戸時代のお土産事情に思いを馳せて選んでみるのもいいかもしれません。

7 幕末の動乱

① 天保の改革と西陣

大火による被害や他地域の勃興に苦しみながらも、織工たちの尽力で一旦は復興に成功した西陣の織物産業ですが、天保年間（１８３３〜１８４４）に入ると幕政改革（天保の改革）により再び大きなダメージを被りました。

特に大きく影響したのが、倹約令です。この法令によって、絹など華美な衣服が厳しく禁止されるようになった結果、西陣の織物産業は後退を余儀なくされました。

また、西陣の機業家は、延享２（１７４５）年に「高機七組仲間（宝暦14［１７６４］年以降は「八組仲間」）」という株仲間を結成して、新規開業に対して厳しい制限を加えるとともに、組合員を松・竹・梅・鶴・亀・永・紗の７組に分けて取引などについて規定を設け、さらに他地域への技術流失防止などに努めました。

しかし、株仲間解散令の発令に伴い、解体した結果、西陣織や糸取引業者は深刻な困窮に苦しむことになります。また、新規に創業した織屋などが、従来の慣行を無視して低質な商品を出荷するなどのトラブルが発生し、西陣織が粗製乱造されかねない状況に陥りました。

ここに追い打ちをかけたのが、全国的な凶作や糸価格の高騰です。19世紀半ばには打ちこわしや休機も続出し、かろうじて機業を続けていた織工の中からも、零細機業に転向して自営機業から問屋に従属する者が増加しました。また、高価な製品が売れなくなったことから、比較的大衆寄りの商品を生産する「西機（にしばた）」の比重が高まります。こうした苦境は、西陣機業の沿革をまとめた『西陣天狗筆記』にも記録。同書には「移り替るハ世中といへと京都第一名産の紋織絹三〇〇年来仕来し糸職も天保一四年之頃より二、三年ケ間ハ木綿織となりて紋織開やく此方の衰微となり…」と、幕末の西陣が直面した苦境が克明に記されています。

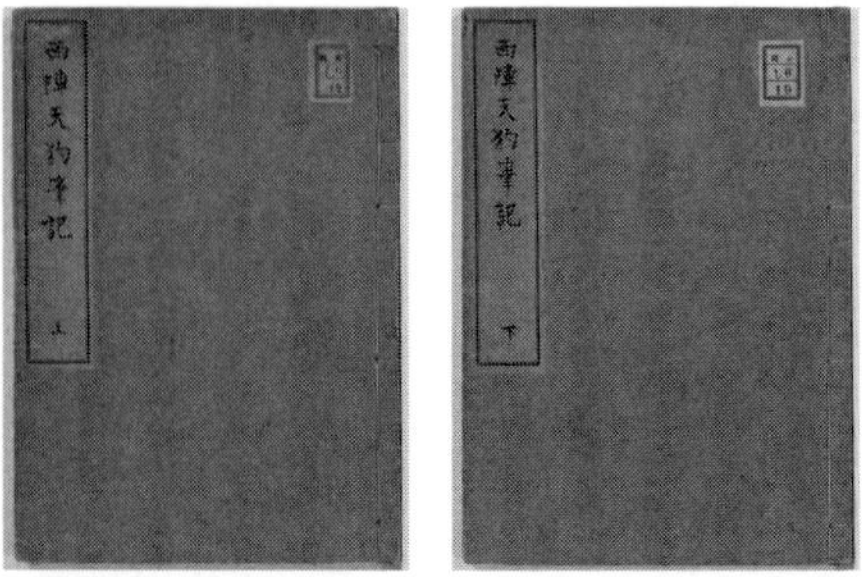

西陣天狗筆記上下　京都大学文学研究科図書館所蔵

●老中水野忠邦狛犬（現：上京区御前今小路上馬喰町：北野天満宮内）

北野天満宮の摂末社・一之保神社の前には一対の狛犬が置かれています。これは、天保の改革の指導者である当時の老中・水野忠邦が奉献したものです。台座部分正面には「遠江浜松城主従四位下侍従越前守源朝臣忠邦献置」、後面には「天保十年歳次己亥秋九月」と刻まれています（※旧字を新字に変換して記述）。

忠邦は唐津藩藩主の家の出ですが、文化14（1817）年に自ら願い出て遠江浜松藩に転封されました。また、水野家は清和源氏の出とされており「源朝臣」はそれを名乗ったものと考えられます。

なお、この狛犬を奉献した当時（天保10［1839］年）の水野は45歳。彼はこの年に老中首座に任命され、この2年後から天保の改革に乗り出すこととなります。

② 幕藩体制の動揺と北野・西陣

天保年間の凶作と、それに続く大飢饉は、北野・西陣のみならず全国各地に大きな打撃を与えました。生活に窮した人々による打ちこわしや百姓一揆、反乱が各地で相次ぎ、幕府の権威を揺るがすほどにエスカレートしていきます。

さらに安政3（1856）年のハリスの来航に際して、幕府が朝廷の勅許を得ずに通商条約を締結し、鎖国体制を解除したことをきっかけに、長州藩・水戸藩などでは尊王攘夷運動や倒幕運動が激化していきます。そうした中で、安政7（1860）年3月には通商条約の締結を決定し、反幕勢力を弾圧した大老・井伊直弼が暗殺、さらにその2年後には公武合体（天皇や公家など朝廷の勢力を幕府に採り入れることで幕政を立て直そうとする方針）を推し進めていた老中・安藤信正が襲撃されました（桜田門外の変・坂下門外の変）。こうした中で京都には、諸藩の尊王攘夷派や倒幕派が集結し、治安が急激に悪化します。

こうした状況を目前にした薩摩藩の島津久光は、公武合体の立場から自藩の過激な尊王攘夷派を抑えるとともに、幕府と朝廷の双方に協調するよう働きかけ、朝廷の勅使として幕政改革を主導します（文久の改革）。これによって参勤交代制度の見直しや、洋学研究の強化などが進められるとともに、幕政内の人事改革が行われ、京都には治安維持と御所の警衛を担う京都守護職が新設、会津藩主の松平容保が任命されました。なお、京都守護職の屋敷は、西陣の東に位置する上京区下立売通新町西入の地（現：京都府庁内）に置かれ、現在もその跡を示す碑が府庁の敷地内に残っています。

京都所司代や京都町奉行の上位組織として、強大な権限を与えられた容保は、新選組を配下として、尊王攘夷派や倒幕派の鎮圧を強力に推し進めました。しかし、京都では、尊王攘夷派と会津の家臣の対立が激化。また、浪士や志士による強奪や破壊、脅迫事件などがエスカレートし、文久３（１８６３）年2月には尊王攘夷派の志士や平田国学の門人たちによって、等持院の尊氏・義詮・義満の三代将軍像の首と位牌が「逆臣」として三条河原に晒されるという事件が派生しました。

●新撰組の乱暴狼藉

現在も漫画や小説で人気の新撰組ですが、その前身である壬生浪士組の時代には、かなりの乱暴狼藉を働いていました。特に隊長の芹沢鴨は、北野・西陣でも様々なトラブルを起こしています。たとえば、文久３（１８６３）年8月には、壬生浪士組の隊士2名が斬殺されるという事件が発生。これは八百屋の娘に横恋慕していた鴨の内命によるものとされており、八百屋の娘も後に自害するという悲惨な結末に終わっています。また、同月には、金の無心を断ったという理由で、西陣の生糸商・大和屋小兵衛の自宅に発砲した上で、2日間にわたって焼き討ちしました。そのほか、浪士組を装って金策した犯人を、仲間の隊員と共に斬殺し、その首を千本通三条付近に晒すなど、リンチまがいの事件も起こしています。後に鴨は近藤勇らの一派によって暗殺されますが、その原因はこの乱暴さにもあると考えられています。

③ 家茂の入洛

文久３（１８６３）年3月、第14代将軍・徳川家茂は孝明天皇の要請を受けて入洛し、二条城に入ります。将軍の入洛は家光以来、実に２２９年ぶりのことでしたが、家光の上洛が家臣30万人を伴うなど盛大なものであったの対し、家茂の上洛は八王子千人同心ら３０００人程度を伴う簡素なもので、家臣の服装に関しても質素を貫くよう厳命されました。

一方、御所で家茂に面会した孝明天皇は、家茂に同年5月10日に攘夷を決行するよう命令します。なお、平野神社には、攘夷と国安のための祈念を行うよう朝廷から命令が下されました。

その頃、薩英戦争を機に攘夷から倒幕に転換した薩摩藩に対し、長州藩は攘夷路線に藩論を統一し、政治の主導権を握るべく朝廷に接近を試みていました。そして、三条実美ら急進派の公家と結んで、孝明天皇に攘夷親征（天皇主導で攘夷を行うこと）と大和行幸の詔を出させます。しかし、朝廷内の公武合体派や会津藩、松平容保らが結んで起こした政変によって、長州藩や急進派の公家は朝廷から遠ざけられ、京都の尊王攘夷派の勢力は一時的に弱体化することとなりました。

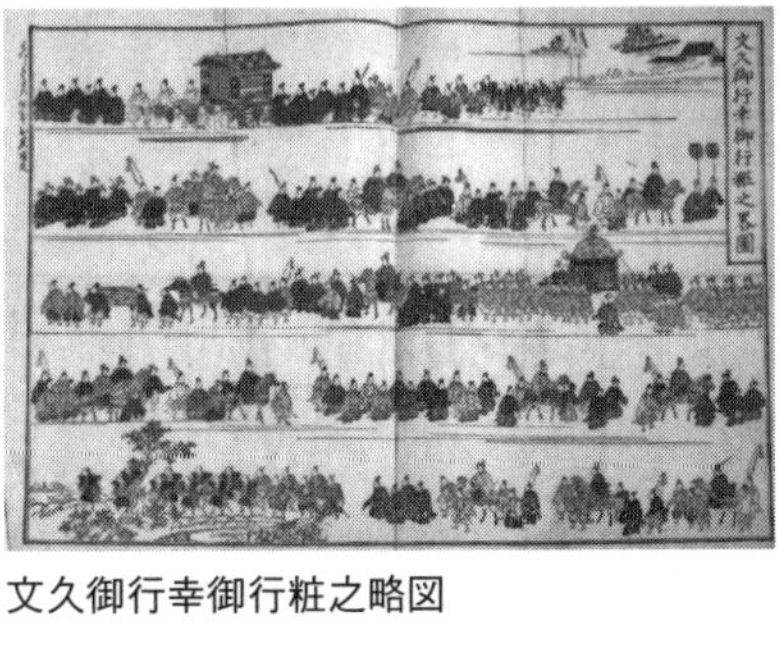
文久御行幸御行粧之略図

④京都見廻隊の結成

八月十八日の政変によって尊王攘夷派の追放に成功した幕府ですが、京都では予断を許さない状態が続いていました。

そこで元治元（１８６４）年4月、幕府は京都の治安維持のために、京都守護職の配下に「京都見廻役」を設け、備中浅尾藩主である蒔田広孝（相模守）と旗本の松平康正（出雲守）を任命します。そして、それぞれの傘下に新たな京都の治安維持組織として「京都見廻組」を組織しました。

組織は上から順に与頭、与頭勤方、肝煎、伍長、見廻組、見廻組並、見廻組雇、見廻組並雇から構成。与頭には旗本、それ以外の組士には御家人のうち御譜代場（初代家康から4代目家綱までの代の間に、留守居与力や同心などの職にあった者の子孫）と、その次男・三男が任命されました。定員400名に対し、発足当初は300名ほどの組士が所属、その後任務の増大などに伴い次第に増加していきます。

主な任務は不審人物の入京防止のための市内の巡回や、関門、御所、御門やその周辺の警備、また尊攘派や長州藩側についた公卿の監視でした。そのほか、元治元（1864）年に水戸の天狗党が京都を目指して越前に進軍した際には、その動向を偵察するとともに、一橋慶喜率いる鎮圧軍に従い大津や敦賀に出張しています。また、将軍の入京時などには、二条城の警備を担当しました。

新選組とは、組員の身分の違いなどから反目していた時期もありましたが、巡回地域や職務が重複しており、連携して事件に臨むこともありました。一方、幕府歩兵隊とは、慶応3（1867）年3月に衝突事件を起こしており、見廻組の与頭の宿泊先に銃弾が撃ち込まれ、北野天満宮の鳥居を挟んで両者が対峙する事態にまで発展しています。

なお、組士は当初、民家や寺院などに分宿していたようですが、慶應元（1865）年12月に現在の中立売裏門通〜智恵光院通付近の組屋敷（中立売御屋敷）に移動。その翌年の2月には、屋敷の東隣の中立売松屋町に見廻組の隊士ら京都の幕臣が修練を行う「京都文武場」が設けられ、先述の蒔田が奉行を兼任して槍術や剣術の稽古や学問の講義が行われました。

鳥羽・伏見の戦いでは、旧幕府軍側について戦いましたが、与頭の佐々木只三郎をはじめ多くの犠牲を出しました。敗戦後は江戸に帰還して江戸城内の警備や徳川慶喜の護衛や江戸の薩摩藩邸の監視などにあたり、慶応4（1868）年3月に「狙撃隊」と改称しますが、同年6月に解体しました。

なお、組士の今井信郎と渡辺篤の証言によると、近江屋事件（慶応3［1867］年）の実行犯は見廻組とされています。

⑤禁門の変と「どんどん焼け」

一方、八月十八日の政変で京都を追われた長州藩を中心とする勢力は、虎視眈々と勢力挽回の機をうかがっていました。その折に、松平容保や公武合体派の公卿の暗殺を計画すべく三条河原町の旅館・池田屋に集っていた尊王攘夷派の志士が、新選組に襲撃されるという事件が勃発します（池田屋事件）。

この事件に憤激した長州藩過激派は嵯峨の天龍寺などに兵を集めて、朝廷に入洛の許可を求めました。しかし、朝廷はこれに応じず、最終的に元治元（1864）年7月19日、御所の蛤御門の付近で、薩摩藩・会津藩・桑名藩の連合軍と、長州藩の間で戦闘が勃発します（禁門の変）。激戦の結果、長州藩は完敗し退却を余儀なくされました。

なお、この戦闘で長州藩邸や堺町御門を火元に約2日間に及ぶ大火災が発生します。なす術もなく炎が広がっていく様子から「どんどん焼け」とも称されたこの火災により、丸太町通、七条通、寺町通、東堀川通に囲まれた一帯が大きな被害を受け、2万7513戸に及ぶ民家をはじめ、土倉207か所、六角堂や本能寺など203もの寺社が焼失しました。幸いにして、北野・西陣は、直接的な被害は受けませんでしたが、二条城や京都御所近くまで火が及んでいたので、かなり危険な状態にあったといえるでしょう。

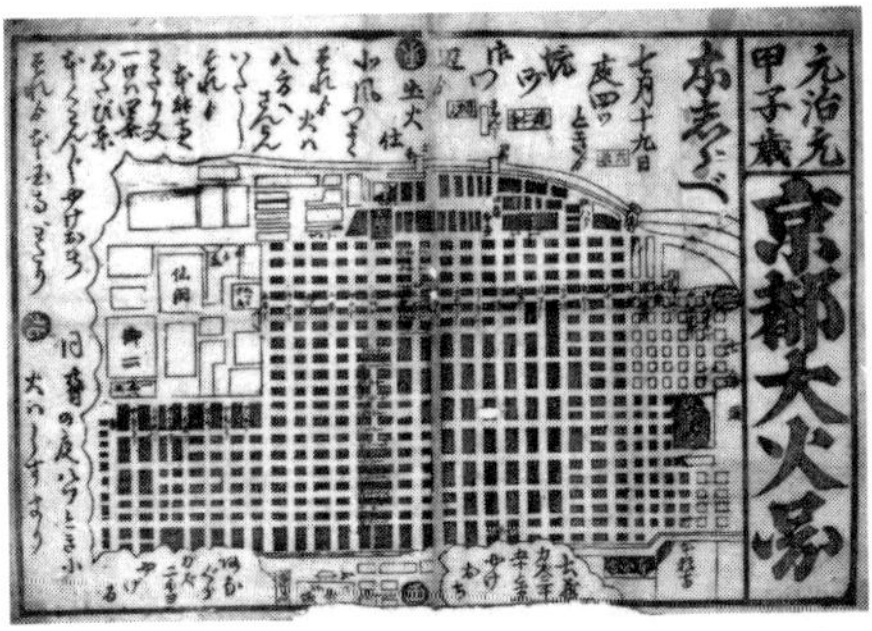

どんどん焼けによる焼失範囲を示すかわら版。黒が焼失した範囲　元治元甲子歳京都大火図　京都市歴史資料館所蔵

また、この火災は幕末の混乱期に発生したこともあり、京都の経済や社会全体に大きな打撃を与えます。この5年後の東京遷都の影響もあり、新時代に入ってからも、京都の経済や社会は低迷に悩まされることとなりました。

⑥ 江戸幕府の終焉と戊辰戦争

禁門の変によって長州征伐の名目を得た幕府は、尊王攘夷派に打撃を与えるべく、征討を実施、一度はこれに成功します。しかし、その2年後に、再度長州征伐を行った際には、倒幕に転じた薩摩藩が長州藩と結んで幕府の出兵命令に応じなかったことなどにより幕府軍は敗北し、家茂の死去を機に撤兵を余儀なくされました。その後、一橋慶喜が将軍職を継承しますが、この頃にはすでに幕府の権威と権力の低下は避けられないものになっていました。

こうした中で、慶応3（1867）年5月には島津久光、山内容堂（豊信：土佐前藩主）、松平春嶽（越前前藩主）伊達宗城（宇和島前藩主）、そして徳川慶喜らによる「四侯会議」が京都で持たれます。この会議は薩摩藩の主導のもと、慶喜と摂政の二条斉敬への諮詢機関として設立され、雄藩連合軍が政権を幕府に代わって奪取し、朝廷を核とした公武の政治を作ることを目的としていました。5月14日・19日・21日には二条城でも開催され、兵庫開港問題や長州藩の処分などが議題となりましたが、ごく短期間で頓挫し、薩摩はこの後倒幕へと突き進むことになります。

一方、山内はこの会議を機に幕府擁護へと転換し、坂本龍馬や後藤象二郎の働きかけを受けて、慶喜に政権を朝廷に奉還するよう進言します。これを受け入れた慶喜は、慶応3（1867）年10月14日、二条城に諸藩の代表を集めて大政奉還を発表、征夷大将軍職を辞職しました。これによって、約260年間続いた江戸幕府に終止符が打たれ、京都所司代や京都守護職、京都町奉行なども終わりを告げます。さらに同年12月9日には、朝廷から王政復古の大号令が発布され、天皇を中心とする新政府が正式に発足しました。

しかし、同日に京都御所の小御所で開催された御前会議（小御所会議）で、慶喜の辞官と領地の返上が決定すると、旧幕府勢力はこれに激しく反発します。そして、慶応4（1868）年1月の鳥羽・伏見の戦いを皮切りに、新政府軍と幕府軍の戦闘（戊辰戦争）が各地で勃発しました。

なお、この戦争では、西園寺公望の呼びかけを受けて結成された丹波国桑田郡山国郷の農兵による「山国隊」も大いに活躍しています。慶応4（1868）年、北野天満宮に参詣した上で出陣した彼らは、甲州勝沼の戦いで新選組局長・近藤勇が率いる隊を撃破したのを皮切りに、その後の戦いで犠牲者を出しつつも奮戦しました。一方、新撰組と京都見廻組は旧幕府軍として参戦します。

彼らの活躍もあり、戦争は長期化しましたが、明治2（1869）年5月、五稜郭の戦いで榎本武揚らが降伏したことでようやく終結し、新政府を中心とする体制が確立します。しかし、それは同時に京都を中心とする政治の終わりを告げるものでもありました。

●衣笠山麓の薩摩藩調練場

現在の衣笠中学校の約200m南の地点には、薩摩藩の調練場がありました。慶応2（1866）年4月、京都滞在中の薩摩藩国父の島津久光が、等持院付近に住んでいた中路某の提言を受け、衣笠山麓に広大な土地を確保して作らせたとされています。

約1万6000坪（約5万3000㎡）に及ぶ敷地に火薬庫をはじめ射的場、練兵場、牢獄、また薩摩藩の司法や軍事、警備を担う人々の勤番所や藩主の休憩所など、様々な施設が設置。大目付役の高島六三が砲術掛作事目付ならびに調練場取締役に任じられて藩士の銃砲調練などを監督しました。同時代の記録によると、慶応3（1867）年9月には倒幕挙兵に備えて熱心な調練を連日のように行い、北野天満宮の縁日の25日には境内を行軍するなどの訓練もしていたようです。

なお、本調練場の火薬庫は「小松原火薬庫」と称され、庫内に薩摩藩の滝之上火薬製造所で製造された火薬が収納。そのため、幕府軍から狙われていました。しかし、火薬は高島の計略によって守り抜かれ、戊辰戦争における薩摩藩の勝利に貢献したとされています。

コラム：幕末の志士と力士

朝廷のおひざ元である京都を本拠地とするだけあって、京相撲の力士は勤王の志がひじょうに篤いとされていました。実際、幕末には、勤王の志士として様々な活躍を見せています。

その代表とも言えるのが、華の峰と兜潟という二人の大関です。この二人は志士としての活動が認められ、独自の相撲興行を許されていました。特に東筆頭の大関であった華の峰は、明治維新では西郷隆盛の密使として働いています。また、会津戦争では西園寺公望に従って錦の御旗を奉持し、敵に御旗が奪われそうになると、自分の腹に旗を巻き付けて敵陣を切り抜けるという活躍を見せました。維新後は、大関また親方として京都の相撲興隆に貢献する傍ら、琵琶湖疎水の工事や日清戦争などで力士の奉仕を願い出るなど新政府に協力したとされています。

彼以外の力士も朝廷・新政府に大いに貢献しました。たとえば、文久3（1863）年には、草摺を総代とする相撲頭取（年寄）の申し出を受けて、旭形を隊長とする「力士隊」が結成、元治元（1864）年7月の禁門の変の際には内裏に参じて護衛にあたります。なお、旭形は、鳥羽・伏見の戦いでは薩摩藩の砲隊に属して戦い、明治元（1868）年の明治天皇の大阪行幸では錦旗を奉持しました。

そのほか、山国隊の東征や、明治天皇の東幸の際にも、京相撲の力士は高輪大木戸まで錦の御旗を奉持し、東京相撲の力士に引き渡すという大役に従事。これに対し、同じ京都相撲においても、草風、宇治川の二人の力士は旧幕府軍に属し、戦後は幕府方の戦死者の遺骨の収容や埋葬にも従事しました。

その一方で、京都相撲の力士は、壬生浪士組（新撰組の前身）の芹沢鴨と、一触即発のトラブルを起こしています。とある日、大阪での任務を終えたばかりの鴨が、道を譲らないという理由で力士の集団を鉄扇で払いのけたところ、その日の晩に角棒で武装した力士たちが浪士組の宴会場に〝お礼参り〟に来るという事態が発生しました。乱闘が起こった結果、鴨たち浪士組が圧勝し、力士側には死者や負傷者も出ています。ただし、その後は比較的良好な関係が築かれており、京都相撲の力士が八坂神社で年1回の巡業を行う際には、新撰組がその護衛を担当するようになりました。

そのほか、京都相撲の力士には、坂本龍馬の護衛を担当したという言い伝えも。とされています。彼らは、新政府樹立の影の功労者、まさに〝縁の下の力持ち〟的な存在だったのです。

力士西南戦争加勢図　西南実記

コラム：近世近代の北野・西陣における絵師・画家の居住地

政治の中枢こそ江戸に譲ったものの、江戸時代においても京都は文化上重要な地位を占めていました。それは絵画の分野においても同様で、近世の中葉以降の京都には「京都画壇」が形成され、土佐派・鶴沢派・

京狩野派などの禁裏御用絵師を頂点に、四条派・円山派・岸派・原派に代表される町絵師や多くの文人画家が活動していました。

その中にはもちろん、北野・西陣に居所を構えていた絵師もいます。江戸時代中葉〜末期に京都で発行された人名録『平安人物志』によると、安永4（1775）年の段階で、原派の祖である町絵師の原在中（はらざいちゅう）が葭屋町上長者町下ルに居住。文化年間（1804〜1808）以降には、同派の絵師の多くが一条通・中立売通界隈に集中して居所を構えるようになりました。一方、京都における狩野派の拠点を築いた鶴沢探山（探春）ら鶴沢派本家の絵師は、文政までは油小路竹屋町に集中していましたが、天保年間（1830〜1844）以降に下長者町千本に移っています。

なお、両派とも、御所の近隣に集住する傾向が見られますが、これは朝廷や公家との関係が大きく影響していると言えるでしょう。というのも、当時の鶴沢派は、土佐派と並ぶ禁裏の御用絵師であり、宮廷をはじめとする上流階級の御用を多く勤めていました。一方、原派は町絵師でしたが、天明の大火（天明8［1788］年）後の寛政度内裏造営の際に、原在中が御所の障壁画制作に参加したことを機に、朝廷や公家との関わりを深めており、安政2（1855）年の内裏再建時の障壁画製作には同派から多くの絵師が参加しています。パトロンとの関係が、居住地にも反映されているのです。

一方、江戸時代中葉以降盛んになる文人画の画家の中にも、北野・西陣地域に居住した絵師がいました。たとえば器外は妙

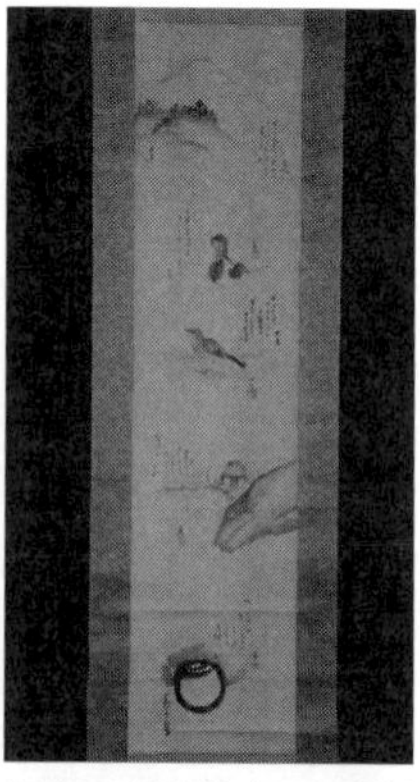
円山五哲合作（円山応挙　駒井源琦　長沢蘆雪　山口素絢　松村呉春）

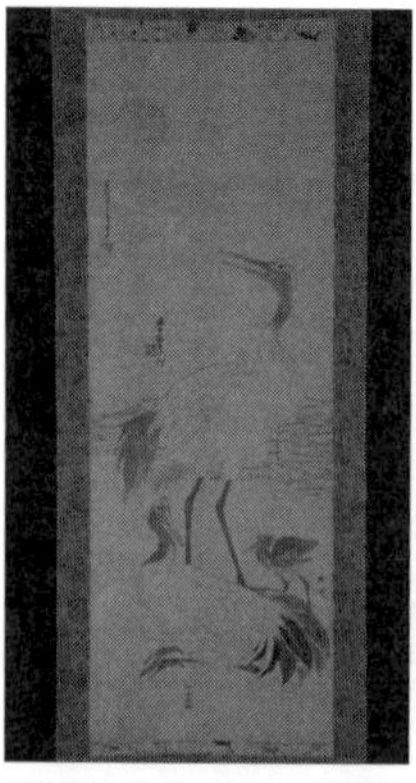
鶴図（土佐光貞　岸駒　柴田義董　村松呉春　奥文鳴）

心寺が居所となっていますが、おそらく修行中の僧侶であったと考えられます。

　なお、北野・西陣の寺院に墓所のある絵師も多く、たとえば円山派の長澤蘆雪とその門人の蘆洲、蘆鳳（蘆洲の長男）は回向院に埋葬。一方、「奇想の画家」として名高い曽我蕭白は、代表作の「寒山拾得」が納められる興聖寺にそれぞれ葬られています。

8 近代化の中で

① 二条城と新政府

　成立直後の新政府は、天皇を頂点とする近代的な権力体制確立のために、様々な政策を進めていきました。当初、そうした〝御一新〟政策の中心となったのが二条城です。戊辰戦争の最中である明治元（１８６８）年1月には太政官代（現在の内閣）と弁事役所、参与役所が設置され、翌月にはここに行幸した明治天皇によって、討幕のための「徳川慶喜親征」が発布されました。

　しかし、同年4月の江戸無血開城を受けて、新政の徹底と人心の一新のためには、旧幕府の拠点である関東に政治の中心を移転すべきという意見が政府内で提唱され

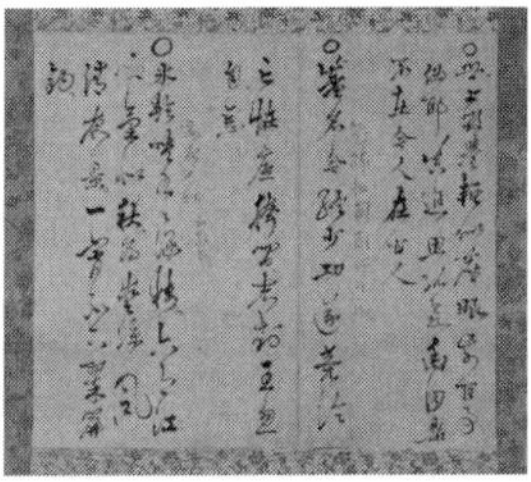

西郷吉之助（隆盛）偶成「詩草稿」

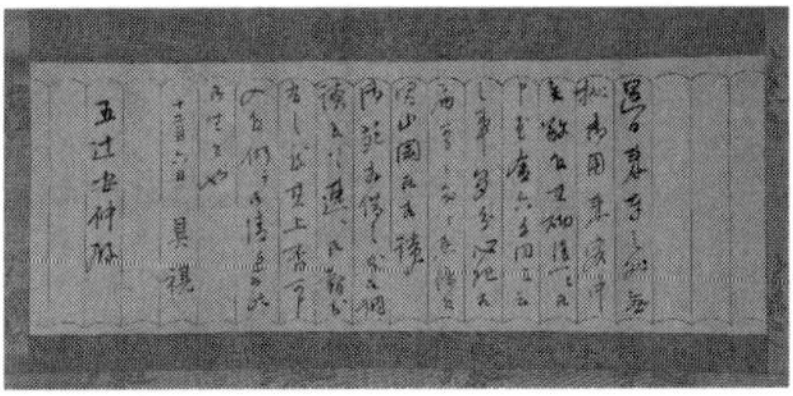

岩倉具視（書簡）

るようになります。これを受けて、明治元（1868）年10月と翌年3月の2回にわたって天皇が東幸し、二度目の東幸の際に太政官も東京に移されました。これによって事実上の東京遷都が実現し、政府の諸機関の移転も進められます（注：江戸は慶応4（1868）年7月に「東京」に改称）。

②「明治の大合併」と衣笠村の誕生

中央集権国家を目指す明治政府は、幕藩体制を完全に解体するために明治4（1871）年には廃藩置県を実行します。この施策によって「京都府」が誕生し、二条城の二の丸御殿に府庁が置かれました。

さらに明治21（1888）年には、新たな地方行政の制度として、「市制・町村制」が公布、翌年から施行されます。これに伴い、「京都市」が誕生するとともに、府内では町村の合併が進められました。北野・西陣でも、大北山村、北野村、小北山村、大将軍村、等持院村、松原村の6村が合併して「葛野郡衣笠村」が生まれています。村の名称はもちろん衣笠山にちなんだもので、北は鷹ケ峰、南は一条、東は紙屋川、西は御室に及んでいました。

なお、合併前の各村はいずれも農業や製茶を生業とする、典型的な京都近郊の農村でした。この状態は衣笠村となってからもしばらく変わらず、開発の進展は、明治末〜大正期を待たなくてはなりませんでした。

③ 教育の近代化

番組小学校・中学校・商業学校の開設

東京遷都に伴い、京都では官吏や公家、さらには京都の経済や流通を支えてきた有力商人の東行が相次ぎました。その結果、京都の人口は約33万人から約23万人まで大幅に減少します。社会・経済活動も停滞し、かつての都が「いずれや狐や狸の棲家になる」と言われるほど衰退してしまいました。

しかし、新しい社会を目指して多岐にわたる改革が進められていきます。その一つが教育の近代化です。明治２（１８６９）年には、国の学制（１８７１［明治５］年）に先駆けて、上京32校、下京32校の計64校の番組小学校が開校しました。なお、「番組」とは室町時代に始まる「町組」を再編成して作られた住民自治組織のことで、小学校はこの地域共同体を単位として設置。運営資金は基本的に番組とその住民によって賄われ、同年5月21日には、上京二十七番組小学校（現：富小路御池角守山町）で最初の開校式が催されました。

北野・西陣においても、同年11の番組小学校が開校しました。中には統廃合されている学校もありますが、京都市立乾隆小学校（第一番組）、京都市立翔鸞小学校（第三番組）、京都市立正親小学校（第十番組）などは名称を変更しながらも存続。第四番組小学校は戦後の学制改革で中学校となっています。

高等教育機関の設立も進められました。明治３（１８７０）年12月には、二条城北の所司代屋敷の跡地に、「京都府中学

尋常小学校　教科書

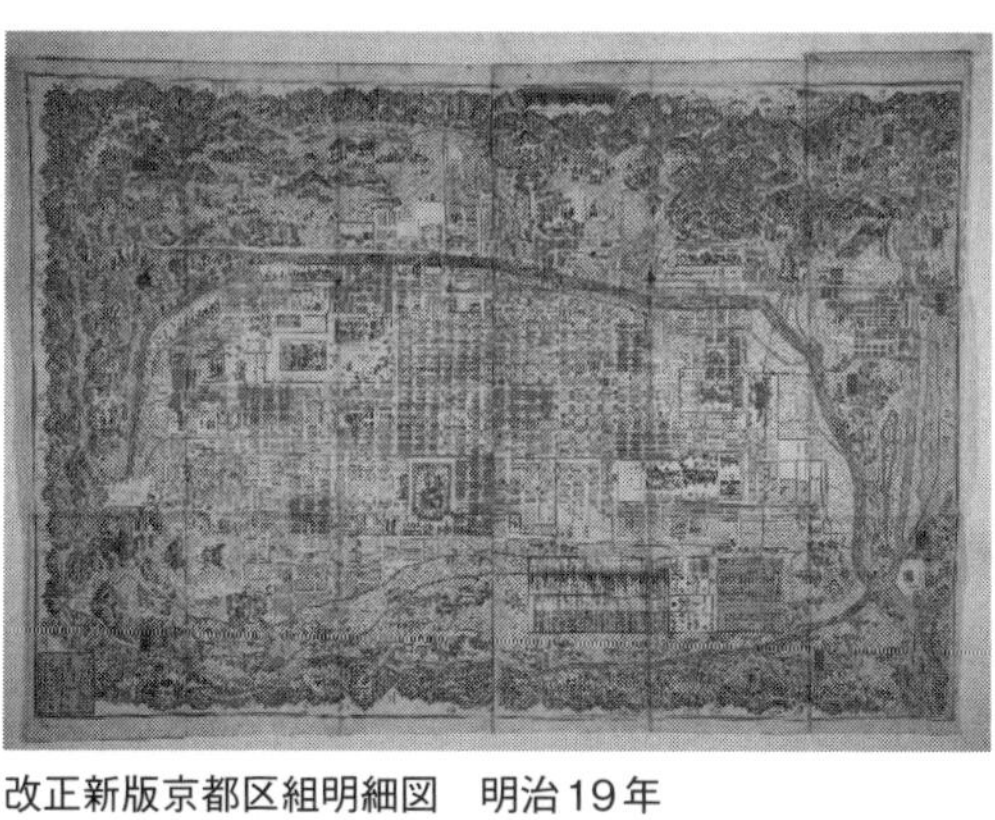
改正新版京都区組明細図　明治19年

校」（現：洛北高等学校）が開設（その後、現在の府庁内に新築移転）。これは日本初の旧制中学校であり、同校を皮切りに京都では高等教育機関の開設が進められていきます。

一方、明治43（1910）年には、京都市立第一商業学校の人数増加を受けて五辻浄福寺に市立第二商業学校が開設。初年度には186名の入学者を得ました。

乳幼児施設の開設

乳幼児を対象とした施設の開設も進められていきます。明治21（1888）年8月には、第十七番組小学校の後身である待賢小学校（現：上京区丸太町通黒門東入藁屋町）の校長の提唱により、同校の敷地内に現在の待賢幼稚園の前身となる施設が開設。明治25（1892）年には市議会の議決によって小学校と分離、「京都市待賢幼稚園」と称しました。その翌年である明治26（1893）年には、上京第四番組小学校の後身である嘉楽尋常小学校に幼稚園が付設されています。

一方、保育園としては、大正3（1914）年8月、京都府内初めての乳幼児保育園である「信愛保育園」が園部マキとアメリカ人宣教師のベック女史によって西院町に開設されました。園部は西陣の自宅で看護塾を開いていた女性であり、彼女が不景気の折に困窮していた幼児と病気の母親の世話をしたことが同園開園のきっかけとされています。

日本では明治23（1890）年に託児所（保育園）がはじめて開設されますが、明治9（1876）年に始まった幼稚園が裕福な家庭の幼児を対象とする傾向にあったのに対し、貧困ゆえに母親が就労しなくてはならない家庭の幼児の保護を主な目的としていました。また、当初は公的な制度に裏打ちされていなかったこともあり、その数は明治時代末の時点で全国合わせて15とたいへん少なく、また民家を用いるなど設備も十分ではないことも少なくありませんでした。大正時代には公立の託児所が東京・大阪などの大都市に設置されますが、あくまで社会政策の一環であり、保育内容については特に定められていなかったのです。

そのような時代に、信愛保育園では、創立当初から完全給食が実施。また、新しい木造園舎が建設されてサンルームなどの乳児室が設けるなど、子供の安全や健康への配慮がなされました。当時の日本の保育所の水準から考えるならば、いずれも画期的な措置だったといえるでしょう。

なお、大正11（1922）年7月には西陣で働く母親と乳幼児の福祉増進のため、乳幼児保育施設和楽園が西陣に設立（※昭和22［1947］年12月に保育園に認可）。昭和3（1928）年には浄福寺保育園が開設されました。前者は「西陣和楽園」と改名しましたが、いずれの園も存続し当地の乳幼児保育に大きく貢献してします。

④産業の近代化

繊維産業

近世の大火災や、他機業地域の勃興、株仲間の禁止などによって、近世末期の西陣は苦境に立たされていました。明治に入ると、東京遷都がここに追い打ちをかけます。顧客であった天皇や公家、有力町人などが京都を去ったことで、西陣は存亡の危機に見舞われました。

最大の地場産業である西陣機業の苦境は、京都の経済や社会にとっても大きな問題でした。そこで、苦境の克服のために、明治2（1869）年に京都府は産業基立金の一部を元手にして油小路一条北に「西陣物産会社」を設立します。これは府主導の業界指導・統制機関組織で、すべての染織業者を金襴社、模様社などの18の部門別会社に統合して資金の貸与や経営の指導を行う一方で、原料の共同購入や流通の合理化、東京や大阪に出張所を設けての販路拡大活動、海外宣伝や不当取引防止などに取り組みました。

さらに明治10（1877）年には大量生産に伴う粗悪品の増加を防ぐために、物産会社を改組した「西陣織物会所」が智恵光院通一条上ルの地に設立されます。同組織は紋織部、生紋織部、羽二重部など8の部門から構成され、合格証を添付していない製品の販売を禁止することで製品の品質管理を行いました（※明治16［1883］年に「西陣織物同業組合」と改称）。なお、無免許の業者を防ぐために、職工や仲買人の免許状や鑑札状を発行して、許可証を発行する機関も設置されます。

組合の結成も進められました。明治16（1883）年4月には「織物工業組合」が結成、明治18（1885）年に「西陣織物業組合」として設立が認可されます（※明治25（1892）年10月に「西陣織物製造業組合」、明治21（1888）年に「西陣織物同業組合業」と改称）。さらに「西陣織物市場」が大宮一条南の地（※設立の翌年である明治19［1886］年に中立売黒門上ルに移転）に設立され、組合員の市場外での販売や組合員外の市場利用が禁止されるとともに、品質証明のために証紙・製造印の捺印が行われました。ただし、翌年に証紙・製造印の捺印が廃止され、仲買商の声を受けてその後休業しています。

これと並行して、近代的な技術の導入にも力が入れられます。角倉邸跡地（河原町二条下ル）の織工場（明治10［1877］年に「織殿」に改称）で西洋式織機の織法の研究や技術の伝達が行われる一方で、明治5（1872）年には織染諸法の伝習と機械購入のために、佐倉常七・井上伊兵衛・吉田忠七の3名がフランスのリヨンに、翌年には四世伊達弥助がウィーン万国博覧会にそれぞれ派遣され、ジャカードやバッタンなどの最新の装置が持ち帰られました。これをモデルにして、明治10（1877）年には西陣の機工・荒木小平が国産の木製ジャカードの製造に成功します。明治14（1881）年以降の松方デフレに伴う不景気を経て、新技術は生産現場に普及し、世紀転換期にはほとんどの織工がジャカードに移行しました。さらに、今出川千本東入ル在住の永井喜七が蒸気力を用いた繻子の製造に成功し、その後の西陣ではネクタイ製造などの新興部門を中心に力織機が用いられるようになります。また、明治4（1871）年～39（1906）年頃に、二条城北の京都府中学校の跡地に養蚕場が開設されています。

織物会社の設立も相次ぎました。明治20（1887）年創立の京都織物会社（川端荒神口）に続き、明治21（1888）年には小川上立売下ルに西陣織物会社が設立、さらに明治28（1895）年には智恵光院地域に稲畑勝太郎による毛期綸紡績株式会社が設立され、洋式機械によるモスリン製造が始まります。またこれと同年に、下立売千本東入ルの地に五二会京都綿ネル（日本製布（株）の前身）が西陣の機業家らの出資によって創立、葛野郡朱雀野村など市内4か所に工場が設けられ、繊維部門では日本有数の会社に成長しました。そのほか、京都西陣の織元である佐々木清七や、ゴブラン織りの研究や綴織機の改良に取り組んだ川島甚兵衛らによる各地の博覧会への出品・受賞も、西陣の名を高めたといえるでしょう。こうした様々な取り組みが功を奏して、明治後半には西陣の生産量は大幅に増加。幕末から続く低迷の克服に成功します。

コラム：西陣の街並みが生まれた背景

明治時代に低迷から抜け出した西陣の織物産業ですが、明治14（1881）年以降の松方デフレ以降、西陣の機業家の間では階層分化が進行。有力な織業家が賃織業者を多く雇い、分業で織物を生産するという体制が確立しました。

また、近代化を進めたとはいえ、力織機化に関しては決して順調に進みませんでした。西陣で力織機がはじめて輸入使用されたのは明治15（1882）年ですが、当地では他の機業地に比べて手織り機が主流の時代が長く続きました。しかも、手織り機が5台かそれに満たない小規模な織屋が多数を占めていたのです。

さらに、大正時代末期から昭和時代初期にかけて、大戦景気の時代が到来すると、有力な機業家はより多くの賃織業者を雇い、生産量を増加させていきます。その結果、西陣には賃織業者を対象とした借家用の長屋が多く建設され、機業地域が地理的に拡大していきました。享保2（1717）年の『京都御役所向大概覚書』では、東は堀川通、西は北野七本松、北は大徳寺今宮旅所、南は中立売通に及ぶ168町（約166ha）の区域が西陣と定義されているのに対し、昭和15（1940）年刊行の『西陣郷土読本』では、第一次世界大戦後の発展を受けて、北は北大路を超えて紫竹、鷹峯方面に、西は衣笠山のふもとにまで及び、東西約3000km、南北4000kmを超える地域となったと説明されています。これに加えて土地利用の方法も大きく変化し、細街路や路地が設けられて細分化が進むとともに、裏宅地の開発が進みました。

現在、独特の風情ある街並みが残る西陣ですが、それはこうした歴史的背景から生み出されたものなのです。

●西陣名妓碑（現：上京区馬喰町（北野天満宮北門外））

北野天満宮北門外の2基の石碑のうち、東側にある石碑は、西陣織の技術改良に貢献した機業家・五世伊達弥助の業績を顕彰したものです。五世伊達弥助はウィーンに派遣された四世伊達弥助の息子で、父と同様、西陣の技術革新に貢献するとともに、日本古代の彫刻や絵画の図案や装飾を参考にした「伊達錆織（せいしょく）」という独自の織物を生み出しました。碑文は京都府知事の北垣国道によって書かれたものです。

なお、2基のうち、西側の石碑は養蚕教育家である松永伍作の業績を顕彰したもの。松永は関西における養蚕業の発展に貢献するとともに、衣笠村に設立された京都蚕業講習所の所長を務めた人物です。

●新織繻子碑（現：北区紫野今宮町）

明治時代に西陣繻子製造の技術革新に取り組んだ永井喜七の功績を顕彰した碑です。

江戸時代までは、京都を代表する特産物であった西陣繻子は、明治時代には高品質・低価格の輸入品に押され、衰退しつつありました。このことを憂えた永井は、仲買人の支援を受けて蒸気機関を用いた繻子の製造技術の開発に取り組みます。この時点では、まだ外国製品に匹敵する品質には達していなかったものの、彼の尽力は繻子のみならず、西陣全体の再生に大いに貢献することとなったのです。

●衣笠会館（現：北区北野下白梅町）

京福電鉄北野線の北野白梅町駅の南側にある衣笠会館は、京都綿ネル株式会社の専務を務めた藤村岩次郎の旧邸宅です。設立は明治38（1905）年、当初は和館や庭園も伴っていましたが、煉瓦造2階建の洋館と庭園の一部のみが現存しています。

戦後、京都工芸繊維大学が外国人教員の宿舎として使用していました。現在では、衣笠繊維研究所の活動拠点として使われています。

なお、藤村岩次郎は、北野下白梅町の因幡池田屋敷の跡地にも屋敷を構えていました。明治時代末には、その近隣を開発して「衣笠園」を設けています（「コラム：衣笠絵描き村について」を参照）

コラム：京料理 ～京料理の定義とは～

●「京料理」とは

約1000年の間都だった京都には、様々な人々が暮らし、それぞれの世界で食の文化が伝えられていた。その中で、5つの食文化が互いに影響しあい、発展してきたのが「京料理」である。明治時代には、京都の伝統料理を「京料理」と呼ぶようになり、全国的にブランド化したのは、戦後になってからといわれている。

1 京都五大料理とは

京料理が長年の歴史によって形成される上で、ルーツに当たるものであり、出汁を使って調理され、盛り付けや配膳、お客様への趣向に合わせるなどの「おもてなしの心」をもって提供される料理である。

①大饗料理（有職料理）

平安時代、公家が接待や宴会などを催すときに食べられていた料理である。神様にキューだた神饌を神様とともにいただく「直会」がルーツと言われている。席の順番や食べる順番、料理の数まで身分によって厳しく決められていたそうである。室町時代になると、公家社会の式典料理「有職料理」となっていく。

②本膳料理

室町時代、政権を握った武士の間での独自の様式であり、一人分ずつ料理を膳に乗せて提供される。一汁三菜・二汁五菜・三汁七菜が基本の献立であり、本膳・二の膳・三の膳・与（四）の膳・五の膳まで、最後まで膳に乗せて出す。

③精進料理

鎌倉時代、「この世にあるすべてのものには命が宿るため、むやみに殺生してはいけない。」という仏教の教えから、魚はニンニクと「料理を作ることも、食べることも修行である。」と、貴重なたんぱく源になる「もどき料理」への工夫がなされている。

④懐石料理

安土桃山時代、千利休による侘茶とともに誕生。一汁三菜を基本とした、簡素な献立の茶の湯のための料理である。温かいものは温かく、冷たいものは冷たいうちに、亭主が給仕することをもてなしの神髄としてる。その作法ともてなしの様式が和食の基本形として、今に繋がっている。

⑤川魚料理

江戸時代、鰻やすっぽん、鯉、鮒、鮎、アマゴなどの様々な川魚を伝統的な技術により、調理した料理である。海から遠く離れた内陸であり、盆地という土地柄により、川に近いところに生け簀を構える形態で発達していた。

2 暮らしの中の京料理

「ハレ」と「ケ」という言葉を聞いたことがあるだろうか？「ハレ」は、儀礼や祭り、年中行事などの特別な「非日常」であり、「ケ」は、普段の生活である「日常」を表している。そして、暮らしの中でメリハリをつけ、「ハレ」と「ケ」の使い分けが上手いのが、京都人なのである。公家や武家ではない町人の京都人たちが育んでいた食文化も侮れないものである。

①おきまり料理

商家などで引き継がれてきた生活の知恵であり、毎月、「何の日に何を食べる」と決め、栄養のバランスを図りながら、食生活に節目をつけて生活していくことである。

【例】1日・15日→小豆ご飯、8月つく日→あらめとあぶらあげの炊いたん、月末→おから

②行事食

無病息災や家内安全などの願いを込めて、暦や年中行事に合わせて作る料理である。

【例】七草がゆ・畑菜のからし和え・ばら寿司・水無月・亥の子餅・大根炊き など

③家庭のおかず（おばんざい）

京都の家庭で受け継がれている日常的なおかずのことである。味付けは、出汁を基本に、旬の野菜などの

季節の食材を無駄なく使いきれるよう工夫された料理である。
【例】賀茂なすの田楽・万願寺とうがらしとじゃこの炊いたん・いもぼう・九条ネギのぬた・若竹煮など

酒造産業

江戸時代末には、度重なる災害や原料となる米価の高騰などにより苦境に陥った京都の酒造産業でしたが、明治時代には復興のための取り組みが進められます。

その一つが、明治19（１８８６）年11月の京都酒造組合の結成です。明治政府が各府県に対して酒造組合の設置を命じたことを機に形成され、規約によると、組合のメンバーは営業を確実にして悪習を強制すること、また醸造の方法を研究して販路の拡張にあたること、そして被雇用者に関する取り締まりを行うことを目的に活動していました。なお同組合の明治23年度の資料には、明治期の京都には府下合わせて１４５軒の酒屋が存在し、約６万２０００石（約１万１１８４リットル）の酒が造られていたと記録されています。

北野・西陣においても、醸造業は営まれていました。明治19（１８８６）年の時点では北野には酒造業者は存在していませんでしたが、千本北大路〜今出川には6軒の造り酒屋が営業。その後、酒造免許状の交付が始まると、待賢学区では酒造に適した水が得られたことから、醸造業を営む人が増加します。特に「金明水」「銀明水」と称される良水が湧き出る井戸があった丸太町通松屋町では、酒造業が大いに発達しました。

また、明治20年代に入ると、京都でもビールの製造が始まります。北野もその例外ではなく、千本組（智恵光院通〜御前通、市域限〜三条通）

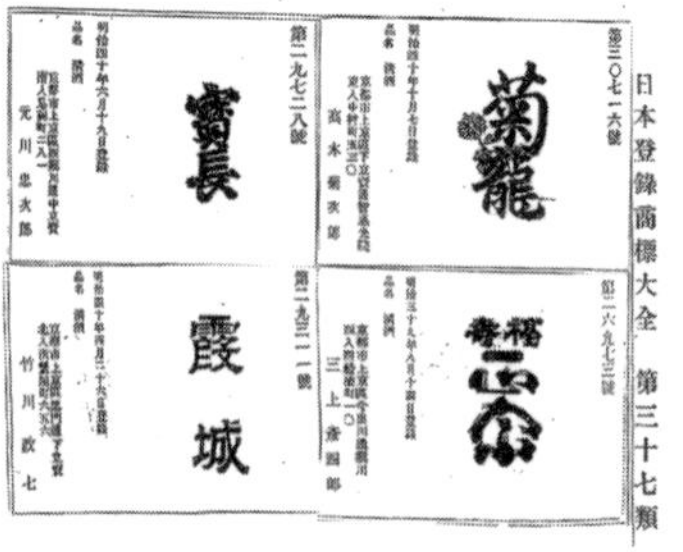

（国立国会図書館デジタルコレクション）北野界わい創生会が「日本登録商標大全第三十七類」加工作成

の前出虎次郎宅では、28石（約5051リットル）のビールが造られました。

さらに、明治29（1896）年には、下立売通日暮西入にて酒蔵を営んでいた鈴鹿弁三郎らによって日暮椹木町に京都酒造株式会社が設立され、本社・酒蔵が現在の上京区伊勢谷町に置かれます。有力酒造家らの共同出資によって設立されたこの会社は、広大な敷地を有し、煉瓦造りの土倉や試験室など近代的な設備を備えていました。明治34（1901）年、酒造年度の酒造高が5008石にも達するなど、一時はかなり隆盛したようです。

その一方で、明治期には酒税が頻繁に増税され、酒造業者の中にはその負担に苦しむところも少なくありませんでした。特に日清戦争後の不況期には、京都でも酒屋の倒産が相次ぎ、明治34（1901）年から翌年にかけて上京では9軒、下京では5軒が廃業に至っています。先述の京都酒造株式会社も明治35（1902）年5月に会社解散決議を決定しました。

明治二十年度　京都市内酒蔵分布と造石高

上京区

組	安居院組	千本組	艮組	河原町組	聚楽組	大橋組
範囲	東は烏丸通から西は智恵光院通まで、北は市域限り、南は元誓願寺通まで	智恵光院通から御前通、北は市域限り、南は元誓願寺通まで	区域表示なし	鴨川限から烏丸通、北は市域限り、南は三条通まで	烏丸通から市域限、北は元誓願寺通、南は竹屋町通まで	市域限から鴨川まで、北は市域限り、南は四条通
酒蔵数	九軒	十三軒	五軒	十軒	二十三軒	十八軒
造石高	三四九七石	三九一六石	二一一四石	四一五七石	一万三六三六石	七七九五石
備考			艮組は酒屋数も少なく、明治二十三年度の一覧までは存在するが、二十六年度の調査では聚楽組に入れられている			

下京区

組	下乾組	巽組	大仏組	出屋敷組	西醸組
範囲	東は烏丸通から西は市域限まで、北は竹屋町通、南は松原通まで	東は鴨川から西は烏丸通、北は三条通、南は市域限	東は市域限から西は鴨川、北は四条通、南は市域限	東は烏丸通から西は市域限、北は松原通、南は市域限	
酒蔵数	十三軒	十四軒	二十三軒	十軒	七軒
造石高	五五一五石	六二三三石	一万一〇八〇石	二九五〇石	一一五二石
備考				さらに市外では、京都府葛野郡（西七条村、八条村、松尾村、川岡村）乙訓郡（寺戸村、大藪村、大原野村）を含む	

出典：京都酒造組合所蔵　『清酒皆造石高幷二石数割徴収金額　明治二十六年度』　京の酒学　臨川選書Ｐ１８２から作成

これ以外にも、旧市内には小規模な酒屋が多く、その中には衰退・廃業の道をたどるものも少なくありませんでした。そしてこれと入れ替わるように、伏見の酒造業が飛躍的に発展していくこととなります。

●佐々木酒造（現：上京区北伊勢屋町）

堀川通から大宮通にかけての付近は、堀川の伏流水が得られることから、酒屋が多く営まれていました。佐々木酒造（株）もその一つです。現在は、洛中と呼ばれる範囲内では現存する唯一の蔵元となっています。

初代佐々木次郎吉が１８９３（明治26）年に創業。千利休が茶の湯にも用いたとされる聚楽第ゆかりの「銀名水」と同じ水脈の地下水が仕込み水として使用されています。

主力商品は純米酒の「聚楽菊」や大吟醸の「古都」など。特に「古都」は川端康成が好み、自身の著作名を揮毫したとされています（本章10節コラム『北野・西陣地域にゆかりのある文学』も参照）。

⑤ 交通の発達

産業に並んで、交通の発達も京都の復興を後押しし、街並みや人々の生活に大きな影響を与えました。

特に大きな変化をもたらしたのが、市街鉄道の開業です。京都では、明治28（１８９５）年の平安遷都千百年記念祭を成功させ、町を活性化させるために明治24（１８９１）年に完成した蹴上発電所からの送電を基にした電気鉄道の事業計画が財界人らを中心に進められました。これを受けて、明治26（１８９３）年に「京都電気鉄道株式会社」が設立され、明治28年（１８９５）年には日本初の市街電車が伏見駅〜京都駅間を走り始めます。そして、同年の９月24日には中立売線の府庁前〜堀川下立売から堀川中立売が開通、さらに明治33（１９００）年には、２年後の北野天満宮千年祭を見据えて、北野線（堀川線）の堀川中立売〜下ノ森間の営業が開始しました。そして、明治44（1911）年には下ノ森～北野間が延伸され、北野線の全線開業が完了します。

これに加え、明治45（1912）年には京都市によって、千本線の千本丸太町～千本今出川と、今出川線の千本今出川～今出川大宮間がそれぞれ開通しました。なお、大正7（1918）年6月に京都電気鉄道は京都市に買収され、市の交通は京都市の経営する市電に一本化されます。

車掌が発車の合図に紐を引いて鐘を「ちんちん」と鳴らすところから、チンチン電車の愛称で知られた市街電車ですが、走行速度は時速約9・6㎞と決して速くはなく、モーターがオーバーヒートするなどのトラブルも発生していました。また、元旦に加え、毎月1日と15日の疏水藻刈日は運航休止となっていたほか、発電所からの送電停止による運行停止も頻発したようです。それでも、市街電車（市電）は人々の生活に浸透。市民の足として欠かせない存在となりました。

なお、これ以外の交通手段としては、大正14（1925）年に京都電燈株式会社による北野線が開業。同年11月には北野～高尾口間、翌年3月には帷子ノ辻駅まで延長されました（※昭和18［1943］年に、京都電燈会社の陸上輸送業務は京福電気鉄道に譲渡）。そのほかにも、乗合自動車や、北野自動車合資会社（本社：一条通七本松）による市内バス、そのほか民間バスの営業が始まるなど北野・西陣の交通の整備は急速に進められ、北野天満宮を中心とする一帯は往時の活気を取り戻しました。大正時代に入ると、西堀川通の中立売－丸太町間一帯は「堀川京極」と称する繁華街として賑わうようになりますが、その賑わいは交通の発達によって支えられたのです。

⑥ 銀行の設立

銀行の設立も殖産興業を推し進め、北野・西陣の近代化を下支えします。19世紀後半の日本では、明治9（1876）年の国立銀行条例の改正を機に国立銀行の設立が盛んとなりました。その動きは京都にも及び、明治11（1878）年から翌年にかけて4行の国立銀行が設立されます。このうち、北野・西陣地域には第四十九国立銀行（現：みずほ銀行）が西村總右衛門や下村忠兵衛などの実業家によって設立されました。

明治12（1879）年に国立銀行の設立認可が停止されると、1880年代前半には私立銀行が相次いで設立されます。上京区には、竹原銀行が京都の元十人両替を務めた竹原禰兵衛によって開設されました。

その後、1880年代に松方デフレが深刻化すると、先述の竹原銀行をはじめ、弱小銀行の中には閉店に至るものが続出します。その一方で、1880年代後半以降は、本店銀行の設立の動きが本格化し、19世紀末をピークとして、1920年代前半までに85の本店銀行が京都に設立されています。北野・西陣地域においても、明治19（1886）年には日本ではじめての商業銀行である京都商工銀行が笹屋町通大宮に開設。さらに明治27（1894）年8月には西陣銀行が今出川大宮に開設され、翌年には西陣貯蓄銀行と平安銀行、また明治35（1902）年には丹波銀行西陣支店が五辻大宮でそれぞれ開店しました。このうち平安銀行は、一時は市域四位の預金額を誇るまでに成長しています。

しかし、その一方で、明治34（1901）年の経済恐慌や政府による新設銀行の抑制と合同などを受け、京都の銀行業界は淘汰に晒されました。明治37（1904）年には平安銀行が大阪市の北浜銀行に吸収されて同行の上京支店となり、明治41（1908）年には、京都の本店銀行において最も長い歴史を有した四十九銀行が経営破綻し、京都商工銀行と合併しています。西陣貯蓄銀行も、大正11（1922）年に東京貯蓄銀行に買収されました。

その一方で、この時期には財閥系の銀行が京都でその勢力を拡大していきます。大正8年には、住友銀行や川崎財閥による川崎銀行、また藤田財閥による藤田銀行の支店が千両ヵ辻付近に開設しました。

これに加え、大正11（1922）年2月に山口銀行が京都支店西陣出張所を大宮通今出川付近の観世町に開設（※大正12［1923］年8月に「西陣支店」、昭和8［1933］年に「三和銀行西陣支店」に変更）。さらに大正15（1926）年10月には西陣信用組合が今出川通西入の事務所で営業を開始しました（「コラム：西陣信用金庫について」参照）。北野・西陣の近代化と発展はこうした銀行があったからこそ実現できたと言えるでしょう。

コラム：西陣信用金庫について

西陣信用金庫は大正15（1926）年9月1日に「西陣信用組合」として設立認可され、10月15日に今出川通西入の事務所で営業を開始しました。

開設のきっかけとなったのは、明治38（1905）年に導入された織物消費税です。この税制が導入されると、織物業者の業界団体である西陣織物同業組合は、徴税から納付までの期間に組合に留まっている資金を利用して金融業務を営むことが認められるようになりました。西陣信用組合はその受け皿となり、組合員から絶大な信頼を背景に、昭和2（1927）年の金融恐慌の際にも、その影響を受けることなく西陣織産業の近代化を下支えました。

昭和5（1930）年に産業組合中央金庫から長期低利資金を受けた際には、地元業者に融資を行うことで、手織りから近代的な力織機への転換に貢献。さらに昭和7（1932）年からは「購買組合」を兼営し、組合員の消費生活の改善に努めるようになりました。なお、その後、金融と購買の各部門が拡大したため、分離独立して再び「信用組合」として単営となりました。

　昭和18（1943）年に市街地信用組合法が施行されると、大蔵省（当時）の管轄の下で広く一般的に資金を受け入れ、融資を行うことができるようになります。これを受けて、それまでの産業組合の一種という位置づけから、一般市民が利用できる金融機関の素地を持った組合に転換しました。これにより業務量が増大したため、今出川通智恵光院西入ルの西北路道に移転しています。

　昭和24（1949）年の中小企業等協同組合法、昭和26（昭和51）年の信用組合法を受けて、昭和26（1951）年10月11日に「西陣信用金庫」に組織変更。同月20日に業務の拡大を狙って「四条支店」が新設されました。昭和61（1986）年には市内に19の支店を持つに至りましたが、営業不振のため、平成5（1993）年に伏見信用金庫と合併して「京都みやこ信用金庫」となりました。なお、合併時の店舗数は19、預金残高は1941億1300万円、貸出残高は1653億7100万円となっています。

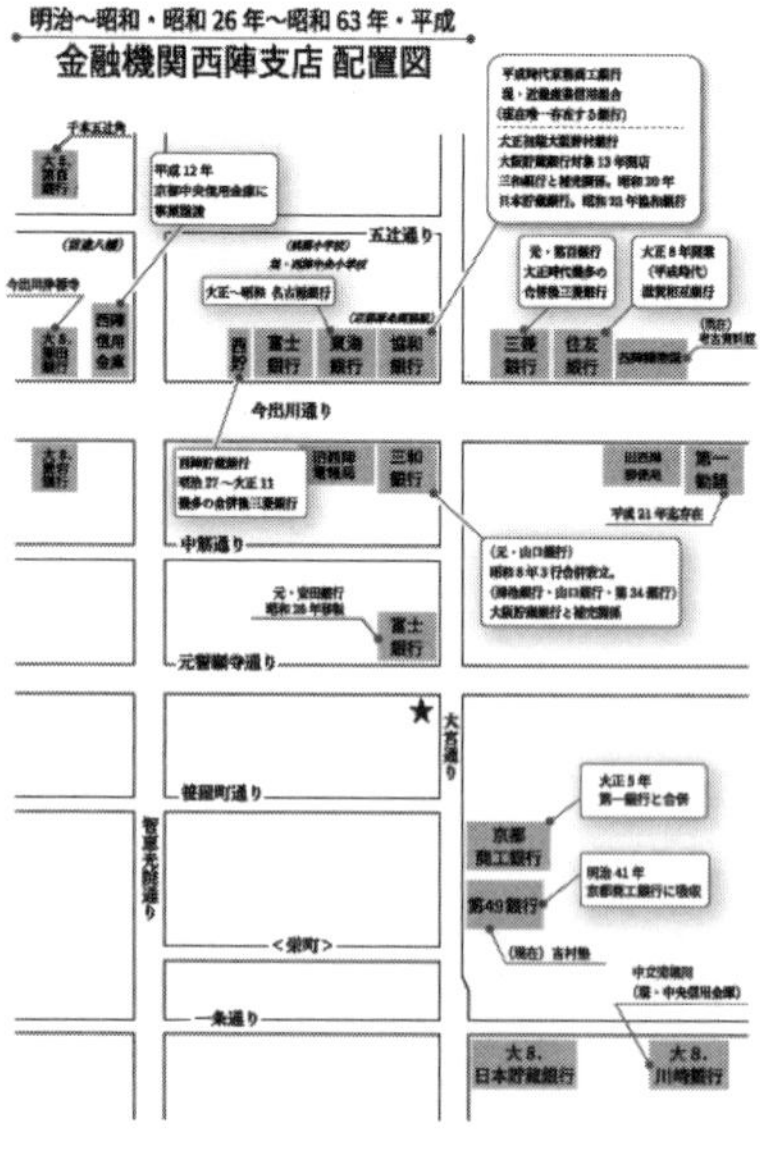

明治～平成にかけての西陣の金融機関
＊千両ヶ辻の郷土史家より提供

⑦百貨店とラジオの誕生

交通や産業、金融の近代化を受けて、北野・西陣の街並みや人々の生活も大きく変化します。

その象徴とも言えるのが、百貨店の誕生です。明治〜昭和時代にかけての北野西陣には百貨店が集中しており、今出川浄福寺に大丸上之店、千本今出川角に丹神マート、千本中立売角に高島屋がそれぞれ営業していました。大丸上之店は業績悪化に伴い明治40（1907）年に松原店に合併される形で閉店しますが（本章第3節6項「コラム：大丸のはじまり参照」）、昭和4（1929）年12月には西陣京極の中央である千本下長者町下ルの地に、丸物百貨店の西陣分店が開店。東本願寺付近にあった京都本店の補佐という位置づけで、北野・大徳寺方面から西陣一帯の消費者を主な顧客としました。昭和9、10年頃の営業成績は良好であったとされています。

一方で、昭和初期には現在の「百均ショップ」の前身ともいえる格安店が誕生。昭和5（1932）年には、高島屋により「なんでも10銭、20銭、50銭均一ストアー」を売り文句とする「丸高ストアー」が千本中立売付近に開店しています。廉価な製品を扱う都合上、「大量生産の出来る標準的な商品」「回転率の早い商品」が中心となりましたが、缶詰などの食料品や日用衣類、化粧品など「日常生活に必要なものは殆ど全部」取り扱われました。

丹神百貨店　京都　昭和7年
提供：絵葉書資料館

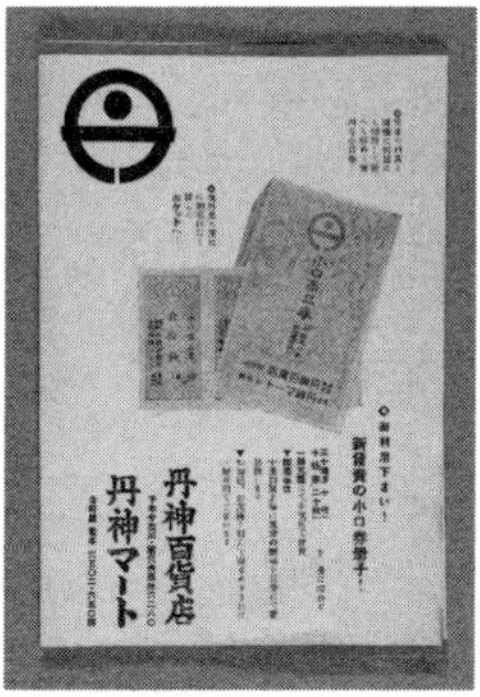

丹神百貨店広告

これに加え、ラジオも市民生活を大きく変えました。日本では、1925（大正14）年7月12日にNHKの前身である東京放送局によってラジオの本放送が始まります。そしてこれに遅れること1932（昭和7）年に出水地域の主税町に京都放送局が開局し、ラジオ放送が始まりました。番組は今ほど多くはなく、放送時間も短かったですが、新たなメディア、そして娯楽として市民の生活に定着していきました。

コラム：新興百貨店である丸物について

丸物は、大正9（1920）年1月に呉服屋にして実業家であった中林仁一郎が、弟の谷政二郎と協力して設立した百貨店です。開店当時は京都物産館と称し、現在の京都駅烏丸口前の東本願寺保有地の陳列場で京都物産を販売、大正15（1926）年10月には百貨店を目指して6階建ての大型店舗が既存の建物の北隣に設立され、「合名会社京都物産館」、次いで合名会社物産館となりました。昭和3（1928）年には八階建てに増築し、六階に演奏所が設置されています。

大丸や高島屋などに比べ、丸物は呉服系百貨店としては新興でしたが、昭和初期に多店化や系列百貨店の設立を推進。その流れで昭和4（1929）年12月に先

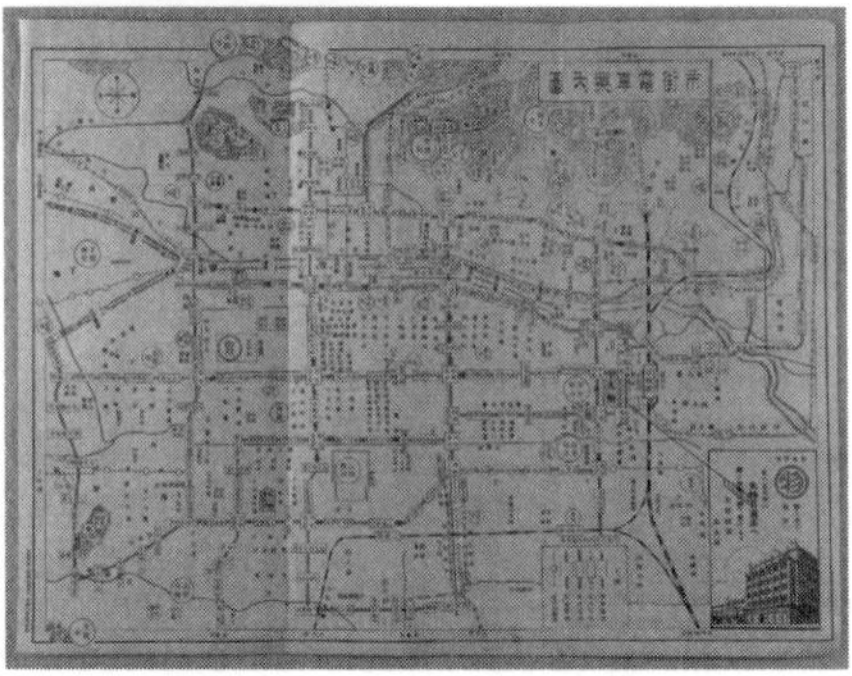

丸物百貨店広告

述の西陣分店が設立されました。なお、昭和6（1931）年に丸物に商号を変更し、昭和9（1934）年10月に「株式会社丸物」となっています。

昭和11（1936）年9月に新館が完成、さらに昭和13（1938）年には第二期増築が竣工しましたが、昭和17（1942）年11月には戦時体制のため一次供出を行うとともに、西陣分店を閉鎖。昭和19（1944）年には第二次供出のため1・2階のみでの営業となりました。

昭和22（1947）年に西陣分店や閉鎖していた売り場の営業が再開。営業も再度拡大し、昭和30（1955）年には新宿丸物、昭和32（1957）年には東京丸物を開店し、系列店である松菱・丸栄とともに一大百貨店グループを築きました。

その後、丸物は近鉄グループに入り、昭和52（1977）年に株式会社丸物は株式会社京都近鉄百貨店となります。その京都近鉄百貨店も平成19（2007）年2月末で閉鎖、平成24（2012）年の近鉄枚方店の閉店をもって物時代の店舗は今ではすべて閉店しています。しかし、京都初の百貨店がかつて多くの消費者の生活を支えていたという事実は誇るべきことでしょう。

⑧ 映画と北野・西陣

撮影所の設立

19世紀末に日本に輸入された無声映画は、当初は「活動写真」の名前で普及し、産業として急速に発達。市民の新しい娯楽として定着しました。特に京都は、日本初のシネマトグラフの上映が四条河原町で行われるなど、黎明期の映画産業とかかわりの深い都市でしたが、西陣・北野はその中心地として大いに栄え、映画産業や日本を代表する映画人を輩出することとなります。

その先駆けとなったのが、明治36（１９０３）年に横田永之助によって設立された横田商会です。パリ万国博覧会（１９００年）に参加した際にフランスの映画産業に関心を持った横田は、現地の映画関連会社とフィルム契約を締結。新しい映写機を持ち帰り、新京極の劇場や祇園の貸席、南座などで映画興行を主催、また大阪や京都に常設の映画館を開設しました。

さらに、横田は明治43（１９１０）年7月に二条城西南の櫓の下に京都初の映画撮影所である二条城撮影所を設立します。この撮影所は2年間と短命ではありましたが、明治45（１９１２）年1月には上京区天神通一条の地に法華堂撮影所が設立、同年に創設された日本活動写真株式会社（日活）の撮影所として用いられたことで9月に「日活関西撮影所」に名称変更しました。

その後、北野・西陣では映画撮影所の設立が相次ぎます。市街鉄道の開通により交通の便が改善されたところにつけ、広大な雑木林や社寺仏閣があり、時代劇の撮影にはうってつけだったのです。大正7（１９１8）年3月には日活関西撮影所が北区大将軍一条町に移設されて新しい撮影所（通称：大将軍撮影所）が設立、大正10（１９２１）年には映画監督・製作者の牧野省三が等持院の境内に牧野教育映画製作所（大正12［１９２３］年に「マキノ映画製作所」に改組）と等持院撮影所を立ち上げました。

そして、大正12（１９２３）年の関東大震災後には、東京の映画関係者が京都に移って活動するようになったこともあり、

日本映画の父・牧野省三先生と松之助
写真提供：尾上松之助遺品保存会

大正15年9月16日松之助葬儀行列・千本座前（大将軍の撮影所での日活社葬に向かう行列）
写真提供：尾上松之助遺品保存会

太秦には独立プロダクションの映画撮影所が多く設立されます。昭和2（1927）年12月には、太秦に撮影所も新設され、日活は大将軍から撮影機能を移設させました（※昭和4［1928］年4月に移転完了）。また、アラカンこと嵐勘十郎などのスター俳優をはじめ北野・西陣を拠点に活動する映画関係者も多く、特に太秦は「東洋のハリウッド」と称されるほどに成長しました。

●二条城撮影所跡（現：中京区西ノ京北聖町）

二条城撮影所は、明治43（1910）年7月に横田商会によって開設された京都初の映画撮影所です。300坪の土地に、2間×4間の低い板敷きの舞台を設え、それを開閉自由の天幕で覆うという簡素なスタジオで、背景はすべて書き割りでした。後述の法華堂撮影所が設立されると、手狭になったことで閉鎖されています。

短命で小規模な撮影所ではありましたが、京都における映画監督の牧野省三が尾上松之助と組んだデビュー作「忠臣蔵」が撮影されるなど、日本の映画産業の歴史を考えるうえでひじょうに重要な撮影所です。

●法華堂撮影所跡（現：上京区大東町）

明治45（1912）年1月に上京区天神通一条の地に設立された映画撮影所です。約600坪の敷地に、採光のため屋根の片方をガラス張りにした半ステージをはじめ、現像所、俳優部屋、倉庫、事務所を備えた本格的な撮影所でした。横田永之助が経営者、牧野省三が所長を務め、この撮影所でも牧野と尾上松之助のコンビの時代劇が多く作られました。

なお、横田は東京の映画会社と合同して大正元（1912）年に日本活動写真株式会社（創立時の名称は「日本活動フィルム株式会社」）を創設。その撮影所としても用いられ、同年9月に「日活関西撮影所」に名称変更しています。

●大将軍撮影所跡（現：北区大将軍一条町）

大将軍撮影所は、大正7（1918）年3月に北区大将軍一条町に設立された撮影所です。法華堂に置かれていた日活関西撮影所（旧：法華堂撮影所）が同地に移転して開設しました。経営者は横田永之助、撮影所所長は尾上松之助が務めています。

1500坪（約4958㎡）の敷地内にステージ、俳優部屋、事務所、現像所を備えた、これまでの撮影所の中で最も広大な撮影所でした。1923（大正12）年9月に関東大震災で東京の向島撮影所が被害を受けると、同撮影所の現代劇部門が移転したことでステージが増設され、敷地が拡張されています。

尾上松之助主演の『実録忠臣蔵』などの時代劇が作られる一方で、向島撮影所から移ってきた溝口健二や村田実らの監督する現代劇も作られました。

●牧野省三の銅像（現：北区等持院北町［等持院境内］）

牧野省三は「日本映画の父」とも称される映画監督・映画製作者・脚本家です。1901年（明治34）年に買収し、経営にあたっていた千本座を介して横田商会の横田永之助と知り合い、映画製作に関わるようになりました。

大正元（1912）年に日活が設立されると、関西撮影所（法華堂撮影所）の所長に就任。その後独立して牧野教育映画製作所を設立し、等持院の境内にスタジオを構えました。なお、等持院の住職に映画に対する理解があったこと、また牧野と等持院との関係が良好であったことなどから、大正12（1923）年8月24日に開催された等持院での地蔵祭りには「マキノスターページェント」というイベントが催されています。

多くの映画作品の製作を手掛けるとともに、阪東妻三郎や長谷川一夫、月形龍之介などの名優や金森万象をはじめとする脚本家、また映画監督を育成。牧野の一族にも映画館関係者が多く、長男のマキノ雅弘（本名：牧野正唯）は監督・映画プロデューサー、次男のマキノ光雄（本名：多田光雄）は俳優・映画プロデューサー、また四女のマキノ智子（本名：加藤（牧野）恵美子）は女優として、それぞれ活躍しました。また、マキノが信条としていた「一スジ、二ヌケ、三ドウサ」（ストーリーの面白さ、映画技術のすばらしさ、役者の演技のすばらしさが重要であること）は映画製作の基本として、多くの映画人に影響を与えることとなります。

なお、三吉稲荷神社八幡大菩薩（現：右京区太秦多藪町）には牧野省三の顕彰碑、また牧野とコンビを組んだ俳優「目玉の松チャン」こと尾上松之助の胸像が、鴨川公園内（現：左京区下鴨宮河町）に置かれています。

常設映画館の設立

撮影所の設立と並行して、常設映画館の建設も進められました。そして西陣は、その中心地として栄えます。

その端緒となったのが、明治41（1908）年に横田商会によって設立された西陣電気館です。これを皮切りに、明治44（1911）年には落語中心の寄せ場であった千本今出川の国華座が「第二八千代館」と改称し、映画館として営業を開始。大正元（1912）年9月には、牧野省三の千本座（千本通一条上ル）が電気映画館を合

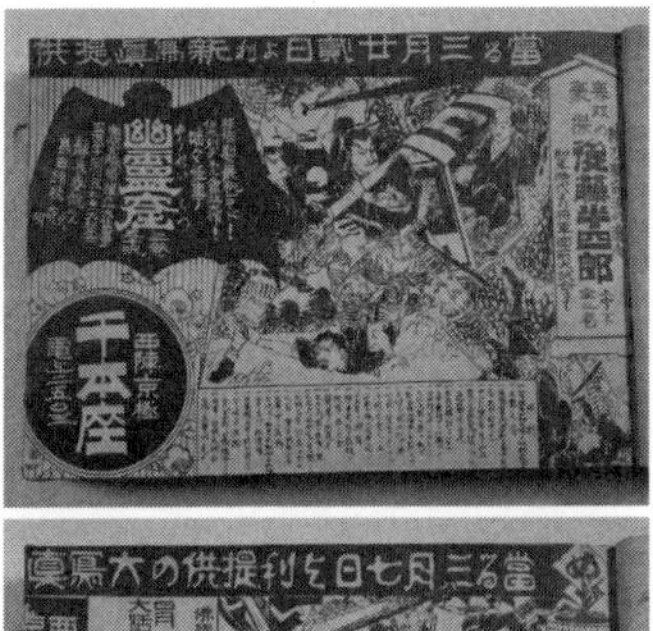

西陣京極千本座　映画宣伝チラシ

併して日活映画の常設館となりました。さらに昭和11（1936）年には、寄席場であった長久亭（千本通一条下ル）が松竹経営の直営館となり、松竹映画や洋画の上映を行うようになります。こうした中で、特に「西陣京極」と称される千本中立売～千本今出川界隈は、西陣織の好況や、交通網の発達を背景に映画街や飲食店、娯楽場が多く立ち並ぶ一大繁華場として発展していきました。

なお、当時の人々の回想によると、入場料に関しては、大人と子供の間に、丁稚や職人を対象とする「中人」が設けられていたとのこと。また、夫婦対象の同伴席以外は男女の仕分けがされており、カップルが座ろうとすると警官に怒られることもあったようです。

コラム：衣笠絵描き村とは

先述したように、1889（明治22）年、市制・町村制の施行に伴い、大北山村、小北山村、北野村、大将軍村、松原村、等持院村が合併して葛野郡衣笠村が生まれます。この頃の衣笠村は、茶畑や竹林からなるのどかな田園地帯でした。

しかし、明治時代末頃に入ると、衣笠村一帯は新興住宅地として徐々に開発の対象となります。特に水はけが良く、また緩斜面で一定の平地が確保できることから別荘地として注目され、明治44（1911）年頃には京都綿ネル会社の設立者である藤村岩次郎によって現在の北野白梅町付近に「衣笠園」が開かれました。開園当初の明治45（1912）年10月から衣笠園に住んだ日本画家の吹田草牧（すいたそうぼく）の回想によると、その頃の当地は桜、楓、紅葉などの爽やかな林の中にわずか7、8軒の住宅が隠見する極めて閑静な一帯だったようです。

その後、北野地域の交通や道路の整備が進んだことを受けて、衣笠園には多くの画家が集まります。木島櫻谷（このしまおうこく）をはじめ、菊池契月とその義父である菊地芳文、さらに大正時代には土田麦僊（つちだばくせん）や村上華岳、小野竹喬が当地に移住。また土田、村上、小野が京都の日本画団体である国画創作協会の中心人物であったことから、入江波光（いりえはこう）など同協会の画家や、菊池芳文・契月の門下生も衣笠園に居住しました。たとえば菊池父子に師事した宇田荻邨（うだてきそん）は、土田の画室兼住居を譲り受ける形で、大正9年頃にこの地に居を構えています。そのほか、著名なところでは、山口華楊が昭和3（1928）年に北野紅梅町に、また昭和18（1943）年には堂本印象が平野上柳町に移住、彼らの門下もこの地に居住、このように画家が多く住んだことから、当地は「きぬがさ絵描き村」と称されるようになりました。

　画家以外の文化人も当地に住んでいます。著名なところでは、大正4（1915）年頃に志賀直哉が北野白梅町に移住、後にこの頃の経験を作品に反映させました（10節コラム：「北野・西陣地域にゆかりのある文学」参照）。そのほか、映画監督の牧野省三や、陶芸家の加藤渓山及び加藤泰一、そのほか華道小松流の2世家元・中村展山などもこの地に居を構えています。

大正初期の木島櫻谷の邸宅：木島は大正元年頃に北野神社畔小松原（現：北区等持院東町）の地に住まいを設けた。邸宅は大正2（1913）年建造とされている。
提供：公益財団法人櫻谷文庫

衣笠の絵描き村（大正時代）

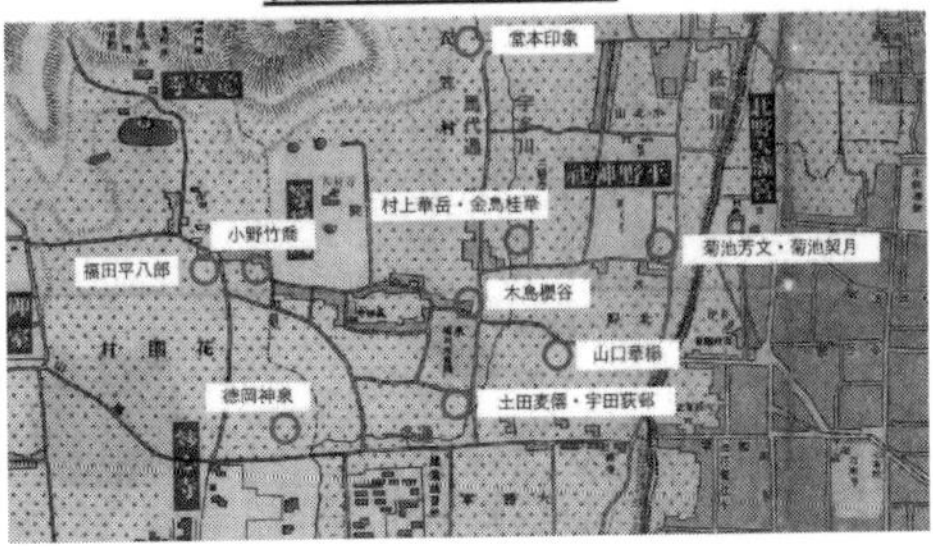

大正期の絵描き村：木島櫻谷をはじめ、画家の居住地が多く設けられている

現在では、木島櫻谷の旧邸宅の和館・洋館・画室が京都市指定有形文化財に指定されるとともに、木島の作品や習作、また絵画などのコレクションが公益財団法人櫻谷文庫によって管理され、定期的に公開されています。

晩秋図　菊池芳文　菊池契月鑑

呉織漢織女神図　菊池契月

コラム：近代の災害と京都

東京遷都による危機を乗り越え、順調に発展していったように見える京都ですが、自然災害には泣かされ続けました。昭和9（1934）年9月の室戸台風では倒壊家屋3151戸，死者185名，負傷者849名に及ぶ被害が発生。さらに、翌年の京都大水害では、死者12人、浸水家屋2万4000棟、また鴨川や高野川の橋32本の橋が流失・大破という、甚大な被害を受けています。

北野・西陣も、これらの災害では大きな被害を受けました。特に京都大水害では、紙屋川のあちこちで河岸の浸食と破堤が発生。北野天神西の桜橋から今出川間の一帯では、河岸浸食の結果、家屋10数戸が流出し2名が死亡し、丸太町橋上流右岸では約40メートルにわたって堤防が壊れ、住宅や工場が破壊されました。浸水した家屋も多く、西陣学区では床23戸が床上浸水、292戸が床下浸水に見舞われています。また、今宮神社や北野天満宮、妙見寺などの寺社も被害を受け、特に北野天満宮では境内の御土井の飲食店や喫茶店が廃業に追い込まれました。

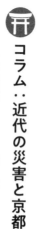

9 戦争と北野・西陣

① 戦時下の生活

苦境を乗り越えて、近代化と再興に成功した西陣機業でしたが、昭和10年代に入ると、深まる戦局を受けてその繁栄に陰りが見え始めます。

とりわけ大きな打撃を与えたのは、昭和15（1940）年の「七・七禁令」です。この省令によって贅沢品の製造や加工、販売が禁止されたことで、織物生産に携わる機業家は大打撃を被りました。また、西陣の徒弟が軍需産業に徴用された結果、これまで機業を支えてきた奉公人制度が行き詰まるようになり、昭和18（1943）年には、西陣の高級品生産は全面的に停止せざるを得なくなります。

一般市民の生活も大きな制限を受けました。昭和15（1940）年6月から京都でも配給制度が開始し、昭和16（1941）年には深刻化する物資不足を受けて丹神マートが閉店、商品付きで店舗が売りに出されます。さらに昭和17（1942）年11月には、丸物百貨店の西陣分店が閉鎖されました。

映画館も大きな影響を受けます。昭和20（1945）年3月上旬には、映画館で開場前に従業員が兵器づくりを行う映画工場が出現し、同月末には土屋町下長者付近の西陣劇場が休業。また、昭和14（1939）年の映画法を受けて、上映内容にも統制が加えられるようになるなど、産業や生活、娯楽などあらゆる分野で、戦争協力が要請されるようになりました。

② 建物疎開の実施

昭和16（1941）年12月、日本海軍が真珠湾のアメリカ海軍基地を攻撃し、太平洋戦争が開戦しました。当初は優勢だった日本軍でしたが、アメリカをはじめとする連合軍が本格的な反攻に転じた結果、次第に追い込まれていきます。そして、1944（昭和19）年末以降には、アメリカ軍機による本土空襲が激化し、東京や大阪をはじめ、全国の大都市が攻撃対象となりました。京都府下も最低41回は空襲を受けており、約300名の死者、約560人の負傷者が発生しています。また、昭和20（1945）年1月から6月にかけては、市内7箇所が空襲の被害に遭いました。

こうした中で、1944（昭和19）年以降、全国279都市を対象に、建物疎開（空襲による延焼を防ぐために、都市に集中している建物を強制撤去して分散させる措置）が進められていきます。京都市でも昭和19（1944）年7月から翌年まで4回にわたって建物疎開が実施され、約1万9000に及ぶ世帯が退去の対象となりました。

北野・西陣もその影響を被ります。当時、堀川通と葭屋町通の間には「西堀川通」と

堀川京極　出典：京都市に於ける商店街に関する調査　京都商工会議

建物疎開後の堀川の様子：戦前の堀川京極は、250店以上もの店が立ち並ぶ繁華街であった。なお、堀川通は昭和23（1948）年に拡幅工事により、現在の道路幅（50m）・片側４車線となった。京都府住宅供給公社引用　写真提供：京都大学大学院工学研究科髙田研究室（研究当時）

いう道幅6mほどの通りがあり、その両側の中立売通から丸太町にかけて「堀川京極」と称される商店街が存在していました。この商店街には、当時としては画期的であった鉄骨製のテント屋根がアーケード代わりに設けられ、商店はもちろんのこと、映画館や喫茶店、カフェー、ビリヤード店など総勢約300軒に及ぶ店が立ち並び、昼夜を問わず賑わいを見せたといいます。しかし、昭和20（1945）年3月に実施された第三次建物疎開により堀川通が強制疎開の対象となった結果、堀川京極は解体を余儀なくされ、後は広大な空き地となりました。

なお、この時には智恵光院通と七本松通も強制疎開の対象となり、七本松通は松原通から七条通にかけての道路幅が延焼を防ぐために拡幅されました。

③北野・西陣における空襲被害

第三次建物疎開が実施された3ヶ月後の6月26日、アメリカ軍のB29の編隊が近畿地方に侵入し、京都に至ります。編隊は上京区を北西から南東に向かって横断し、そのうち1機が出水地域に7発の爆弾を投下しました。これによって、死者43名、負傷者66名、全壊家屋71戸、半壊家屋84戸、一部損壊家屋137戸の被害が生じ、850名もの市民が罹災します。

さらに、この西陣空襲の4日後には、米軍機が京都市内に飛来し、大文字山から嵯峨鳥居本にかけて機銃掃射による空襲を行います。死者や負傷者などの人的被害はなかったものの、衣笠薩摩藩の旧調練場の一帯において民家の屋根瓦が割れる被害が発生しました。

●空襲被災を記録する碑（現：上京区智恵光院通下長者町上ル（辰巳児童公園内）

昭和20（1945）年6月26日の日中に起きた西陣空襲の被害を記憶し、伝えるために2001年（平成13）に設置された碑です。

米軍のB29により投下された7発の爆弾は、上長者町通、下立売通、大宮通、浄福寺通に囲まれた一角に落下し、上述の人的・物的被害をもたらしました。うち2発は不発でしたが、残り5発のうち1発は、昌福寺（現：上京区分銅町）の井戸に落下し爆発を起こしたと伝えられています。

空襲による負傷者は正親・出水・待賢の各小学校の救護所に運ばれ、そこで手当を受けました。西陣警察署の記録によると負傷者66名とされていますが、救護に当たった医師は、負傷者は300名以上いたと証言しており、被害の大きさを窺わせます。また、空襲の4日後には正親小学校で合同の葬儀が催されました。なお、この空襲は、アメリカ第20航空軍の資料にも残されており、2万3800フィート（約7900m）の高さから、7トンの爆弾が落弾されたと記録されています。また、山中油店（上京区下立売通智恵光院西入下丸屋町）のウィンドウには、この空襲で民家に落下した爆弾の破片が飾られています。

「京都は文化財が多いから空襲被害に遭わなかった」などとまことしやかに語られてきましたが、西陣には戦争の傷跡が残っているのです。

10 戦後の北野・西陣

① 混乱と再興

昭和20（1945）年、日本の敗戦をもって戦争は終結し、連合国の占領下で軍国主義の排除と民主化が進められました。しかし、経済や社会の混乱はその後も続き、市民は食料をはじめとする物資不足や、激しいインフレに悩まされることとなります。

京都もその例外ではありませんでした。特に市内有数の物資集積地であった七本松には、戦後間もなくして闇市が出現。さらに昭和21（1946）年10月には、西陣で生糸のヤミが摘発され、ブローカーや織元ら130人が検挙されるという事件が起こりました。警察もこうした事態を重く見ており、昭和22～23年にかけて西陣署では闇市問題が本格的に取り上げられています。

闇市問題と並んで、深刻になっていたのが戦災孤児をめぐる問題です。当時の日本では都市部を中心に約12万人、戦災による被害が比較的軽微だった京都には、全国で4番目に多い4608人の孤児が生活していました。身寄りのない孤児の多くは駅舎などで暮らしていましたが、過酷な環境の中、餓死する子供や犯罪の手先として使われる子どもも少なくありませんでした。

こうした状況の中、各地で孤児を保護・収容するための施設が設立されていきます。北野・西陣においても、宥清寺（現：上京区一条通七本松西入ル）にて戦災孤児の受け入れが始まりました。この時の措置が、児童養護施設「積慶園」の起こりとされています（※積慶園西京区樫原角田町に移転）。

そして、昭和25（1950）年7月には、金閣寺放火事件が起こり、多くの人に衝撃を与えました。放火

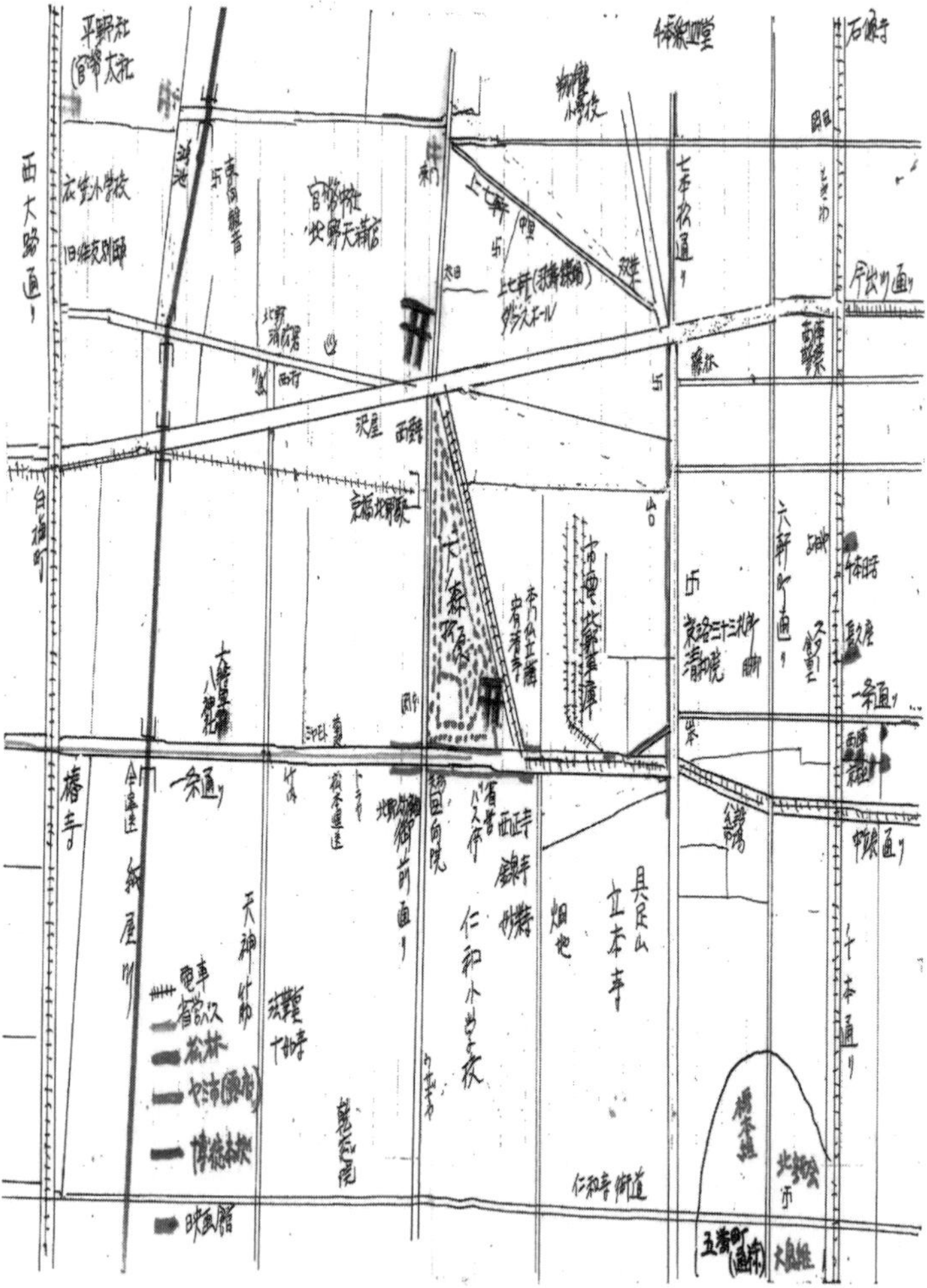

戦後　西陣・北野界隈ヤミ市の図　＊線のラインが闇市
＊北野商店街の亭主から提供

犯は逮捕されてはいますが、犯人が服役中に病死したこともあり、詳細は今でも不明のままです。当時はアプレゲール犯罪（第二次世界大戦後に育った、旧来の道徳や倫理を持たない、頽廃的な若者による犯罪）の一つと見なす向きもありました。

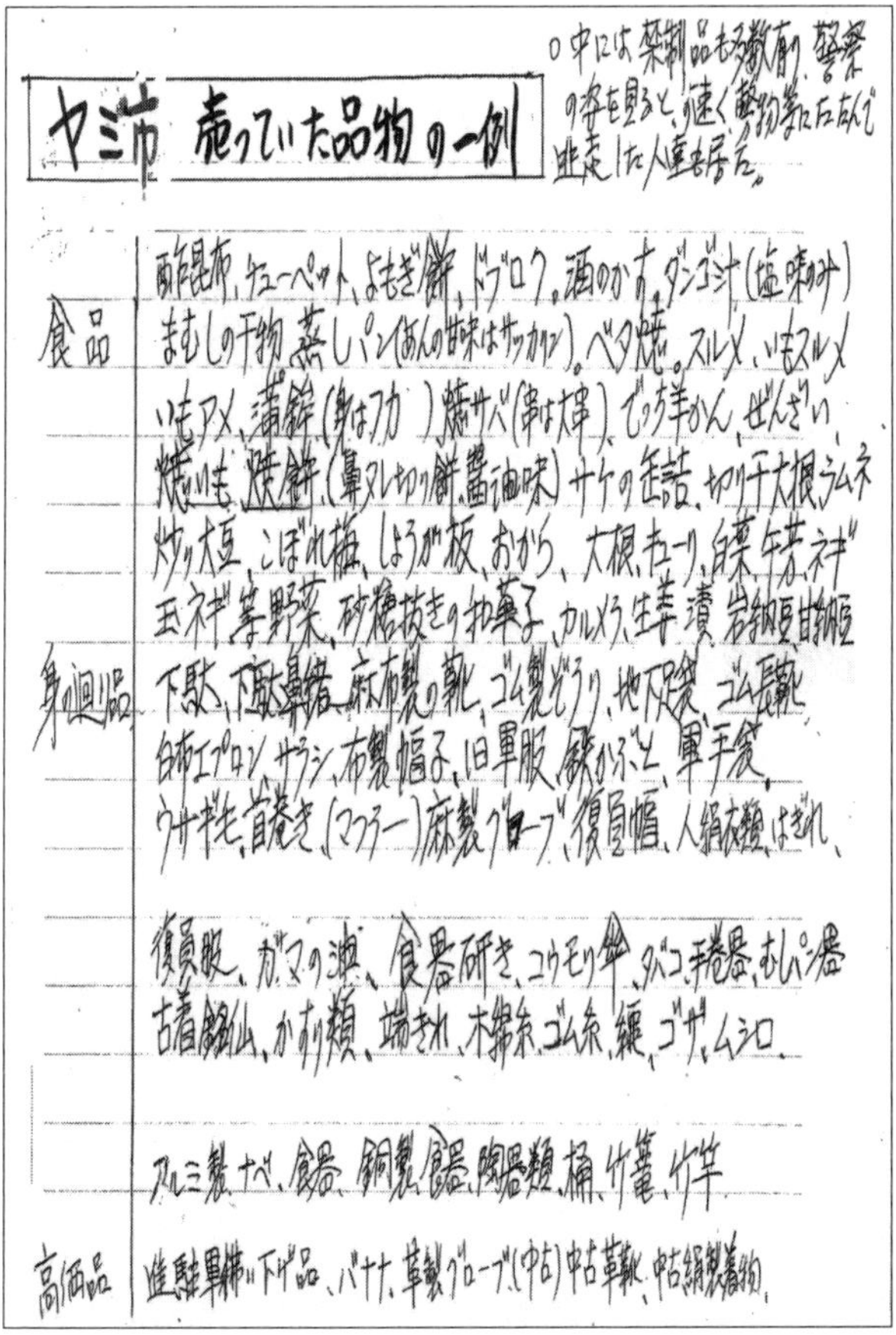

ヤミ市物品販売一覧　＊北野商店街の亭主から聞き取り　作成

堀川団地の建設と商店街の再生

戦時中の建物疎開によって、解体を余儀なくされた堀川京極ですが、その広大な跡地は戦後、高規格道路の用地として使われることとなりました。その結果、堀川通の鞍馬口〜七条間が拡幅されることとなります。

一方、強制疎開の対象となった堀川京極の元住民の多くは、堀川通拡幅の用地とならなかった通り西側の民有地に居住していました。そして、戦争が終わると、京都府住宅協会は住宅難の解消と商店街の再興を目指して、その土地の一部を買収し、全国初の店舗付きの集合住宅「堀川団地」の建設に乗り出します。

堀川団地は、6棟（出水団地第1〜第3棟、上長者町団地、下立売団地、椹木町団地）から構成され、1階には14戸の店舗と48戸の店舗付住宅、2階と3階には122戸の賃貸住宅が設けられていました。2階部分には奥行きの差を利用したベランダが設けられたほか、土壁や漆喰の内装や、風通しの確保、通り庭が意

放火後の金閣寺舎利殿の様子。東寺はアプレゲール犯罪の一つと見なす向きもあった。
（https://ja.wikipedia.org/wiki/%E9%87%91%E9%96%A3%E5%AF%BA%E6%94%BE%E7%81%AB%E4%BA%8B%E4%BB%B6より引用）

アサヒグラフ,19500719,12面,一般記事,見出し「金閣寺炎上」

設立間もない頃（昭和28［1953］年）の堀川団地の様子。）写真提供：京都大学大学院工学研究科　髙田研究室（研究当時）堀川商店街協同組合

識された住戸平面などは京町屋を参考にしたと指摘されています。

なお、店舗付住宅には戦前に堀川京極で商店を営んでいた人が入居し、３つの商店街組合（堀川商店街協同組合、堀川商店街一丁目会、堀川商店街五丁目会）と堀川商店街を形成。これに対し、２階は一般公募によって住民が決定されました。水洗便所や都市ガスなど当時としては先進的な設備を備えていたことから、当時は人気を博したとされています。

文化面での復興

住宅などのインフラ面での再興に加え、この時期には地域に活力を取り戻すための様々な行事が催されました。

その代表例が、昭和26（１９５１）年、千本通りで催されたネオン祭です。２００余りに呼ぶ商店がネオンの看板を一斉に店頭に掲げ、商店街は毎晩大いに賑わいました。

さらにその翌年には、北野天満宮で千五十年大萬燈祭が斎行されます。奉賛行事として献華や献詠、能狂言、浄瑠璃や、当時の大相撲横綱の羽黒山や照國の神前土俵入り、稚児による奉納舞が盛大に催されました。

なお、祭の斎行を記念して上七軒の歌舞練場では、北野をどりが初演。京都にはそれまで明治５（１８７２）年初演の「鴨川をどり」（先斗町）と「都をどり」（祇園甲部）、昭和25（１９５０）年初演の「京をどり」（宮川町）がありましたが、北野をどりも定着し、これ以降毎年行われることとなります。

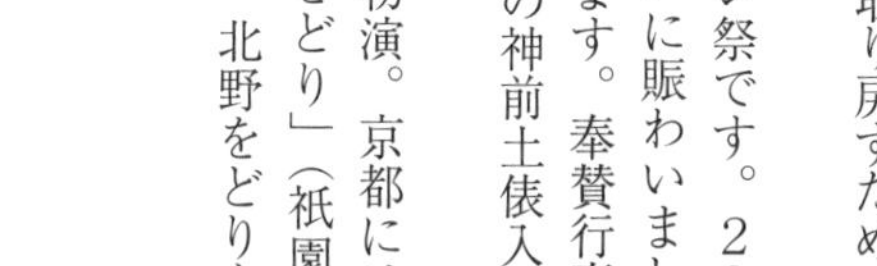

千五十年大萬燈祭（昭和27年）第１回北野をどり
北野天満宮所蔵　許可：上七軒お茶屋協同組合

衣笠球場とスポーツ

スポーツも戦争で疲弊した北野・西陣の人々の心を大いに元気づけました。その舞台となったのが、衣笠球場です。

昭和23（１９４８）年9月、新制大学となった立命館大学の衣笠キャンパスの北東部に、野球場が開設しました。敷地面積は1万３５５０坪（約4万４７１５㎡）、ラウンド面積1万１４１６．５平方メートルに、最大収容人員2万人に及ぶこの大規模な野球場は、当初「立命館衣笠球場（通称：衣笠球場）」と称されました。20段の木造スタンドに加え、選手控室や事務所を備えるなど、本格的な施設だったとされています。

立命館大学が文部省（当時）に提出された事業報告によると、「一万五千の学徒、教職員を有するに拘らず（中略）これが体育施設として利用する外広く一般市民及一般体育団体の体育施設として利用」することを目的としており、中学・高校野球や社会人野球、またプロ野球の開催場にも使用。特にプロ野球に関しては、昭和23（１９４８）年11月から昭和26（１９５１）年にかけて67試合が開催。さらに、昭和11（１９３６）年創立の大陽ロビンス（昭和25［１９５０］年に「松竹ロビンス」に改名）の公式戦の主催球場となっています。また、昭和25（１９５０）年から昭和32（１９５７）年秋までは高校野球の試合も行われ、特に昭和26（１９５１）年には春・夏・秋の試合すべてが衣笠球場で開かれました。

しかし、昭和25（１９５０）年9月に大阪球場が完成し、プロ野球の公式試合が同球場で行われるようになると、衣笠球場の観客は大きく減少します。また、翌年8月にはナゴヤ球場での火災により木造スタンドが禁止されると、衣笠球場の一般使用が困難に。そのため、昭和27（１９５２）年3月以降は立命館大学専用の球場として使用され、昭和41（１９６６）年11月の大学創立66周年記念学園

開設間もない頃の球場　立命館史料センター所蔵写真

祭の体育大会で用いられたのを最後に、昭和42年（1967）に閉鎖されました。跡地には中央グラウンドが設けられましたが、そのグラウンドも現在では広場となっています。

現在、現地で球場をしのぶことができるものとしては、当時ホームベースがあった場所（平井嘉一郎記念図書館の前）に置かれた記念プレートと、衣笠キャンパス近隣の電柱に残された「衣笠球場」「キヌガサキュウジョウ」などのプレートのみ。それでも、復興期の人々の心を支えた球場であったことは確かで、当時近隣に住んでいた人々の回想からは立派な球場であり、特にロビンスの試合は人気があったことが伝わってきます。

市電の終焉

明治時代に開設され、「市民の足」として発達し続けてきた京都の市電は、戦後も発達し続け、昭和32（1957）年4月には今出川線の北野紙屋川町～千本今出川間が開通します。その翌年には、京福電気鉄道から北野～白梅町間が京都市交通局に譲渡されたことで今出川線が全線開通（銀閣寺道～北野白梅町）。これに伴い、市電の路線網が最長となりました。

しかし、昭和30年代後半ごろに入ると、モータリゼーションの進行や、市バスや会社バスなどの増加により、市電の利用客は徐々に減少し始めました。そして、昭和36（1961）年7月に北野線と北野車庫が廃止されたことを皮切りに、路線の廃止は次々に進められ、昭和47（1972）年には四条線、大宮線と並んで千本線、昭和51（1976）年の4年後には今出川線がそれぞれ姿を消しました。そしてその2年後に、京都の市電は終わりを告げます。

なお、市電の廃止後、路面に使用されていた御影石は、哲学の道や南禅寺、石塀小路の石畳、また大学や小学校の敷石などに用いられました。また、市電の路線は市バスに引き継がれ、現在でも活用され続けています。

　北野線の歴史は、明治28（1895）年9月に中立売線の堀川下立売～堀川中立売が開通し、すでに営業していた京都駅前～堀川下立売の路線と連結したことに始まります。その後、路線は延長を重ね、明治45（1912）年に下ノ森～北野間が延伸開業したことで全線開通しました（京都駅前～北野）。さらに大正7（1918）年に京都電気鉄道が京都市に買収されると「京都市電北野線」となり、市民や京都を訪れる観光客の足として機能し続けました。

　京都電気鉄道によって敷設された鉄道のレールの間隔が1067mmと、標準軌間（1435mm）よりも狭いナローゲージーで車体番号に「N」をつけて区別されたことから、「N電」の愛称でも親しまれた北野線ですが、昭和36（1961）年7月31日に廃止。その10年後、北野線終点の北野停留所にあたるこの地に、記念碑が建立されました

立命館大学以学館（昭和40［1965］年竣工）前の敷石は、昭和36（1961）年に廃止された市電北野線の敷石を転用したものである
立命館史料センター所蔵写真

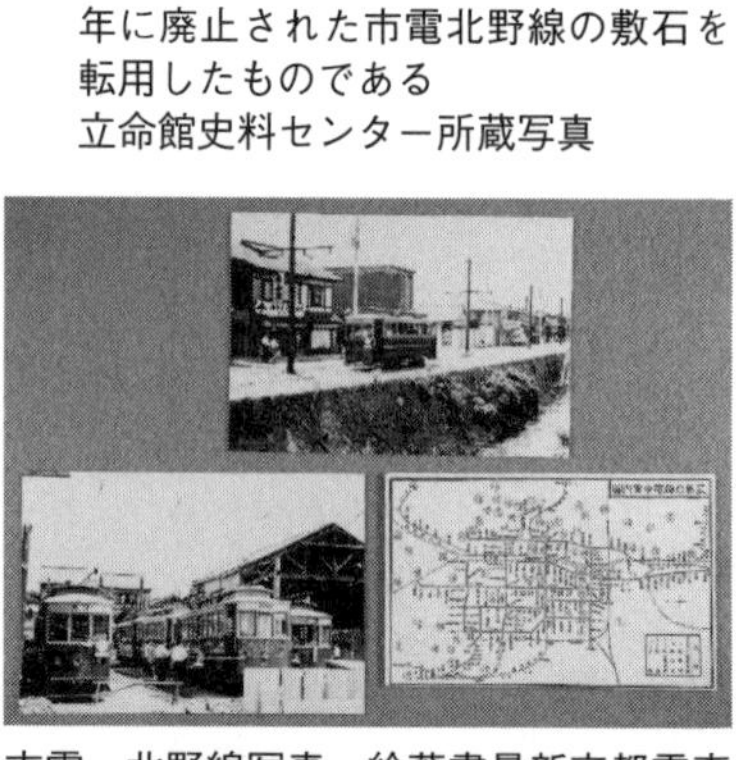

市電　北野線写真　絵葉書最新京都電車案内図（京都市引用）

② 経済の再生と成長への道

規制緩和と地域商業「イズミヤ白梅町出店問題」

1955年から1970年代にかけて日本は急激な経済成長を遂げ、その恩恵は一般市民にも及びました。それに伴い人々の生活や消費行動が大きく変化し、流通の巨大化と加速化が求められるようになります。

その担い手として登場したのが、スーパーマーケットです。日本では、昭和28（1953）年に東京青山の紀伊国屋が開店したことを機に設立が進み、昭和43（1968）年にはスーパーは売上高で百貨店を上回るようになりました。

しかし、それとともに、当初、共存共栄の関係にあったスーパーと地元商店は、次第に利害をめぐって対立するようになります。当時、大型小売店を規制する法律としては「百貨店法」が存在しましたが、これではスーパーの進出に対応することはできなかったため、昭和48（1973）年に「大規模小売店舗法」が制定されます。これによって、スーパーが出店ないし増設する際には、商業活動調整協議会と通産省内の大規模小売店審議会が店舗側の届け出の内容について審議を行い、店舗面積や開店・閉店時間などについて勧告することが決まるとともに、大型店の出店が通産省による許可制から店舗による届け出制に変化しました。

一方、京都においては、スーパーをはじめとする大型小売店の進出が他の政令指定都市に比べて遅れる傾向にありました。中小小売店や商店街が強い影響力を有していたことや、また地元との合意がなければ実質的な審議に入らないという「京都方式」と呼ばれる方針が採られていたことなどが原因として挙げられます。それでも、先述の大規模小売店舗法を受けて、百万遍や四条大宮、千本寺之内にスーパーチェーン店の出店構想が打ち出され、昭和46（1971）年3月には千本通りに西友ストアー関西千本店が開店。そして昭和51（1976）年6月には、イズミヤと土地の所有者である高津商会が北野白梅町に出店を表明しました。

しかし、この出店計画は激しい反発を受け、１０００件・35団体にも及ぶ反対が寄せられます。特に北野商店街は出店表明の翌月に「イズミヤ出店阻止対策協議会」を発足し、高津商会に代替案の提出などを求めるとともに、白梅町と同様に大型出店問題に直面する百万遍や千本寺之内の周辺商店街と連携し、反対運動を進めようと試みました。当時の新聞によると、一時は組合員１００人ほどがピケを張り、機動隊が出動する騒ぎになっています。

多様な団体・組織や政党を取り込んで反対運動が進められ、市議会にも請願が行われた結果、昭和56（１９８１）年3月、スーパーなどの大規模小売店舗の出店凍結に関する決議が5年間の期限付きで市議会にて全会一致で可決されます。さらにその翌年には、大型店の出店に際しては地域の合意に基づいてより抑制的に指導するとの通達が通産省から下されました。また、大型店進出に反対する組織が京都市内、そして全国レベルで結成され、反対運動は全国レベルで展開されていきます。

しかし、先述した決議が可決した後も、イズミヤは北野白梅町への進出を断念してはいませんでした。また、昭和60年代には、外圧により規制緩和論が勢いを増し、流通業の規制見直しの機運が高まります。一方、出店反対の陣営からは離脱者が相次ぎ、運動は次第に失速していきました。ここに、通産省や京都商工会議所会頭が問題に介入するなどした結果、昭和62（１９８７）年12月に出店についての審議が再開、そして出店表明から約11年後の昭和63（１９８８）年3月25日、イズミヤ白梅町店の出店が通産省の大規模小売店舗審議会にて認可されました。

ただし、反対派の抵抗は根強く、審議再開後も商業活動調整協議会は彼らの工作によって2回流会しています。また、イズミヤ白梅町店は平成元（１９８９）年11月に開店に至りますが、その際に商店街側はイズミヤ社長からの謝罪を獲得しました。

出店までに多大な時間を要したことは、イズミヤ側にとって大きな痛手となりました。一方の商店街側もダメージは避けられず、たとえば北野商店街には昭和35（昭和35）年の時点で169の店舗が存在しましたが、平成2（1990）年には148にまで減少しています（参考：西一条商店街は69→60、大将軍商店街は93→70に減少）。

なお、商店街に関しては、平成5（1993）年に京都市の特定商業集積整備基本構想の対象となったことをきっかけに、近代化の取り組みが進められますが、平成11（1999）年には、公設市場が売り上げ減少のため廃止となりました。イズミヤの出店はもとより、西陣織産業衰退に伴う人口の大幅減少や市電北野線の廃止なども、大きく響いたと考えられます。

京都の地域金融

京都においては、伝統産業や地域産業を支えるために、地域金融機関が独自の発展を遂げてきました。時代の変遷とともに標準化が進みはしましたが、近現代にも際立った地域性がいくつか維持されています。

まず一つ目の特徴として、信用金庫を中心に、京都を主要な営業基盤とする地元金融機関の預金や貸出のシェアが高いことが挙げられます。これには、伝統産業をはじめ大三次産業、軽工業など小規模の企業が多いこと、その割に中小企業を対象とする相互銀行の力が弱く、しかも市に本拠を置く銀行が長らく存在しなかったこと、昭和25（1950）年以降の蜷川市政において、地元金融機関に対して信用組合の新規参入抑制などの保護育成策がとられたことなどが影響していると考えられます、それが上記の特徴を生み出したと言えるでしょう。いずれにせよ、信金が地元経済を支えるという体制が続いてきたため、京都みやこ信金が平成12（2000）年に破綻した際には、地域経済に多大な影響が及ぼしています。

また、金利の相場を決定しうる有力な金融機関が存在しないため、市場がより競争的であり、融資の金利が低いと考えられてきました。ただし、それは表面金利に限ったことであり、実効金利ベースでは調整されていたこと、また近年では全国平均よりやや高めであることが指摘されています。

そして、政令指定都市で大都市圏ではあるにもかかわらず、信用金庫と信用組合を除いて金融機関の資金が地域外に流出する傾向にあるのも大きな特徴です。全国第二の大都市である大阪に隣接しているという地理条件に加え、小規模企業中心の経済であるため金融機関の貸出運用の単位が小さいこと、また資産家が多く資産の蓄積があることなどが原因として挙げられます。

今後、こうした地域性がどのように変化するのかは、国内および国際経済の影響もあるため、簡単に予測することはできません。しかし、長きにわたり京都の社会や文化において培われてきた特性ゆえに、そう簡単には変化しないと考えられます。

11 未来に向けて

① 消えゆく施設

21世紀に入ると、北野・西陣の歴史を物語る重要な施設が次々に姿を消していきます。

最も顕著なのは、映画館の閉館でしょう。昭和30年代の最盛期には8館の映画館が営業するなど、京都屈指の映画街であった西陣ですが、テレビなどの新しい映像メディアの普及や市電の営業終了を受けて、往時の賑わいが失われていきます。平成30（２０１８）年には唯一営業を続けていた「千本日活」が台風被害で破損し、休館となりました（※平成31［２０１９］年4月10日に修復工事が完了し、営業再開）。

また、平成30（２０１８）年11月には、最古の京町屋住宅であった川井家住宅（現：中京区下立売紙屋川）

が解体されました。川井家は北野天満宮に仕え麹づくりに携わった西京神人の子孫にあたる一族です。中世の文書にも記録が見られ、この住宅も応仁元（１４６７）年に建てられたと伝えられてきました。解体および発掘調査の結果、住宅が室町時代に建設されたことが裏付けられるとともに、文政８（１８２５）年に江戸幕府が酒造りを規制した際に川井家が酒造りを止めたこと、その後間もなくして増築したことが明らかになっています。

さらにその翌年には、衣笠絵描き村の志賀直哉旧居（現：北区北野白梅町）が取り壊されました。この住宅は、彼の代表作である『暗夜行路』で主人公の住む家のモデルに用いられた施設です。大正時代のインテリ層向けの近代和風建築の特徴を備え、北山杉を用いた数寄屋風の意匠や土間を備えるなど、建築学的にも価値のある施設でしたが、老朽化は避けられませんでした。

同じく大正時代の建築物としては、平安道場が平成23（２０１１）年に解体されています。この道場は、大正天皇の即位大典を記念して、左京区の旧武徳殿をモデルに北野天満宮境内内に設立されました。戦後は京都府警の管理下に入り、警察官や地域住民が柔道や剣道の稽古に用いいましたが、老朽化のために閉鎖、解体され、平成26（２０１４）年10月に天台宗寺院・青蓮院（現：東山区粟田口三条坊町）の飛び地である東山の将軍塚に移築されました。現在は、同寺の大護摩堂「青龍殿」となり国宝の「青不動」が安置されています。

そして、令和２（２０２０）年には、京都こども文化会館（現：上京区滝ケ鼻町）の閉館が決定します。この施設は昭和57（１９８２）年、２年後の国際児童年を記念して設置されたものです。その建設と運営にあたっては京都府と京都市が協力し、設置後は音楽会、演劇、バレエ、映画などや教室に使用され、市民にも「エンゼルハウス」の愛称で親しまれてきました。

しかし、２０１０年代に入ると、府の有識者会議が市による単独運営を求めるなど、運営をめぐって府と市が衝突するようになります。ここに施設の老朽化や少子化に伴う利用者の減少などが重なり、40年の歴史に幕を落としました。なお、同館のオープン時に設置された、からくり時計も解体されています。

そのほか、令和５（２０２３）年11月には、設備の老朽化と後継難により、銭湯「笠の湯」（現：下立売通千本東入田中町）が閉業します。同施設は大正時代に開業し、１００年以上の歴史を有するとされていました。

② 史跡の存続に向けて

しかし、それと同時に、北野・西陣の歴史や文化を窺い知る上で、重要な史跡を残そうとする動きも広がっています。

安楽寺天満宮はその好例と言えるでしょう。先述のように、北野天満宮の神供所「七保社」の筆頭・「一ノ保社」にあたる神社で、とりわけ近世に西京神人の勢力が衰退して以降は、共同神饌が供えられる場として重視されていました。明治時代に寺号が廃止、また上地によって境内地を失い、「一之保神社」として北野天満宮に合祭されます。その後、元の境内地は他寺院によって購入され、明治34（１９０１）年に「一之保神社」と「天満宮旧跡石」碑が同敷地内に設置、昭和16（１９４１）年には西京神人の子孫である川井家がこの土地を入手して維持管理を担うようになりました。

川井家の当主の死亡や住宅の解体に伴い、再度廃絶の危機に直面しましたが、七保会や「西之京瑞饋神輿保存会」の有志らが構成する「安楽寺天満宮保存会」の活動の結果、令和４（２０２２）年12月、道真や西京神人とも関係の深い北野天満宮に譲渡され、同社が所有し、維持管理にあたることが決定しました。

また、上京区滋野学区では、古くから京洛七名水の一つとされてきた「滋野井」（現：上京区西洞院通椹木町上ル）の井桁が住民によって保存の対象となりました。平安時代初期の公家・滋野貞主（しげのさだぬし）の邸宅の敷地からわき出たと言い伝えられ、藤原定家の日記（『明月記』）にも採り上げられたほか、明治期には岩倉具視が訪れたという逸話がある井戸です。調査の結果、井桁は江戸時代に製造されたと判明。現在でも当地の歴史を伝える重要な史跡として注目されています。（※井桁は現在「京都まなびの街生き方探究館」に移設）。

③伝統行事の復活と史跡の修復

歴史ある行事の再生や重要史跡の修復も進められています。

その代表格とも言えるのが、北野天満宮です。同社では、中絶していた行事や習慣の再興が盛んに行われており、令和2（2020）年8月には、熟饌（調理された神饌のこと）が供物として復活しました。明治時代以降、同社では野菜や果物をそのまま供える「生饌」が一般的となっていましたが、令和元（2019）年にかつて熟饌に使われたと考えられる箸台と箸が境内の校倉で見つかったことをきっかけに、記録を参考にして御手洗祭で再現がなされたのです。

さらにその翌月には、「北野御霊会」が約550年ぶりに開催されます。北野御霊会は、北野祭の一環として行われてきた神仏習合の祭典です。天満宮をその管轄下に置いていた比叡山延暦寺の僧侶を迎えて催されてきましたが、応仁・文明の乱を機に北野祭が途絶えたことで御霊会も中絶します。なお、北野祭は江戸時代末期に「北野臨時祭」として再興が図られましたが、明治時代初期の神仏分離政策を受けて、御霊会は再開しませんでした。

しかし、令和3（2021）年に天台宗が開祖・最澄の千二百年大遠忌を迎えること、また道真の没後1

125年の半萬燈祭が間近に迫っていることから御霊会の内容を盛り込んだ北野祭の再興が計画されます。そして、令和2（2020）年9月4日の北野天満宮、延暦寺および曼殊院の神職・僧職らによって斎行され、祝詞や祭文の奉上や、天台宗の僧侶が法華宗について問答を行う「山門八講」が伝統に則り行われました。

これと並行して、令和9（2027）年開催予定の半萬燈祭に向けて、本殿内部を創建当時の姿に近づけるための修復も進められています。また、令和4（2022）年1月には、江戸時代の俳人・歌人である松永貞徳が塔頭・成就院に作庭した梅花鑑賞の「花の庭」が天満宮の梅苑に再興。明治時代初期の神仏分離政策に伴い取り壊されたと伝えられてきた庭でしたが、妙満寺の「雪の庭」と清水寺の「月の庭」と合わせて「雪月花の三庭苑」のすべてを鑑賞できるようになりました。

もちろん北野天満宮以外の史跡でも、同様の試みは進められています。平成30（2018）年10月には大将軍八神社の大神輿が1世紀ぶりに改修され、同月下旬の天文祭巡行でお披露目されました。

④ 発掘調査の進展と新たな史実の判明

往時の北野・西陣の姿を明らかにするための調査も進められています。平成24（2012）年8月には、京都市埋蔵文化財研究所による平安宮跡の調査により、宮内の大極殿の南西に設けられていた楼閣「白虎楼」の屋根の瓦片が出土しました。さらにその4年後には、大極殿に付属する回廊跡が発見。令和3（2021）年11月には、中宮や女官が居住した「登華殿」や「弘徽殿」と考えられる殿舎跡が見つかりました。

一方、金閣寺の調査では、「北山大塔」の相輪（仏塔の頂部分に使われる、天に向かって突き出した金属製の飾り）と考えられる、金メッキが施された破片が見つかりました。北山大塔は相国寺の七重大塔の消失を受けて、3代将軍・義満が応永11（1404）年に建造に乗り出した七重の塔です。完成前の応永23（14

16）年1月に落雷で焼失し、その後の将軍が再建を断念したため、詳細は不明でしたが、破片から復元された相輪の大きさから、相当に巨大な塔であったことが明らかになりました。そのほか、令和元（2019）年には、義満が金閣の前にある鏡湖池（きょうこち）の南側に築いた「南池」の存在が確認。水を張った痕跡が確認されないことから未完成の池であること、また池の北東部で建物の礎石が発見され、義満がより広い庭園を造ろうとしていたことが明らかになりました。

聚楽第に関しても、大きな発見が相次いでいます。平成24（2012）年には本丸南面の石垣が総延長32mにわたって発見。見栄えが意識され、当時としては最高の技術で積まれていることなどが判明しました。また、平成28（2016）年3月には京都大学防災研究所と京都府教育委員会などの調査により、本丸の天守の位置など城郭の平面構造が判明。また秀次の時代に築かれたと考えられる外堀の遺構が発見されました。さらに令和5（2023）年9月には、本丸の南側にあたる地区から地盤整備跡が出土、家康の屋敷地に関わると考えられています。

⑤遺産・文化財の認定

遺産や文化財の認定も進みつつあります。

平成29（2017）年には、北野天満宮や今宮祭をはじめとする伝統行事や、上七軒などの街並み、そして西陣織など「北野・西陣でつづられ広がる伝統文化」が「まち・ひと・こころが織り成す京都遺産」に認定されました。

さらにその2年後には、安土桃山時代〜江戸時代初期の木製品を中心とする、御土居跡からの出土品計477点が京都指定文化財に認定されました。出土品の中でも木簡と人形は、手工業者や商人、東寺の掃除や雑役を担う散所（さんじょ）人をはじめ、宣教師などのヨーロッパ人が出土場所（油小路通八条通〜九条通）に住んでいたことを示すものとして注目されています。

北野・西陣の歩んできた歴史の奥深さや、この地域で育まれてきた文化の豊かさが広く認められつつあるのです。

コラム：北野・西陣地域にゆかりのある文学

京都はこれまで、様々な文学作品の舞台として用いられてきました。その中には、もちろん北野・西陣を舞台とした作品、この地域の名所や史跡、文化を採り上げた作品もたくさんあります。代表的なものを古い順に見ていきましょう。

【古代】

まずなんと言っても代表的なのは紫式部の『源氏物語』です。皇族である光源氏を主人公に据えているだけあって『源氏物語』には弘徽殿や清涼殿など平安京内裏の建物が多く登場。現在の西陣の出水地域には、そうした物語の舞台の史跡が集中しています。現地には物語の舞台に関わる遺跡についての情報も掲載した「源氏物語ゆかりの地」の説明板が設置されているので、物語に思いをはせながら史跡巡りをしてみるのもよいかもしれません。

紫式部のライバル・清少納言も宮仕えしていただけあって、『枕草子』では清涼殿をはじめ、中宮定子の後宮にあたる登華殿など宮中の建物を多く採り上げています。同書では嵯峨野や紫野、船岡、平野神社も登場。特に平野神社の社内の紅葉の見事さについて詳しく描写しており、文面からは彼女が感じた感動が時代を超えて伝わってきます。

一方、菅原孝標女の『更級日記』には、筆者が太秦のお寺に参籠して『源氏物語』を通読したいと祈願する様子が登場。結婚後の筆者が、夫との仲がうまくいかない時期に、広隆寺に籠ったという逸話も記されています。

そのほか、11世紀編纂の勅撰和歌集『拾遺和歌集』には平野、『後拾遺和歌集』には紫野を歌枕に用いた和歌が収録。なお、紫野にちなんだ和歌は12世紀編纂の『堀河百首』にも収録されており、歌心をかきたてる地名だったのかもしれません。

やまと絵

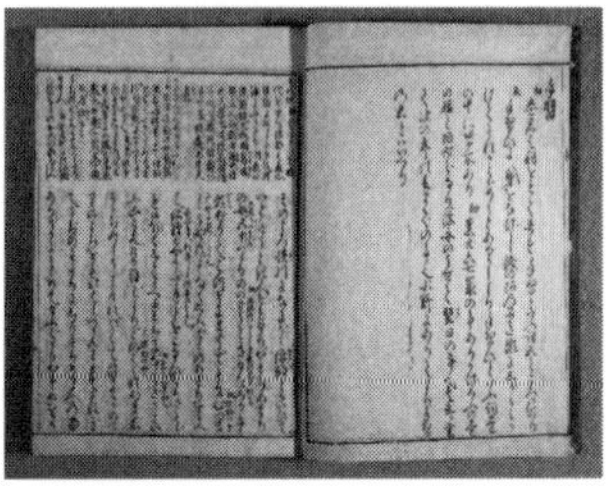
源氏物語湖月抄・手習　北村季吟

【中世】

中世を代表する軍記物語の『平家物語』は、写本にいくつかのパターンが存在。その一つである「百二十句本」の剣巻には、源頼光に仕える四天王の一人・渡辺綱が、一条戻橋で美女に扮した茨城童子（鬼）に遭遇するという逸話が収録されています。その後、鬼に空中に掴み挙げられた綱は、鬼の腕を斬り落として北野天満宮の回廊に落下、命拾いをしました。なお、逸話のすぐ後には、頼光と四天王による土蜘蛛退治のエピソードが収録。その蜘蛛が逃げ込んだとされる蜘蛛塚が、北野天満宮の参道西側の東向観音寺（現：上京区御前今小路上馬喰町）に残っています（※ただし「延慶本」「覚一本」などの剣の巻には、これらの逸話は

太平記

収録されておらず）。そのほか、牛若丸（源義経）が奥州平泉に赴く際に立ち寄ったとされる首途（かどで）八幡宮（「首途」は出発の意味）が今出川智恵光院近辺に存在。『平家物語』片手にこれらの史跡をめぐるのもよいかもしれません。

一方、兼好法師は『徒然草』で、嵯峨に所在した浄金剛院（現：右京区嵯峨天龍寺芒ノ馬場町）の鐘の音色を「黄鐘調」と絶賛。同寺は現在は廃絶していますが、鐘は妙心寺の法堂内に安置されています。

時代がやや下り、南北朝の動乱をテーマにした『太平記』には北野天満宮、『明月記』には内野や北山第がそれぞれ登場。中世においても北野・西陣は文学上重要な舞台だったのです。

吉田兼好　古筆

●一条戻橋（現：上京区堀川下之町）

一条戻橋は、平安京造成の際に、都の北域である一条大路に堀川を渡る橋として架けられました。当初は「土御門橋」と称され、後述する浄蔵の伝承により「戻橋」と命名。何度か架け直されており、平成7（1995）年に現在の橋が架けられました。

平安京の鬼門に位置し、一条通が都と都外を分ける通りであることから、この橋に関しては数々の異界伝説や伝承が伝えられてきました。たとえば、鎌倉時代後期の仏教説話集『撰集抄』には、文書博士である三善清行の葬列がこの橋を通った際、その息子で天台宗僧侶の浄蔵貴所が棺にすがり祈願したところ、清行が蘇ったという伝説が収録されています。

そのほか、安倍晴明が使役する式神を橋の下に隠していた、また建礼門院の出産の際に橋占が行われたなどの言い伝えのある橋ですが、戦国時代に入ると、処刑やさらし首が行われる場所となりました。秀吉に切腹させられた千利休の首が戻橋にさらされたという逸話が有名ですが、早くも永正9（1512）年に北野天満宮の内陣から銀の器を盗んだ犯人が一条戻橋で処刑。また、天正18（1590）年7月には、秀吉に滅ぼされた北条氏政・氏照の兄弟の首がこの橋で晒されました。そのほか慶長元（1596）年、秀吉の弾圧政策により、長崎で処刑された26人のキリシタンは、長崎に移送される前に、市中引き回しのうえ「上京のある辻」で耳を削がれたと記録されていますが、これは一条戻橋ではないかとされています。

【近世】

近世に入ってからも、北野・西陣は文学の舞台として用いられました。十返舎一九の『東海道中膝栗毛』では、弥次喜多の二人が北野天満宮と下ノ森を訪れており、紙屋川や右近の馬場なども登場。当時の北野の賑わいが活写されています。

そのほか、有名なところでは井原西鶴の『好色一代女』には西陣、『好色五人女』に収録された、おさん茂右衛門の駆け落ち話（巻三「中段に見る暦屋物語」）には御室・北野が登場。心中を装ってまで京を逃げ出した二人ですが、茂右衛門が様子見に京の街中に上る際に、ここを通過するという場面があり、実際の地名が登場することで、臨場感が醸し出されてい

十返舎一九　自画賛和歌

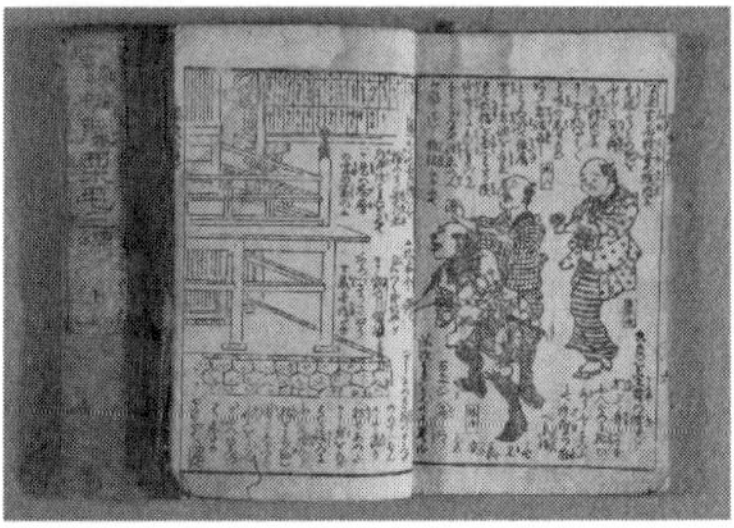

東海道中膝栗毛

ます。

【近代】

明治・大正を代表する作家の森鴎外も、西陣を作品の舞台に用いました。安楽死をテーマにしたとも言われる『高瀬川』では、弟殺しの罪を問われた主人公の喜助が、紙屋川の橋を渡り、西陣の織場で働いていたという設定になっています。

一方、小説の神様・志賀直哉の『暗夜行路』の主人公、時任謙作夫婦の家は、志賀が在京時に住んでいた衣笠の家がモデルに。衣笠山や金閣寺の森、鷹ヶ峰を臨むことのできる書斎や、夫婦で妙心寺や広隆寺、秦の河勝を祭った蚕の宮（太秦の木嶋坐天照御魂神社。本殿東側に養蚕・機織・染色にちなんだ蚕養神社がある）、さらに仁和寺、光悦寺、大徳寺などを散歩し、夜には新京極や西陣京極にも出掛けるなど、鬱屈を抱えた主人公の幸せで穏やかな新婚時代が、北野を舞台にして描かれています。

【現代】

昭和時代に活躍した作家の中で、西陣・北野を舞台にした小説をもっとも多く書いたのは、水上勉でしょう。彼は少年時代に等持院で修行をしており、作品にはその体験が反映。衣笠を舞台にした『雁の寺』、『西陣の女』『西陣の蝶』、そのほか映画にもなった、昭和25（１９５０）年7月の金閣寺放火事件をテーマにした『五番町夕霧楼』『金閣炎上』などが有名です。なお、金閣寺炎上というと、三島由紀夫の『金閣寺』を連想される方も多いかと思います。

三島と並ぶ昭和の文豪・川端康成も、『古都』にて、北野天満宮をはじめ、西陣の織場、御室、上七軒や北野おどりなど、北野・西陣地域の名所史跡や年中行事を詳細に描写。なお、本作は昭和37（１９６２）年に刊行されていますが、廃線を間近に迎えた市電北野線の様子も描かれています（注：北野線は昭和36［1961］年に廃線）。「古い都の中でも次第になくなってゆくもの、それを書いておきたい」という動機で書かれた小説ですが、その試みは成功しているといえるでしょう。

と、ここまで純文学を中心に上げてきましたが、エンタメ系の作家も負けてはいません。日本のミステリの女王・山村美紗は、その名もずばり『京都西陣殺人事件』という推理小説を執筆。本名の柏井壽で多くの京都本を出している柏木圭一郎も『京都西陣能舞台の殺人』というミステリを著しています。また、映画化もされた浅田次郎の『オリヲン座からの招待状』（『鉄道員（ぽっぽや）』所収）では、閉館を迎えた千本今出川の映画館が舞台に。主人公の回想や会話から、かつて京都屈指の繁華街として栄えた西陣京極の姿をうかがい知ることができます。

ごくごく新しいところでは、望月麻衣の『京都船岡山アストロロジー』で船岡山エリアが舞台に。こちらはシリーズ化されており、2023年8月現在3作目まで出版されています。

いわゆる「京都本」の中も便利ではありますが、こうした文学作品には、また独特の味わいがあるのも事実。お気に入りの作品を片手に京都巡りをしてみるのもよいかもしれません。

コラム：京都西陣・北野：祈り—千本釈迦堂の大根焚—

京都の冬の風物詩ともなっている大根焚。千本釈迦堂（大報恩寺）では、お釈迦様が悟りを開いたことを慶讃する行事「成道会」に合わせて、12月7日と8日に開催されています。同寺の伝承によると、鎌倉時代に三世住職の慈禅上人が、大根に梵字を書いてふるまったことに由来します。

なお、大根焚きは嵯峨の了徳寺や宇多野の三宝寺でも開催。由来や意味合い、開催時期は各寺によって少しずつ異なりますが、収穫感謝と厄除け祈願の行事である「御火焚き」と同じ系統の行事であることは共通しています。現在では大根を食べることが行事のメインとなっていますが、当行事の主役はあくまで「火」であり、火を用いて神仏をお迎えし、万物の再生を願うという民俗信仰に由来すると考えられます。

第5章　京都ビジネスの極意

1 はじめに：京都でビジネスに取り組むのは難しい？

「京都の人はプライドが高いというし、町にも古くからの慣習がいろいろと残っていて、ヨソ者には厳しそう。そんな人たちを相手にビジネスを展開するのは、たいへんではないですか？」

筆者がよく尋ねられる質問です。確かに、京都には独特のルールが存在しており、これを無視して行動すると、えらい目にあいます。少々大げさな言い方をすれば、末代にまでわたって出入り禁止を食らう可能性すらあるでしょう。けれども、逆に言えば、ルールを遵守して慎重に行動しさえすれば、驚くほどことをスムーズに運ぶことができるのです。

そこで、この最後の章では、京都でのビジネスを計画されている方、あるいは京都人と一緒に仕事に取り組みたいと考えている方に向けて、特別にその極意を伝授いたします。わかりやすくするために、通常は非公開の庭園を見学するツアーを企画した場合で考えて見ましょう。

2 極意1：連絡の心得

ツアーの企画を立てたあなたは、庭園の所有者であるお寺に協力依頼のご挨拶に伺うことになりました。どのようにして連絡しますか？

東京をはじめとする他の都市であれば、代表アドレスに企画書を添付したメールを送って返事待つのが普通でしょう。しかし、京都ではそうした方法は使えません。かと言って、電話しても「今は担当者がおりません」と木で鼻をくくったような返事をされるのがオチです。

ですので、実際にお寺に出向く必要があります。ただし、この時点で行うのは「企画を提案するためのアポイントの申し込みのためのご挨拶」。回りくどく思われますが、面会したその日に企画を提案すると「拙速。焦りすぎ」と見なされ、これ以降のプロセスがうまく行かなくなるおそれがあります。

3 極意2：お土産の心得

アポイントの申し込みのためのご挨拶に行く際には、手土産が必須です。手土産を選ぶ上で心に留めておいてほしいのは「安すぎる物は論外だが、豪華すぎる物も避けるべき」ということです。

というのも、もし相手が不在の場合、2回目、3回目…と複数回にわたって出向く必要があります。その度に高価な物を持っていくのは、互いに経済的にも精神的にも負担が大きいからです。

もし相手と長く良好な関係を保ちたいと思うのであれば「豪華すぎないが、気の利いている物」を選ぶのがコツ。値段は1，500円～2，000円程度、その上で「小さい頃から好きなお菓子」「祖父母がひいきにしていた老舗」など話題に値するエピソードのある物がベストです。

4

極意3：訪問・面会の心得②会話編

先方と対面した際には、要件をいきなり切り出さず、必ず「世間話」から始めましょう。ただし、世間話と言っても、お天気の話とか芸能人のゴシップを喋ればいいわけではありません。この段階では、先方のお寺とあなたがどのように関係しているのか、すなわち「縁」についてしっかりアピールする必要があります。知人から紹介された場合は、自分と知人の関係について丁寧に説明し、知人をしっかり立てるようにしましょう。

なお、歴史ある有名な寺社や伝統芸能の関係者の中には、強力なオーラを備え、言葉を交わすどころか、対面するだけで緊張感を覚える方もたいへんに多いです。それでもこの導入部分をしっかりおさえるのが、交渉のコツです。

そして少し空気がほぐれた頃、ようやく企画提案のタイミングが訪れます。そのタイミングも、自分から切り出すのか、先方から尋ねられてから切り出すのかはケースバイケース。場を読んで判断しましょう。ここではあなたの空気を読む力が問われます。

5

極意4：訪問・面会の心得①マナー編

無事先方にご挨拶を済ませたあなたは、企画を提案すべく、お寺に伺うことになりました。なお、訪問の際には、必ず約束した時間ぴったりに伺うようにしましょう。遅刻は論外ですが、早く到着すると相手の予定を崩してしまい、かえって失礼にあたるからです。相手に負担をかけるおそれのあることはできる限り避けましょう。

服装に関しては、かっちりしたビジネスス一ツなど、フォーマルすぎる服装は相手に警戒心を与える可能性が高いので避けた方が無難です。また、以前ほどは厳しくなくなりましたが、特に歴史あるお宅を訪問する場合は、白い靴下を持参した方がよいでしょう。

そのほか、玄関での靴の脱ぎ方や、和室の上座下座、ふすまの開け方、お菓子とお茶のいただき方なども事前に本を読むなどして、しっかりおさえておく必要があります。こういった細かいことは、焦るとスムーズにできなくなることが多いため、練習を重ねておきましょう。

6

極意5：企画提案の心得

企画の提案において、何より重要なのは「大義名分」についての説明です。すなわち、そのイベントにどのような社会的意義があるのか、なぜそのイベントを、そのお寺で行いたいと考えているのか？について、丁寧に説明する必要があります。

というのも、歴史ある寺社の関係者ほど、「このお寺は、先祖からの『借り物』だ」という意識を強く持ち、自分たちが現代社会で果たすべき役割について真剣に考えている場合が多いからです。そのためめにビジネス利用を受け入れて、この寺院の名前を汚すことだけはしたくない」と考えておられるのです。「お金のたこの点をしっかり理解して話を進めましょう。

予算などのお金関係の説明は、面会の最後に行います。意外に感じるかもしれませんが、社会的意義が認められる優れた企画であれば、多くの場合、予算はあまり大きな問題になりません。「お金はどうでもいい」「支払いのことは係りの者と適当に決めといて」という反応が返ってくることも多いです。また、お坊さんや神主さんの中には、面と向かってお金の話をするのが苦手という方も結構いらっしゃいます。

なお、これはあらゆる交渉に通じることですが、先方の反応に気を配るようにしましょう。特に京都のお偉いさんは、返事がNOと決まっていても、その場で明確に断ることはありません。頷き方や表情、回りくどいお返事などから、見込みがありそうなのか慎重に判断する必要があります。

ちなみに、「金曜日にもう一遍来てもらえますか」は8割見込みあり、「来週末くらいまでにお返事しますわ」は7割OK、「いつまでに返事をしたらよろしいですか」は五分五分といったところでしょう。一方、「係りのもんとも相談してみますわ」は7割アウト、「ちょうどその時期は別のお茶会がありましてな、調整が必要ですねん」は、ほぼ見込みなしとして、あっさり諦めるのがベターです。くれぐれも慎重に相手の意思を推察するようにしましょう。

7　極意6：白足袋に逆らうな

「白足袋」とは、普段から白い足袋を履いている、お坊さんや女将さん、お茶やお花の先生、舞妓さんに芸妓さん、意外なところで着物屋さんや帯屋さんなどを指します。西陣界隈に多くいらっしゃる方々だと考えればいいでしょう。

こうした方々と関わるときには、失礼がないように特に気を遣う必要があります。これは仕事でこれらの方々にお願いをすることが多い自分が現場で思い知った、絶対的なルールです。

というのも、こうした方々は普段から多くの方と顔を合わせているため、人の立ち振る舞いに対して、たいへん厳しい目を持っています。ですので、ちょっとでもお行儀の悪いことを仕出かしてしまうと、一気に評価が下がる可能性もあるのです。

また、京都は狭い町であるがゆえに、まったく異なる分野のお偉いさん同士が意外な場所でつながっていることも多いです。あるお坊さんの前で粗相をしてしまえば、それが他のお坊さん、そこからお花の先生、さらにお茶屋のおかみさん、舞妓さん…というように、短期間のうちに果てしなく伝わっていく可能性もあります。特に白足袋の皆さんは、食事会や飲み会をホストされることも多いので、誰とどこで繋がっているかわかったものではありません。

そのため、白足袋の皆様から何か頼まれたり、手伝いを依頼されたりした場合は、返事は「はい」の一択。仕事に直結しようがなかろうが、関係なく協力するようにしましょう。少々手こずったとしても、平時からそうやってお手伝いを重ねてポイントを地道に貯めておくと、トラブルが発生した時に、そうした人たちが力を貸してくれて、思わぬ形で事がうまく進むこともあるのです。

ちなみに、よく笑う、にぎやかな性格の白足袋の方には、かなりの注意が必要です。感情表現が豊かな分、お怒りになった時の報復はすさまじいものがあります。ですので、私はあまり感情を表に出さないおとなしい方よりも、社交的でハキハキされている方と接するときに、特に気を遣うようにしています。

8

京都人の気質と京都商法

京都でビジネスを成功させるためには、右でご紹介した極意に加え、京都人の気質についてもおさえておく必要があります。左に、ビジネスにも大きく関係しうる、京都人気質を挙げてみました。

●京都中心主義(排他性)

京都は土着民がひじょうに多い町です。京都市の調べによると、現在京都に生まれて京都に住んでいる人は、市民10人のうち6人強を占めています。この割合は六大都市の中でも飛び抜けて多いですが、京都人の「京都中心主義」や排他性に由来すると考えられます。

すなわち、「京都の文化・風土こそが世界で一番すばらしい」と信じ込んでいるからこそ、他の地域に移住しようとしないのです。また、他の地域の人を容易に受け入れようとはしないため、他府県の人々の目には、京都人はよそよそしく、冷たい人のように映ります。

ちなみに、この京都へのナルシズムは、一般的にお年を召した方ほど強い傾向にあります。ですので、年配の「お偉いさん」に対応するときには、特に注意が必要です。

●寛容

「排他性」と矛盾するようですが、京都人にはひじょうに寛容な一面が備わっています。確かに、歴史を振り返ってみると、京都人は古い伝統を守りながらも、常に新しい文化を吸収し、また必要とあれば、率先してこれに同化しようと努めてきました。さらに、取り入れた新しい文化を長い目で育成し、独自のものを生み出そうとする柔軟さも持ち合わせています。

この新しいものに対する大らかさは、単なる「新しもん好き」というより、京都が長きにわたって都であったことに由来するのではないかと思います。すなわち「都＝中央」であったからこそ、新しい物に関しても、マクロな視点に立って俯瞰し、その真価や必要性を見極めることができたのです。

●義理堅い

京都人には「受けた好意に報いない人は犬畜生にも劣る」「借りた金を返さない人間は人でなしだ」という生活信条があります。これはしきたりとして、長きにわたって守られてきました。

これは強い自己愛の裏返しであると同時に、不屈の精神の表れであるといえます。すなわち、自分がないがしろにされるのはたまらない、相手と常に対等の立場に立ちたいと考えているからこそ、好意とそのお返しに対してはひじょうに敏感なのです。

●倹約と着倒れ、一点豪華主義

京都人のけち（京都人に言わせると「始末」）は昔から有名でした。古くは『南総里見八犬伝』の作者である滝沢馬琴が京都の欠点として「吝嗇」（りんしょく）を挙げています。これ以外にも、多くの人が京都人のけちぶりを揶揄してきました。

意外かもしれませんが、これは貧しさに由来すると考えられます。京都には日本を代表する伝統産業はあったものの、「富」という点では商人の町・大阪には到底敵いませんでした。生活にしても、決して豪華だったわけではなく、特に食事に関しては仏教思想や、海から離れているという地理的条件の影響により、貧弱な材料で工夫せざるをえませんでした。そのため、京都人のけちは必要に迫られて生まれたものといえるでしょう。

なお、「京の着倒れ」と言いますが、それは「せめて外面だけは整えておこう」という精神の表れとも解釈できます。そのほか、京都人を指して「一点豪華主義」と指摘する人もいますが、他が質素（というか貧弱）であるからこそ、ある一点の贅沢が際立って目立つだけなのです。

ここまでの説明で「京都人って難しそう」「京都でビジネスを立ち上げるのは止めておいた方がいいかも」などと尻込みされる方もいるかもしれません。しかし、京都人が昔から手がけてきた商売方法には、時代を越えて、ビジネスに極めて役立ちそうな強みが備わっています。簡単にまとめると、以下の通りです。

①物事の真価を見極める目を持ち、技術と品質を売ろうとする
②ケチであるがゆえに、手堅くしぶとい取引ができる
③きめの細かい売り方を心掛けることができる
④総合力と独特のネットワークを生かした相互扶助精神
⑤個性的なハンドワークによる、多品種少量生産
⑥自らのプライドをかけて、ピン（付加価値の高い商品）を集めてピンを売ろうとする

京都に地盤を持ち、好調な経営を続けている産業は、こうした京都人の特徴を、うまく生かしていることが多いです。ですので、京都でのビジネスを検討されている方は、是非この強みを生かしてください。

維新の頃の京都・北野・西陣の私塾と寺子屋

私塾		
名称	塾主	場所
北野学堂	川上儀左衛門	上・御前通西裏上
古義堂	伊藤重光	上・東堀川通下立売上
古義堂	浅野織衛	上・元誓願寺千本東
寺子屋		
桐樹堂	山本武助	上・浄福寺通今出川上
桐樹堂	村井利貞	上・千本通中立売上
桐樹堂	池田翁輔	上・千本通五辻下
桐樹堂	佐々木源治	上・六軒町通今出川上
日新館	薩捶惟孝女	上・今出川通千本東
梅薫軒	東友衛	上・一条通浄福寺東
時習堂	白居真治	上・葭屋町通一条上
玉華堂	西川馬之助	上・今小路通七本松西
籠華堂	石丸丹治	上・浄福寺通今出川下
文会堂	小野立吉	上・大宮通寺之内下
成章堂	神供唯綏	上・五辻通浄福寺通西
愈好堂	山口彦三	上・元誓願寺通大宮東
旭昇堂	梅木雅五郎	上・西堀川通元誓願寺上
勢龍堂	鳥居安定	上・御前通一条上下
勢龍堂	澤居貞治	上・御前通下立売上
高谷広声堂	高谷茂一郎	上・下立売通智恵光院西
必明堂	水野内蔵	上・一条御前西
文盛堂	徳田勝見	上・五辻通大宮西
文盛堂	小谷甚三郎	上・下立売七本松西
文盛堂	堀隼人	上・寺之内通大宮西
松翁舎	松翁市松秀尹	上・今出川通七本松西
修敬舎	奥田源之助	上・浄福寺通
桃花堂	浅尾知恵	上・上立売通堀川東
桃花堂	根来勝平	上・黒門通下長者町下
桃花堂	池田常七	上・猪熊通下立売上

＊明治２５年日本教育史資料８より作成

北野西陣の歴史上人物の墓一覧表（*平安名家墓所一覧、続平安名家墓所一覧等より）

人物	菩提寺	肩書
人見勝太郎	長遠禅寺	幕臣・遊撃隊、蝦夷共和国松前奉行
保井高長	回向院	装剣金工
柴田鳩翁	昌福寺	学者、心学者、石門心学
谷口胤祿	立本寺	故実家、有職家
三宅嘯山	立本寺	俳人、文学
佐野紹由	立本寺	富商・文化人　茶人
佐野紹益	立本寺	豪商　茶人
島左近	立本寺	武将
赤穂義士遺髪墓	妙蓮寺（片岡源衛門菩提寺）	
月形龍之介	妙蓮寺	俳優
千手旭山	勝厳院	儒学者、漢学者
岩倉恒具卿	光清寺	公卿　王勤
名古屋玄醫	浄福寺	医師
名古屋玄篤	浄福寺	医師
霊妙心院	浄福寺	光格天皇皇女

川端道喜	浄福寺	富商・米宗菓子商・初代
鷺仁右衛門	慈眼寺	能楽・狂師（鷺流）
神澤杜口	慈眼寺	武士・与力
慈光院	慈眼寺	（佐々木成政の正室）
平野國臣	竹林寺	幕末・尊王攘夷派志士（生田義挙）（福岡）
松下見林	大雄寺	儒学者、医師
松下秀山	大雄寺	医師
山中貞雄	大雄寺	映画監督
加藤泰	大雄寺	映画監督
渤海北門	瑞雲院	書家　儒学者
山名氏清	千本釈迦堂	武将
お軽	上善寺（千本今出川）	忠臣蔵
百々漢陰（百々俊徳）	祐正寺	医師
了山女王	華開院	称光天皇の皇女
尊梁女王	華開院	霊天天皇皇孫女
尊果女王	華開院	後西天皇皇女
尊乗女王	華開院	中御門天皇皇女
尊清女王	華開院	後陽成天皇皇女
文察女王	華開院	後水尾天皇皇女
尊英女王	華開院	後陽成天皇皇女

人物	菩提寺	肩書
尊蓮女	華開院	後陽成天皇皇女
藤原厳子	華開院	通陽門院　後円融天皇の後宮、後小松天皇の母
藤原（庭田）仲子	華開院	御円融天皇の母　崇賢門院
日野富子	華開院	8代将軍足利義政の正室
藤原信子（大炊御門）	般舟院陵	後花園天皇の女御、後土御門天皇の母　嘉楽門院
藤原藤子（勧修寺）	般舟院陵	後柏原天皇の典侍、後奈良天皇の母　豊楽門院
礼仁親王	般舟院陵	光格天皇皇子
寿賀宮	般舟院陵	光格天皇皇女
孝子内親王	般舟院陵	後光明天皇皇女
菊宮	般舟院陵	後水尾天皇皇女
高仁親王	般舟院陵	後水尾天皇皇子
女二宮	般舟院陵	後西天皇皇女
尊伝親王	般舟院陵	後土御門天皇皇子
後奈良天皇	般舟院陵	後奈良天皇分骨所
後土御門天皇	般舟院陵	後土御門天皇分骨所

後花園天皇	般舟院陵	後花園天皇分骨所
源朝子	般舟院陵	後土御門天皇の典侍、後柏野天皇の母
式子内親王	般舟院陵	歌人・後白河天皇の第3皇女（新三十六歌仙）
服部蘇門	善福寺	儒学者
藤原家隆	石像寺	公家、歌人
藤原定家	石像寺	公家、歌人
藤原為家	石象寺	歌人
古高俊太郎	福勝寺	幕末・勤皇志士、新撰組捕縛（池田屋事変）（近江）
黒川道祐	本隆寺	儒学者、医師
池田屋惣兵衛	浄円寺	商人・長州藩定宿（池田屋主人）
白幽子（松風窟）	法輪寺	宗教家・書家
渡辺篤	教善寺	幕末・京都見廻組肝煎（坂本竜馬暗殺実行犯の一人）
森本薫	成願寺（一条通）	劇作家
天野屋利兵衛（松永土斎）	地蔵寺	豪商（赤穂義士後援）
夜半亭巴人（早野巴人）	地蔵寺	文学者（蕪村の師）
初代　飛鳥川又右衛門	地蔵院（椿寺）	力士
2代　飛鳥川又右衛門	地蔵院（椿寺）	力士
長谷川房次郎	国生寺	京都相撲取締（いろは会）
櫛橋光	報土寺	黒田官兵衛正室

北野西陣の地に眠る絵師たちの墓一覧表（＊平安名家墓所一覧、続平安名家墓所一覧等より）

名前	菩提寺	流派
宇喜多（浮田）一蕙	華光寺	絵師　復古大和絵派
宇喜多（浮田）可成（宇喜多松庵）	華光寺	絵師　復古大和絵派
奥文鳴	昌福寺	絵師　円山派
大原呑響	立本寺	絵師
大原呑舟	立本寺	絵師　四条派
長澤蘆雪	回向院	絵師　円山派
長澤蘆洲	回向院	絵師　円山派
長澤蘆鳳	回向院	絵師　円山派
一宮長常	回向院	装剣金工　円山派
堀索道	大雄寺	絵師　鶴沢派
山田文厚	浄福寺	日本画家　岸・四条派
横山華山	瑞雲寺	絵師　岸派
岩倉具選卿	光清寺	公卿　書家　円山風
黒田西塘	観音寺（内野）	絵師　文人画
池大雅	浄光寺	絵師　土佐・南宗派

幸野楳嶺	妙蓮寺	日本画家　円山・四条派
座田重就	妙蓮寺	公家、絵師
山本守礼	妙蓮寺	絵師　山本・円山派
亀岡規礼	弘誓寺	絵師　山本・円山派
山本梅逸	慈眼寺	絵師　文人画
三宅呉暁	本昌寺	日本画家　四条派
曾我蕭白	興聖寺	絵師　住吉派（水墨画系）・京狩野派

あとがきにかえて

「京都・北野・西陣 風土記」発刊に寄せて

世界がグローバリズムの波に洗われても、歴史文化都市京都の魅力と伝統性は、少しの揺るぎもゆるさないと多くの京都人は確信していたのではないでしょうか、しかし、コロナ後の得体の知れないオーバーツーリズムのエネルギーの異様さに日々触れると、言葉を失って佇んでしまうというも事実です。

常は外国に暮らし、時折京都に戻ってくる私には、このショックは殊更です。日本文化の骨格をつくり上げてきた京都の明日を真剣に見つめ直す必要があるのではないか、そうした折に、「京都・北野・西陣 風土記」が発刊されるのも不思議な気がします。

本書の筆者、鳥井光広さんに最初にお会いしたのは、北野商店街振興組合の事務所であったように記憶しています。有志の呼びかけで「西陣地域にデマンド交通」を走らせようという企画の会合があったさい、私は勤務する佛教大学の職責上、その会合に参加させていただいた。

鳥井さんは、「デマンド交通」の呼びかけの実質的な代表であったが、デマンド交通の先行事例を丹念にヒヤリングされ、すでに当該地域の主だったステークホルダーへの呼びかけをされていた。佛教大学の社会連携センターにも参加協力の要請があったという次第である。

西陣に隣接する大学として、多様な繋がりを有していた佛教大学ですが、地域に拓かれた大学を「地域に学ぶ、地域で学ぶ」という理念を掲げ社会学研究所を1978年に設立。京都市民の意識調査や西陣の伝統産業の情況を把握するプロジェクトが立ち上げられ、これらが大学と地域のいくつかの連携事業として形を成したと思います。

前書きが長くなりましたが、西陣という「織物のまち」の変貌が危惧され出したのは、1970年代ですが、織元と呼ばれる機業の減少が顕著になったのは80年代に入ってからです。織機の町からバッタンバッタンという独特の音が聞こえなくなり、生産の場は、市内から郊外へ、さらに海外へと移り、西陣は生産機能の「空洞化」と言われる現象が明らかになってきました。

時代の流れ、地域の変化をいち早く感じた鳥井さんは、ご自分の所属される北野商店街の活動だけでなく、京都市との連携、大学との連携事業など多方面で活躍、一方で、本書の土台となる北野・西陣地域の貴重な史料収集に膨大なエネルギーを傾注されてきたと知ります。

本書は、京都が大好き、西陣文化の奥深さにハマっている京都っ子の声であり、また歴史好きが昂じて「新しいツーリズム」の構築に取り組んでいる起業者の姿でもあるかと考えます。歴史が好き、京都が好きな方だけでなく、これからのコミュニティ形成に心を寄せている皆さんに是非、ご一読をお願いいたします。

元佛教大学社会学部教授
ホーチミン市情報技術外語大学特任教授
高橋伸一

日本橋出版の大島拓哉氏には、煩雑極まりのない編者の入稿原稿は、もとより校正から装丁に至るまで、編者の要望に対して寛大な気持ちで受け止めて頂き御礼を申し上げます。

最後に、本書を刊行するにあたり、ホーチミン市情報技術外語大学　特任教授の高橋伸一先生に推奨の言葉御執筆賜りました。誠に有り難く感謝の意を表します。

令和六年　6月20日　編者　鳥井光広

主要参考文献一覧

【単行本】

・青柳浩次郎『果樹栽培法 増補訂正3版』（農業世界社、1900年）
・浅田次郎『鉄道員（ぽっぽや）』（講談社、2000年）
・明田鉄男『日本花街史』（雄山閣出版、1990年）
・石内雅也、嘉納健『新選組と見廻組』（インターナショナルラグジュアリーメディア、2015年）
・井上満郎著、日本歴史学会編『秦河勝』（吉川弘文館、2011年）
・井之口有一、堀井令以知共編『分類京都語辞典』（東京堂出版、1979年）
・大和岩雄『秦氏の研究 日本文化と信仰に深く関与した渡来集団の研究』（大和書房、1999年）
・柏木圭一郎『名探偵・星井裕の事件簿　京都西陣　能舞台の殺人』（小学館、2011年）
・河内将芳『日蓮宗と戦国京都』（淡交社、2013年）
・川端康成『古都』（1968年［2022年改版］）
・株式会社新創社『京都時代MAP 伝統と老舗』（光古推古書院株式会社、2007年）
・菊池明『京都見廻組史録』（新人物往来社、2005年）
・京都府『京都府勢』（京都府、1925年）
・国立劇場近代歌舞伎年表編纂室編『近代歌舞伎年表　京都篇　別巻付録』（国立劇場、1995年）
・小林丈広・高木博志・三枝暁子『京都の歴史を歩く』（岩波書店、2016年）
・川井銀之助「北野麹座の源流」『神道史研究』第10巻第2号（神道史学会、1962年）52－64頁
・北堀光信『豊臣政権下の行幸と朝廷の動向』（清文堂出版、2014年）

・京都府農会『京都府園芸要鑑』（京都府農会、１９０９年）
・京都文化博物館学芸第一課編『京都文化博物館開館十周年記念特別展：京の絵師は百花繚乱－「平安人物志」にみる江戸時代の京都画壇』（京都文化博物館、１９９８年）
・古代文化協会『平安京右京三条二坊九・十町西ノ京遺跡・御土居跡　文化財サービス発掘調査報告書　第26集』（文化財サービス、２０２２年）
・財団法人京都市埋蔵文化財研究『北野廃寺発掘調査報告書　京都市埋蔵文化財研究所調査報告書第７冊』（財団法人京都市埋蔵文化財研究、１９８３年）
・佐々木信三郎『西陣史』（芸艸堂、１９３２年）
・酒井順子『女人京都』（小学館、２０２２年）
・志賀直哉『暗夜行路』（新潮社、１９９０年［２００７年改版］）
・菅原孝標女、江國香織訳『更級日記』（河出文庫、２０２３年）
・杉森哲也『近世京都の都市と社会』（東京大学出版会、２００８年）
・瀬川弥太郎『瑞饋神輿』（瀬川弥太郎、１９８２年）
・高津明恭『平安京西の京厨町物語』（高津明恭、２００６年）
・竹内秀雄『天満宮』（吉川弘文館、１９９６年）
・田中泰彦『西陣の史跡　思い出の映画館』（京を語る会、１９９０年）
・谷川彰英監修『カラー版　重ね地図で読み解く京都１０００年の歴史』（宝島社、２０１９年）
・寺島浩子『明治三〇年代生まれ話者による町屋の京言葉分類語彙篇』（武蔵野書院、２０１０年）
・中川桂『江戸時代落語列伝　新典社選書66』（新典社、２０１４年）
・二分野良昭『大丸呉服店から百貨店の誕生：江戸から昭和初期百貨店歴史絵巻』（龍谷大学・京都産業学センター・

「京都の流通産業研究」共同研究プロジェクト、2018年）
・早島大祐、吉田賢司、大田壮一郎、松永和浩『首都京都と室町幕府　京都の中世史5』（吉川弘文館、2022年）
・堀井令以知『京都語を学ぶ人のために』（世界思想社、2006年）
・町田誠之『平安京の紙屋紙』（京都新聞出版センター、2009年）
・三枝暁子『日本中世の民衆世界－西京神人の千年』（岩波書店、2022年）
・水落潔『上方歌舞伎』（東京書籍、1990年）
・水上勉『雁の寺・越前竹人形』（新潮社、1969年［2012年改版］）
・源豊宗監修、佐々木丞平責任編集『京都画壇の一九世紀 第2巻 文化・文政期』（思文閣出版、1994年）
・村山修一編『天神信仰　オンデマンド版（民衆宗教史叢書4巻）』（雄山閣、2007年）
・望月麻衣『京都船岡山アストロロジー』（講談社、2021年）
・森谷尅久・山田光二『京の川』（角川書店、1980年）
・八木透『京のまつりと祈り―みやこの四季をめぐる民俗』（昭和堂、2015年）
・湯浅長次『西陣郷土読本』（京都市立第二商業学校、1940年）
・湯野勉『京都の地域金融　理論・歴史・実証』（龍谷大学社会科学研究所叢書49）（日本評論社、2003年）
・吉田元『京の酒学』（臨泉書店、2016年）
・朝尾朋樹　京料理定義を問う　伝統のもと、生かされている（京都新聞出版センター　2023年）

【論文・レポート】

・麻生将「京都のキリシタン―戦国から江戸－」、『立命館文学』669（立命館大学人文学会、2023年）、pp.138-148

・伊藤淳史「京都盆地の弥生時代遺跡」、『京都大学構内遺跡調査研究年報　１９９２年度　京都大学埋蔵文化財研究センター紀要ＸＩ』（京都大学埋蔵文化財研究センター、１９９５年）、p.137
・岩淵令治「〈講演〉江戸の贋酒」、『学習院史学』54（学習院大学史学会、２０１６年）、pp.105-126
・内田みや子「京都今宮祭における鉾町の形成過程」、『関西大学博物館紀要』19（関西大学博物館、２０１３年）、pp.101-122
・大岩直樹・高橋みずほ・谷直樹「中井家絵図より見た京都所司代の上屋敷・中屋敷・下屋敷の建築について」、『大阪市立大学生活科学部紀要』第49巻（大阪市立大学生活科学部、２００６年）、pp.17-31
・岡田正章「日本の幼稚園・保育園の歴史と現状」、『明星大学教育学研究紀要』11（明星大学教育学研究室、１９９６年）、pp.6-15
・大坪亮介「『明徳記』における義満・頼之体制とその背景：寺社本所領保護への注視」、『文学史研究』55（大阪市立大学国語国文学研究室、２０１５年）、pp.39-52
・大森晋「京都繊維業における信用取引システム―京都西陣織物からのアプローチ―」、『総合社会学部研究報告』19（京都文教大学、２０１８年）、pp.1-14
・貝英幸「中世後期北野門前と内野」、『佛教大学総合研究所紀要別冊』２０１３(2)（佛教大学総合研究所、２０１３年）、pp.147-163
・片山正彦「天正年間における家康への近江在京賄料について」、『佛教大學大學院紀要』34（佛教大学大学院、２００６年）、pp.41-53
・桂島宣弘「近世京都の学問－藤原惺窩と伊藤仁斎を中心に」（レポート）
・神田大輝「広蔵院日辰の北野一切経披見－北野杜一切経にみられる日辰の識語を中心に－」、『大学院年報』32（立正大学大学院文学研究科、２０１５年）、pp.1-34

・川井銀之助「北野麹座の源流」、『神道史研究』第10巻第2号（神道史学会、１９６２年）pp.52-64

・京都大学経済学部岡田ゼミナール編「II規制緩和と地域商業～大店法改正に揺れる商店街～」、『変わりゆく産業空間と京都の選択－未来を模索する小売業・製造業－』（京都大学経済学部岡田ゼミナール、１９９５年）、pp.16-34

・佐々木丞平「京都御所と十九世紀の京画壇」、京都国立博物館・宮内庁京都事務所・京都新聞社編『京都御所障壁画：御常御殿 御学問所：新春特別展覧会』（京都新聞社、２００７年）、pp.8-14

・佐藤健太郎「古代日本の牛乳・乳製品と貢進体制について」、『関西大学東西学術研究所紀要』45（関西大学東西学術研究所、２０１２年）、pp.47-65

・杉谷理沙「戦国期酒麹専売訴訟に見る山門の京都支配－西京神人との関わりを中心として—」、『立命館文學』６６８、pp.17-31

・杉本圭三郎「『明徳記』の位置」、『日本文學誌要』16（法政大学文学部日本文学科、１９６６年）、pp.40-51

・瀬田勝哉「北野に通う松の下道－一条通と北野・内野の風景」、瀬田勝哉編『変貌する北野天満宮：中世後期の神仏の世界』（平凡社、２０１５年）、pp. 15-

・高橋大樹「『西京七保』御供所の近世－御供所寺院とその維持・管理－」、『佛教大学総合研究所紀要』２０１３(2)（佛教大学総合研究所、２０１３年）、pp.119-146

・武内恵美子「第18章　浄瑠璃社会の構造：享保元文期の場合」、『日本の語り物——口頭性・構造・意義』（国際日本文化研究センター、２０１５年）、pp.269-284

・竹内洪介「天正二十年聚楽行幸考：新出『天正二十年 聚楽第行幸記』を中心に」、『國學院大學雜誌』１２１巻第９号（國學院大學、２０２０年）、pp.37-53

・谷端郷「昭和戦前期の京都市における風水害に伴う被災社寺の分布とその特徴 — １９３４年室戸台風による風害と１９３５年京都大水害の事例 —」、『京都歴史災害研究』第14号（京都歴史災害研究会、２０１３年）、pp.41-51

・土田健次郎「伊藤仁斎と朱子学」、『早稲田大学大学院文学研究科紀要 第1分冊』42（早稲田大学大学院文学研究科、1996年）、pp.35-49
・永田絢子「渡唐天神伝説と天神信仰」（レポート）
・西山剛「北野祭礼神輿と禁裏駕籠丁」、『研究紀要』26（世界人権問題研究センター、2021年）、pp.35-47
・橋本礼一編「京都の寄席」、『藝能懇話』第16号（大阪藝能懇話会、2005年）、pp.85-128
・長谷洋一「渡唐天神図について」、『NOCHS Occasional paper』（関西大学なにわ・大阪文化遺産学研究センター、2006年）、pp.7-13
・平野隆「戦前期日本におけるチェーンストアの初期的発展と限界」、『三田商学研究』50巻6号（慶應義塾大学出版会、2006年）、pp.173-189
・本多健一「中世後期の京都今宮祭と上京氏子区域の変遷－そこに顕現する空間構造に着目して」、『歴史地理学』246（歴史地理学会、2009年）、pp.1-22
・牧伸行「平安京の変質」『佛教大学総合研究所紀要別冊　洛中周辺地域の歴史的変容に関する総合的研究』2013（別冊2）（仏教大学総合研究所、2013年）、pp.5-19
・正木久司「研究ノート　明治・大正期の京都における銀行の動向」、『社会科学』19号（同志社大学人文科学研究所、1975年）、pp.57-90
・水島あかね「西陣における都市空間の再編」高橋康夫・中川理編『京・まちづくり史』（昭和堂、2003年）、pp.176-185
・宮川康子「仁斎古義学の革命性－有鬼と無鬼の系譜」、『京都産業大学日本文化研究所紀要』第25号（京都産業大学日本文化研究所、2020年）、pp.1-26
・宗政五十緒「近世後期の北野天満宮境内における芸能とその興行」、『仏教文化研究所紀要』第14集（1975）、

pp.132-214
・村山弘太郎「近世京都における祭礼運営と町組」、『研究論叢』86（国際言語平和研究所、２０１６年）、pp.1-31
・盛田萌香「イズミヤ白梅町店出店問題〜商店街の歩みから考える京都の『まち』〜」（レポート）
・安道永「近世近代京都における絵師・画家の居住地に関する史的研究」（関西学院大学院理工学研究科総合理工学専攻、２０１３年３月、博士論文）
・山本英雄「袈裟を着た渡唐天神像」、『学叢』25（京都国立博物館、２００３年）、pp.63-66
・吉野亨「近現代における北野天満宮瑞饋祭の変化について―西之京の変化を焦点に」、『明治聖徳記念学会紀要』53（明治聖徳記念大学、２０１６年）、pp.151-169
・和崎光太郎「京都番組小学校にみる町衆の自治と教育参加」、『日本教育行政学会年報』41（日本教育行政学会、２０１５年）、pp.166-170
・「創刊15周年記念特集　ワインロード（２）棚栽培からマンズ・レインカット栽培へ」（キッコーマン株式会社加工用営業本部『キッコーマン技術情報』１０２号、１９９４年）、pp.4-9
・「『城下町・天神ノ町』から『繁華街・天神』へと変わった都市の貌。天神『住む町』から『集う街』へ」（福岡市博物館市史編さん室編『市史だよりFukuoka』12 Autumn/Winter、２０１０年）、pp.2-5
・「忍者ってナニモノだ!?」（ディスカバー・ジャパン社、Discover Japan）２０１３年2月号、pp.161-171
・２０２２年　公益財団法人　京都市埋蔵文化財研究所「特別史跡・特別名勝　鹿苑寺（金閣寺）庭園」京都市埋蔵文化財研究所発掘調査報告　２０２０－14

【逐次刊行物（新聞・リーフレットなど）】

・朝日新聞社『朝日新聞』

・京都新聞社『京都新聞』
・読売新聞社『読売新聞』
・京都市埋蔵文化財研究所・京都市考古資料館編『リーフレット京都』
・京都府勧業課『勧業雑報』第1号（京都府勧業課、１８８４年）
・京都府勧業課『勧業雑報』第２号（京都府勧業課、１８８５年）

【ホームページ】

・上京区役所編「上京の歴史」京都市上京区、２０１０年12月６日、〈https://www.city.kyoto.lg.jp/kamigyo/page/0000012224.html〉（２０２４年3月４日取得）
・北野天満宮「全国天満宮総本社　北野天満宮」〈https://kitanotenmangu.or.jp/〉（２０２４年3月17日取得）
・京都歴史資料館編「京都歴史資料館情報提供システム　フィールドミュージアム京都」〈https://www2.city.kyoto.lg.jp/somu/rekishi/fm/index.html〉（２０２４年3月24日取得）
・公益財団法人京都市埋蔵文化財研究所編「公益財団法人京都市埋蔵文化財研究所」〈https://www.kyoto-arc.or.jp/〉（２０２４年3月４日取得）
・西陣工業組合西陣織会館編「西陣織」〈https://nishijin.or.jp/〉（２０２４年3月７日取得）
・京都市役所編「世界遺産　元離宮二条城」〈https://nijo-jocastle.city.kyoto.lg.jp/〉（２０２４年3月17日取得）
・立命館史資料センター編「〈懐かしの立命館〉衣笠キャンパス周辺は深い歴史がありました－平安から現代までの変遷－　前編」立命館あの日あの時、立命館史資料センター編、〈https://www.ritsumei.ac.jp/archives/column/article.html/?id=183〉２０１９年12月11日、（２０２４年3月４日取得）

【その他】

・「ブラタモリ：京都・西陣～織物の町・西陣はどうできた？～」NHK、2019年7月13日（テレビ番組）

『参考文献・論文』

○井関相模介政因（江戸後期）『西陣天狗筆記』

○朝倉治彦・柏川修一校訂編集『守貞謾稿』

○本庄栄治郎『西陣研究』

○駒敏郎『私説西陣の歴史　天狗筆記物語』

○田中緑紅『西陣を語る』

○竹居明男『天神信仰編史料集成』

○浅井與四郎『北野の史実』

○竹村俊則『図絵京都名所100選』

○京都府『京都府百年の資料1～9』

○京都府『京都府百年の年表1～10』

○京都市（林屋辰三郎責任編集）『京都の歴史7　上京区』

○京ことば緊急調査保存会『京ことば緊急調査保存会調査報告書』

○大和岩雄『秦氏の研究』

○村山修一『天神御霊信仰』

○河音能平『天神信仰の成立』

○河音能平『天神信仰と中世初期の文化・思想』
○監修　上田正昭『平野神社社史』
○木村静雄『妙心寺　六百五十年の歩み』
○酒匂由紀子『室町・戦国期の土倉と酒屋』
○竹森章『京都・滋賀の相撲』
○竹内順一、矢野環、田中秀隆、中村修也『秀吉の知略「北野大茶湯」大検証』
○京都府立堂本印象美術館『ＫＹＯＴＯきぬがさ絵描き村』
○三代目旭堂小南陵『明治期大阪の演芸速記本基礎研究（正・続・続々）』全３冊
○河内将芳『戦国と京都　法華宗・日蓮宗を中心に』
○森茂暁『闇の歴史　後南朝：後醍醐流の抵抗と終焉』
○斎藤望編『大将軍神像と社史』
○京都市文化財ブックス第29集『剣鉾のまつり　附第32回京都市指定　登録文化財』
○瀬田勝哉編『変貌する北野天満宮　中世後期の神仏の世界』
○山田邦和『変貌する中世都市京都』
○北堀光信『豊臣政権下の行幸と朝廷の動向』
○鴨大祐・吉田賢司・大田壮一郎・松永和浩『首都京都と室町幕府』
○山田徹『南北朝内乱と京都』
○杉森哲也『近世京都の都市と社会』
○三木晴男『京都大地震』
○加藤政洋『京の花街ものがたり』

○河野省三『神道の研究』
○勝俣鎮夫『寺院・検断・徳政　戦国時代の寺院資料を読む』
○京都文化博物館『北野天満宮信仰と名宝　天神さんの源流』
○正井泰夫『図説　歴史で読み解く京都の地理』
○菊地明『京都見廻組秘録　龍馬を斬った幕府活安部隊』
○丸谷晃一『伊藤仁斎の古義学　稿本からみた形成過程と構造』
○澤井啓一『伊藤仁斎　孔孟の真血脈を知る』
○庄林二三『京都映画産業論　イノベーションの挑戦』
○マキノ省三先生顕彰会『回想・マキノ映画』
○石割平『日本映画興亡史　マキノ一家』
○髙橋康夫・中川理『京・まちづくり史　編集協力：京都市景観・まちづくりセンター』
○木津川計『上方芸能117号　大阪の芸能・京都の芸能』
○監修　村井康彦『源氏物語の雅び　平安京と王朝びと』
○久住　真也　『王政復古 天皇と将軍の明治維新』
○京都新聞社出版センター『京都文学散歩』
○菊池昌治『京都の食景』
○井上章一『京都ぎらい』
○柳田聖山『花園界隈』
○佛立開導日扇聖人百回御遠諱奉讃会　宥清寺寺史編纂課『宥清寺』
○松本利治『京都市町名変遷史2　西陣周辺』

○出水校百年祭記念事業実行委員会『出水校百年史』
○松本利治『京都市町名変遷史3　聚楽周辺』
○柏木隆法『千本始末記　アナキストやくざ笹井末三郎の映画渡世』
○佛教大学西陣地域研究会・谷口浩司編『変容する西陣の暮らしと町』
○吉川文夫・高橋弘『ＲＭＬＩＢＲＡＲＹ33　Ｎ電　京都市電北野線』
○上京区一二〇周年記念事業委員会『上京区１２０周年記念誌』
○佛教大学総合研究所『佛教大学総合研究所紀要別冊　京都市における中心市街地の再生』
○佛教大学総合研究所『佛教大学総合研究所紀要別冊　洛中周辺地域の歴史的変容に関する総合研究』
○湯浅佳子　東京芸大学紀要　２部門　第48集　増穂残口の神像説「先代旧事本紀大成経」との関わりを中心に
○京都府立京都学・歴彩館　２階京都資料総合閲覧室　「西陣織」参考図書リスト（基本編）
○小野美典「長州孝伝」「香川津孝伝」
○鳥井光広　『京都・北野・西陣　風土記三部作』
等

＊（注）所蔵者名のないものは、いずれも鳥井氏所蔵

鳥井　光広（とりい　みつひろ）
北野界わい創生会　代表
１９７７年生まれ。
京都でプロアマの観光ガイド総勢約３００名が所属するガイド団体を主宰し，全国の小中高学校の修学旅行などの同行ガイドに約９００人のガイドの派遣や観光体験学習また、京都学の講演などを行っている。
京都で育ち京都で活動するなかで、京都散策マップの編集や、観光企画、京都ブランド商品企画・商品開発、まち歩きコース作成に関わる立場や京都育ちの中から地元民しか知りえないディープな京都情報や名所などの穴場を知り尽くし、地域資源に新たな位置付けや価値観付けに関心を持ち、地域住民や諸団体の地域コミュニケーションを大切にし、京都観光に活用しています。地域の活性化などにも貢献するとともに，自らの活動だけでなく，団体活動や講演を行うことによって後進の育成や他の人の活動促進に寄与している。
2019 年 7 月 13 日「#139　ブラタモリ　西陣編」（NHK 総合）に出演。

京洛人が何世代も隠し通した文化　伝承の闇
北野・西陣・最後の秘境　フロンティア

2024 年 10 月 4 日　　第 1 刷発行

著　者——— 鳥井光広
発　行——— 日本橋出版
〒 103-0023　東京都中央区日本橋本町 2-3-15
https://nihonbashi-pub.co.jp/
電話／ 03-6273-2638
発　売——— 星雲社（共同出版社・流通責任出版社）
〒 112-0005　東京都文京区水道 1-3-30
電話／ 03-3868-3275

ISBN 978-4-434-34408-4